GUOJI ZHONGWEN
JIAOYU YANJIU
TAN XIN

国际中文教育研究探新

曹贤文 等 / 著

北京语言大学出版社
BEIJING LANGUAGE AND CULTURE
UNIVERSITY PRESS

图书在版编目（CIP）数据

国际中文教育研究探新 / 曹贤文等著. -- 北京 : 北京语言大学出版社，2021.9（2023.3重印）
ISBN 978-7-5619-5903-9

Ⅰ. ①国… Ⅱ. ①曹… Ⅲ. ①汉语－对外汉语教学－教学研究 Ⅳ. ①H195.3

中国版本图书馆 CIP 数据核字（2021）第 144027 号

国际中文教育研究探新
GUOJI ZHONGWEN JIAOYU YANJIU TAN XIN

责任编辑：周　鹂　　英文编辑：徐　梦
责任印制：周　燚　　排版制作：闫海涛
封面设计：春天书装

出版发行：北京语言大学出版社
社　　址：北京市海淀区学院路 15 号，100083
网　　址：www.blcup.com
电子信箱：service@blcup.com
电　　话：编 辑 部　8610-82303670
国内发行　8610-82303650/3591/3648
海外发行　8610-82303365/3080/3668
北语书店　8610-82303653
网购咨询　8610-82303908
印　　刷：北京鑫丰华彩印有限公司

版　　次：2021 年 9 月第 1 版　　印　　次：2023 年 3 月第 2 次印刷
开　　本：710 毫米 × 1000 毫米　1/16　　印　　张：20
字　　数：306 千字
定　　价：65.00 元

PRINTED IN CHINA
凡有印装质量问题，本社负责调换。售后 QQ 号 1367565611，电话 010-82303590

序

3月中旬，新学期开学不久，贤文来信说他的论文集《国际中文教育研究探新》要在北京语言大学出版社出版，希望我能写个序。听到这个消息，我很高兴，尽管很忙，还是当即答应了。

贤文是我在南京大学工作时的学生。我认识他是在他读硕士研究生的时候。当时，他师从吴淮南教授，在中文系攻读语言学及应用语言学专业学位，我给他们开现代汉语语法名著研读课。他的研究方向是对外汉语教学，毕业后留在南京大学海外教育学院任教。2002年，他再次考取语言学及应用语言学专业，在职攻读博士学位。

贤文是个很勤奋的人。从读硕士到读博士，从教学到科研及至其他一些工作，从不见倦怠。他做调查，建语料库，包括后来做教学管理，都很投入。收入本书的论文，大部分我都读过，或者是听他在学术会议上报告过。为了写序，我又让他把书稿发来重读了一遍，很为他取得的成绩高兴。

本书所收论文包括四个方面：（1）汉语作为第二语言学习；（2）汉语作为外语教学；（3）汉语作为传承语教学；（4）专业建设与人才培养。它们涵盖了国际中文教育的方方面面，内容丰富，材料扎实，而且新意迭出，《国际中文教育研究探新》这个书名是十分贴切的。

在我看来，贤文的研究有以下几个特点。

第一，重视学习者研究。国际中文教育始于对外汉语教学，多年来，教学理论、教学方法和教材一直是主要关注对象。语言习得理论引入对外汉语教学研究后，人们对语言项目的偏误、习得顺序等的研究很多，但总体而论，对学习者本身，包括学习策略、学习中需要提供的服务应对等，重视不够。贤文长期从事汉语教学工作，既有国内成人二语教学的丰富经验，也有多次在海外开展中文教学的亲历，对不同环境、不同类型的中文学习者有独到的认识。或许也正是这些使得他对基于学习者的研究十分重视。他不仅重视从不同方面对学生的学习进行研究，还把这些研究看作是“需求侧”研究。他在《二语习得研究与汉语学习者语料库建设》一文中提出，要在“需求侧”视角下建设汉语学习者语料库，这是非常有见地的。

第二，重视实证研究。这本论文集中，实证研究成果占了一半以上。实证研究是我们这一代人的弱项。贤文长期从事一线研究，跟国际中文教育界有很多合作和交流。他思想开放，观察敏锐，不断尝试新的研究方法和视角。本书开篇《两种生词学习法对汉语生词记忆效果的实验研究》一文，从词组语块或配选式语块层面，验证了“利用人类信息记忆及处理规律进行组块教学”的合理性和有效性。《汉语国际教育硕士留学生学习焦虑及其原因调查》一文通过调查发现，这些学生在学习中存在一定的焦虑，在此基础上的访谈则对这些学习焦虑产生的可能因素有了进一步的认识。这些认识对于改进教学和指导研究生具有积极意义。

第三，重视研究成果的实用性。作为具有应用语言学背景的青年学者，贤文的学术研究最终总是落到实处，让人感到很接地气。《重铸和诱导反馈条件下语言修正与形式学习的关系研究》一文发现，与重铸反馈条件下由他人提供的修正相比，诱导反馈条件下学习者自己生成的修正对促进语言形式的学习具有更为持久的影响，因此建议教师在师生互动中应注意反馈方式及修正方式的选择，多采用引导的方式鼓励学习者自己进行语言修正。而在语料库建设中，他则特别强调应以应用为导向。

第四，重视借鉴。国际中文教育涉及的领域非常广泛，不仅包括国内的对外汉语教学，以及国际上不同年龄、不同层级学校的中文教学，还包括大量以语言文化传承为目的的祖语教育。海外华人的祖语传承教育，国内一直称为“华文教育”，尽管这方面的工作很出色，但在学术上难以跟国际语言传承界“接轨”，国际上的相关研究对华文教育的理论指导作用也难以发挥出来。贤文很早就关注到国外学界在这方面的进展，在国内较早地介绍和讨论了这一领域的理论和实践问题。我们在“继承语”“传承语教育”的基础上，提出“祖语与祖语传承”研究，以及“海外华语传承研究”“海外华裔祖语保持研究”等都从中受到了很大启发。

总的来说，贤文这本论文集有思想、重实证、接地气，体现了新一代学者的学术追求和探索精神，值得同行一读。

郭　熙

2021年五一劳动节

目　录

汉语作为第二语言学习

两种生词学习法对汉语生词记忆效果的实验研究*

摘　要　本研究采用实验方法对汉语“生词＋熟词”组合学习法与生词独立学习法进行对比研究，并考察汉语生词中所含生字的数量对于这两种学习方法及其学习效果的影响。研究结果发现：（1）“生词＋熟词”组合学习法对于生词的短期和长期记忆均具有明显的促进作用；（2）汉语生词中的生字数在“生词＋熟词”组合学习和生词独立学习两种不同方法下对词义记忆具有不同的影响，生字数对生词独立记忆影响效果显著，但对“生词＋熟词”组合记忆没有显著影响。本研究结果从词组语块层面验证了“利用人类信息记忆及处理规律进行组块教学”这一语言学习原则的合理性和有效性。

关键词　“生词＋熟词”组合学习法；生词独立学习法；汉语词汇学习；词组语块

一　引　言

词汇学习是获得语言能力的最基本组成部分，在语言习得中具有极其重要的作用。英国语言学家 Wilkins（1972：111）曾指出：“没有语法，能表达的东西很少；而没有词汇，则什么都不能表达。”长期以来，词汇习

* 本研究得到南京大学“三三制”教学改革项目支持。

得及其相关研究受到了国内外二语教学界的重视（宋刚，2002；孙晓明，2007）。自20世纪90年代以来，语块理论和词汇组块学习方法开始兴起（Nattinger & DeCarrico，1992；Lewis，1993、2000；Wray，2002；Schmitt，2004；Simpson-Vlach & Ellis，2010；刘运同，2004；周健，2007；钱旭菁，2008；亓文香，2008；吴勇毅等，2010；陆俭明，2011；薛小芳、施春宏，2013）。在上述背景下，Sökmen（1997）提出将生词与已知单词组合在一起进行学习的设想，因为生词和熟词之间的联系可以帮助学习者更好地将生词组织到心理词库中，而有组织的信息不易遗忘。Sökmen的这一设想已经得到了心理学领域一些实验的证实。例如，Higham（2002）、Higham & Tam（2005）等实验表明，在有提示的情况下学习目标词能有效帮助词义回忆，即如果在编码阶段将目标词和提示词一起记忆，那么提示词的存在将有助于解码阶段对目标词的回忆。上述研究结果意味着，如果在输入阶段把一个已知词和生词联系起来，将可以帮助学习者更加有效地记忆生词。换句话说，在一个包含已知词的语块中学习生词比独立学习一个生词可能更加有效。然而这一假设是否在汉语二语词汇学习中成立，生词中的生字数量对词汇学习将会产生怎样的影响，迄今未得到实证性的检验。本研究将采用实证方法对汉语“生词＋熟词”组合学习法与生词独立学习法进行对比研究，检验哪一种方法更加有利于词汇的短期记忆和长期记忆，并考察汉语生词中所含生字的数量对这两种学习方式的学习效果具有怎样的影响。

二　实验设计

2.1　参与者

本研究的被试是从南京大学海外教育学院汉语初（下）班选取的60名外国学生。在分班测试[①]中，这些学生的汉语水平处于相同分数段内，因

① 分班测试采用的是南京大学海外教育学院参照HSK试卷开发的外国留学生分班测试卷。

此被划分到初（下）年级。该年级共4个班，100多人，我们只随机选取了其中的60名。60名被试按照国别随机分为两组，每组30人，实验组使用“生词+熟词”的双词词组学习法，对照组使用生词独立学习法。实验组被试分别来自澳大利亚（5人）、巴西（2人）、丹麦（1人）、德国（3人）、法国（3人）、韩国（4人）、美国（3人）、西班牙（2人）、希腊（2人）、意大利（2人）、印度（1人）、英国（2人），对照组被试分别来自澳大利亚（5人）、奥地利（1人）、波兰（2人）、德国（4人）、俄罗斯（2人）、法国（4人）、韩国（4人）、美国（3人）、墨西哥（1人）、葡萄牙（2人）、英国（2人）。在实验过程中，对照组中有2名被试未能参加延时后测，因此被排除；实验组中有1名被试的即时后测答卷存在一些漏答题项，也被排除。在最终统计分析时，为了保持两组人数的平衡，我们又随机排除了实验组中的1名被试。因此，本实验进入分析的有效被试总人数为56人，实验组和对照组各28人。

2.2 实验材料的选取和设计过程

根据实验整体设计，材料的选取分为以下六个阶段：

（1）初步选词：从《汉语水平词汇与汉字等级大纲》（修订本）（国家汉语水平考试委员会办公室考试中心，2001）丁级词中选取被试未学过的、比较常用的双音节实词100个，作为本次实验的候选目标词。

（2）生词分类：由于生词中的生字个数对于词汇学习的影响也是本文要探究的中心问题，因此我们根据学生所学课本（马箭飞主编，2005）中出现的汉字，初步将上述100个生词分成三类：A类（不包含生字）30个、B类（包含1个生字）27个、C类（包含2个生字）43个。

（3）对不含生字的A类生词进行透明度测试：由于A类生词中的两个组成汉字都是被试已经学过的，为了确保被试不能由已学的两个汉字直接提取生词的词义，我们请南京大学汉语国际教育专业的26名中国本科生和研究生对这30个词语进行语义透明度评分。每个词分为完全透明、基本透明、半透明、基本不透明和完全不透明五个等级，分别计1—5分。透明度判断统计结果见表1，表中词语按照透明度由低到高顺序排列（得分高即透明度低），然后将透明度较低的如“打发”“处方”等16个词留作下一轮筛选。

表1　词汇透明度测试结果

生词	均分	生词	均分	生词	均分
打发	4.00	发火	3.04	家常	2.50
处方	3.88	能手	3.00	包办	2.42
公关	3.88	把手	2.92	看望	2.15
问世	3.85	病号	2.81	出动	2.08
车床	3.38	见识	2.73	本钱	2.04
眼色	3.38	收买	2.62	好客	1.96
老成	3.23	才干	2.58	高贵	1.92
留心	3.23	后台	2.54	外表	1.50
对手	3.19	前景	2.54	到期	1.46
丢人	3.04	确保	2.54	回收	1.46

注：表格中生词按得分由高到低顺序排列，分数均四舍五入，保留小数点后两位。

（4）筛选出目标词与提示词的搭配组合：从被试已学课本中选择合适的词语与上述A、B、C三类候选目标词搭配。词语组合需要满足以下两个条件：形式上结构稳定，内容上语义通顺。根据这两个条件从三类候选词中每类筛选出10个生词，与熟词组成30个词组。

（5）同水平汉语学习者试测：随机抽取与本实验被试在相同汉语水平班级就读的两名外国学生进行试测，以确定本实验所用材料中的生词被试没有学过，提示词已学过，且三类生词中的生字个数与预期一致。然后根据测试结果和对两位参加试测同学的访谈，进一步调整实验材料，从原A、B、C每组材料中删除了不符合实验要求的词和词组各两个。最终确定了三组实验材料每组8个共24个生词，以及与提示词搭配后形成的24个双词词组，见表2。

表 2 选词结果

A 类词 / 词组（0 个生字）	B 类词 / 词组（1 个生字）	C 类词 / 词组（2 个生字）
把手 / 门的把手	爱惜 / 爱惜身体	慈祥 / 慈祥的老人
病号 / 医院的病号	繁重 / 繁重的工作	粗鲁 / 粗鲁的司机
车床 / 工厂的车床	高档 / 高档衣服	枯燥 / 枯燥的电影
打发 / 打发时间	回避 / 回避问题	疲惫 / 疲惫的医生
发火 / 老板发火	图案 / 好看的图案	抛弃 / 抛弃家人
老成 / 老成的弟弟	淘气 / 淘气的小孩	储蓄 / 银行储蓄
留心 / 留心坏人	柔和 / 柔和的灯光	搭配 / 颜色搭配
能手 / 工作能手	延期 / 比赛延期	雕塑 / 城市的雕塑

注：为了区别，B、C 类词中未学的生字用下画线标出。

（6）制作实验所用生词表、词组表和测试卷：根据上面确定的生词和词组，制作生词表和词组表，以便分别用于对照组和实验组的实验学习。为避免生词顺序对词义记忆带来的影响，我们将选出的 24 个生词随机排列，并标明词性、汉语拼音、中文解释以及英文 / 韩文解释；词组也以相同的顺序排列并标明与之对应的词性、汉语拼音、中文解释以及英文或韩文解释。因实验后测时，需要被试回忆词或词组的词义，故生词表、词组表上的外文解释采用了加粗的视觉输入突显形式。

制作实验后测试卷时，将生词的顺序再次打乱（词组顺序与生词顺序相同）。测试卷中包含测试指导以及 24 个生词或 24 个双词词组。测试选项设置参考了 Paribakht & Wesche（1993）的词汇知识量表并根据本次实验的具体情况做了改动。测试指导用中文以及英文 / 韩文撰写，测试的生词或词组只给出汉字，后面的四个选项分别用英文或韩文呈现。每个生词或词组下方有四个选项，分别为：

A. 我不认识这个词 / 词组

B. 我认识这个词 / 词组，但忘记它的意思了

C. 我认为这个词 / 词组的意思可能是 ________（给出同义词

或解释）

D. 我能确定这个词/词组的意思是 ________（给出同义词或解释）

被试必须且只能选择四个选项中的一个，若选择了 C 或 D 选项，则要在相应位置写出词或词组的意思，可用汉语、英语或韩语表达。

2.3 实验实施过程

实验组和对照组的学习和后测分开进行，实验组采用双词组合学习法，对照组采用生词独立学习法，实验组的学习和后测材料为词组表和词组测试卷，对照组的学习和后测材料为词汇表和词语测试卷，对记忆效果的测量和评分都以是否能正确填写生词的词义作为唯一标准。实验实施过程包括生词或词组学习、即时后测和延时后测三个部分。

（1）生词或词组学习。首先向被试简单介绍实验的目的和过程，然后发放生词或词组表，发放生词或词组表时注意被试母语背景，将韩文版发放给韩国学生，英文版发放给其他国家学生。告诉被试只需要记住表中的生词或词组的形式和意义，实验过程中不许讨论或使用词典。在学习过程中，先由施测者领读，被试跟读表中生词或词组，每个生词或词组各领读、跟读三遍。由于实验组领读、跟读的是词组而不是词，每个词组读的时间比词要稍长一点，为了保持两组学习时间一致，对照组在对每一个词领读和跟读后，停顿的时间稍长一点，这样两组领读、跟读的总时间均保持为 3 分钟。然后给被试 12 分钟的时间自由记忆生词或词组。

（2）即时后测。将生词或者词组表收回，发放测试卷（同样根据被试的母语背景分别发放英文版或韩文版），并简单介绍评分规则，选择 A、B 两项不得分，选择 C 或 D 项要求写出生词的意义①，如果生词的词义完全正确得 2 分，部分正确得 1 分，错误不得分。然后给被试 12 分钟时间填写测

① 对于对照组，要求直接写出生词的意义；对于实验组，由于学习和测试时是将生词放在词组语块中整存整取记忆的，故测试时学生可以直接写出生词的意义，也可以写出词组语块的整体意义，但在评分时均只依据其测试结果中生词的意义是否正确计分，语块其他部分的意义正确与否不做考虑。

试卷并收回。

（3）延时后测。在不预先通知被试的情况下，间隔一周后进行延时后测，测试过程和评分标准同即时后测。

2.4 测试评分

测试卷共24个词/词组，每个满分2分，总分48分。具体评分标准如下：

（1）以能否正确回答生词的意义作为测量记忆效果的评分依据

本实验要考察的是两种学习方法对于生词记忆效果的影响，我们以学习者能否正确回答生词的意义作为测量记忆效果的依据。不管是实验组还是对照组，测试时如果生词的意义回答完全正确得2分，回答部分正确得1分，回答错误不得分。例如，将"慈祥"的词义答为"good"，将"繁重"的词义答为"hard"，因为部分正确，均得1分。

（2）A—D四个选项的评分标准[①]

选择A或B项均不得分。选择C或D项，并写出正确词义得2分；若未写出词义或将词义写错，均不得分；若写出的词义部分正确，则得1分。测试结束后，主试按照以上评分标准对所有被试的即时后测和延时后测试卷进行统一评分及校对，然后采用统计分析软件SPSS19.0对数据进行统计分析。

三 实验结果分析与讨论

3.1 实验组和对照组两次测试成绩的比较

实验组和对照组即时后测和延时后测成绩见表3。由表中数据可以看出，实验组的即时后测均分为38.893，延时后测均分为26.107；对照组的

① 在测试卷中，每个生词或词组下方有四个选项，这样设计的原意是想测量一下被试在生词记忆程度上的差异。但我们在对问卷结果进行统计分析时发现，如果将四种回答分别统计算分，主观性太强，所以后来就按照被试是否回答出了生词的正确意义进行评分。因此最后评分时分为三种情况：没写出生词词义或完全错误（0分），生词词义部分正确（1分），生词词义完全正确（2分）。

即时后测均分为 26.714，延时后测均分为 8.143。实验组的两次测试成绩均明显高于对照组。

表 3　实验组与对照组两次测试成绩统计

测试类型	被试组别	样本数	均值	标准差	标准误
即时后测	实验组	28	38.893	9.287	1.755
	对照组	28	26.714	12.268	2.318
延时后测	实验组	28	26.107	10.768	2.035
	对照组	28	8.143	9.095	1.719

由于本实验的目的不在于比较两次测试成绩之间的差异，而是要对比实验组和对照组在测试成绩上是否存在显著差异，因此，我们对实验组和对照组在即时后测时的成绩进行了独立样本 T 检验，结果显示：$t=4.188$，$df=54$，$p=0.000<0.05$，即实验组和对照组的即时后测成绩存在显著差异。这说明“生词＋熟词”双词词组学习法在汉语生词的短期记忆和词义存取上比生词独立学习法更加有效。也就是说，当汉语学习者把生词和熟悉的提示词组合成有意义的词组记忆时，会在他们的心理词汇系统中逐渐形成两者之间的联系，编码时建立的意义联系可以在解码阶段帮助语言学习者进行有效的词义输出，因而测试时被试在熟词或词组的提示作用下，能更有效地回忆起词组的整体意义，正确率更高。数据显示，双词词组学习法在短时间内更有利于生词词义的记忆。那么，随着时间的推移，短时记忆的效果逐渐下降，双词词组学习法的记忆优势是否还能长期保持？

我们对实验组和对照组在延时后测时的成绩进行了独立样本 T 检验，结果显示：$t=6.744$，$df=54$，$p=0.000<0.05$，即实验组和对照组的延时后测成绩存在显著差异。这说明“生词＋熟词”双词组合对于词义的长期保持具有显著促进作用。经过一周的时间，实验组的被试仍能回忆起超过一半的生词词义（延时后测均分为 26.107），而对照组只能回忆起很少的生词词义（延时后测均分为 8.143）。这表明“生词＋熟词”组合在经历了一周时间后，依然能够有效发挥提示词的作用，并通过词与词之间的联系，将生词比较稳固地贮存在长期记忆系统中。

上述分析结果显示，“生词＋熟词”组合学习法对于生词的短期和长期记忆均具有明显的促进作用。在人类的大脑词库中，词汇被储存在一个复杂的网络中。将已掌握的词汇作为提示词与目标词一同记忆，可以使词语间的联系更加活跃，从而帮助学习者存取目标词的词义。“生词＋熟词”组合学习法可以在识记阶段将“熟词”跟“生词”建立起组合关联，有利于学习者在提取阶段通过提示联想回忆起目标词。因此，在词汇识记过程中，汉语二语学习者应有意识地创造词语组合关联，用已掌握的较为简单的熟词带动生词词义、词形的记忆。这不仅能增强对词汇本身的记忆，也能加深对于词汇搭配形式的记忆，并有利于汉语口语和书面语的组块输出和表达连贯性。对外汉语教材编写也可采用“生词＋熟词”组合的方式，在生词出现的语境中增加词组语块的输入，教师在课堂教学中也可适当加以强化，以加深学生的印象，提高词汇记忆的效率。

3.2 生词中的生字数对词汇学习的影响

实验结果显示，已学词汇可以以组合方式对生词的记忆产生影响，那么生字数量是否也会影响学习者对词义的记忆？赵金铭（2012）指出，汉语双音节词中的汉字与整词之间存在着密切的联系，词中的汉字在词的认知与记忆中是会起作用的。为了了解生词中的生字数在“生词＋熟词”组合学习和生词独立学习两种学习方法中对词义记忆有何影响，我们分别对两组被试在两次测试中 A（不包含生字）、B（包含 1 个生字）、C（包含 2 个生字）三类词的得分进行了统计，各组均分见表 4。

表 4 实验组与对照组组内三类词的测试均分

被试组别	测试类型	A 类词	B 类词	C 类词
实验组	即时后测	13.179	12.893	12.821
	延时后测	8.821	8.679	8.607
对照组	即时后测	10.393	9.250	7.071
	延时后测	4.214	2.250	1.679

从表 4 可以看出，在实验组的即时和延时后测中，三类词的得分虽略有浮动，但总体来说差异不大，三类词之间的均分差距不超过 0.5 分。我们将测试成绩作为因变量，将测试时间和词的类别作为自变量进行方差分析，结果发现，只有测试时间主效应显著：$F(1, 54)=55.227$，$p=0.000<0.05$；词的类别主效应不显著：$F(2, 27)=0.090$，$p=0.914>0.05$；测试时间与词的类别交互作用不显著：$F(2, 54)=0.007$，$p=0.993>0.05$。这说明在采用“生词+熟词”组合学习方法时，虽然记忆保持的时间因素对学习结果存在显著影响，但由于受到熟词提示的明显影响，三类生词中所含生字的个数对词义记忆效果影响不显著。

表 4 中的数据也显示，在对照组的即时和延时后测中，三类词的得分存在较大差异，均呈现由 A 类词向 C 类词递减的趋势。我们将测试成绩作为因变量，将测试时间和词的类别作为自变量进行方差分析，结果发现，测试时间主效应显著：$F(1, 54)=99.374$，$p=0.000<0.05$；词的类别主效应显著：$F(2, 27)=7.423$，$p=0.001<0.05$；测试时间与词的类别交互作用不显著：$F(2, 54)=0.558$，$p=0.573>0.05$。对词的类别进行多重比较发现，A 类词与 B 类词之间（$p=0.043<0.05$）以及 A 类词与 C 类词之间（$p=0.000<0.05$）的测试成绩存在显著差异，而 B 类词与 C 类词之间（$p=0.072>0.05$）的测试成绩不存在显著差异。这说明在测试中，不含生字的那组生词分别与含有 1 个生字和含有 2 个生字的另外两组词之间均存在显著差异，也就是说，在采用生词独立学习法时，生词中是否含有生字对词义记忆效果具有显著影响。

上述统计结果说明，对于全部由已知汉字构成的生词，生词独立学习法仍是比较有效的；但如果生词中含有未学的生字，在独立生词记忆情况下，生词中的生字会对记忆效率产生明显的负面影响，生字个数越多，词义记忆效率越低。但如果采用“生词+熟词”组合学习法，由于生词与熟词之间的联系，可以有效抵消生词中的陌生汉字对词汇记忆带来的不利影响。“生词+熟词”组合学习法是对词组进行整体记忆，此时学习者更加关注的是两个词及其组合后的整体意义，而不是两个词分别是由哪些汉字组合而成的，因而在词义的存取过程中可以降低陌生汉字带来的识记障碍；并且熟词和词组整体所起的提示作用，可以有效减弱生词中陌生汉字对于词义短期、长期记忆的负面影响。该研究结果给我们的启示是，汉语二语学习者在记忆由陌生汉字组成的生词时，尤其是需要大量记忆生词时，可以采用“生词+熟词”组合记忆方法，在词组、语块中学习和使用新词，并通过词语组合的方法加深对词汇组构能力及其含义的理解和掌握，从而消除紧张感，有效避免生字过多对词汇学习带来的阻碍，提高词汇学习效率。不过这种学习方法在实际使用中还需要一定的条件辅助，特别是如果单凭学生自身的力量，很难有效率地将已知词汇与生词进行恰当的组合，因此需要教材编写者、教师和工具书提供相应的组合设计和学习引导。

四 结 语

综合以上结果，可以得出以下两点结论：第一，“生词+熟词”组合学习法对于生词的短期和长期记忆均具有明显的促进作用。第二，汉语生词中的生字数在“生词+熟词”组合学习和生词独立学习两种不同记忆方法下对于词义记忆效果具有不同的影响，采用“生词+熟词”组合学习法可以有效减轻生词中的生字对词汇记忆的阻碍。本研究结果从实证层面证实了语块学习理论的观点，即利用“熟词”与“生词”所组成的稳定的、常用的词组语块可以促进生词的记忆和加工，从而使生词学习变得更加容易而有效。靳洪刚（2011）曾总结过“现代语言教学的十大原则”，其中一条原则是“利用人类信息记忆及处理规律进行组块教学”。靳文指出，作为一种记忆单位，语块在词汇层面表现为两种：词组语块（lexical chunks）和惯用语块（formulaic speech）。“生词+熟词”的词语组合就是利用学生已知词汇与生词进行组配的常用词组语块，其大致对应于薛小芳、施春宏（2013）语块系统中的配选式语块。因此，本研究从词组语块或配选式语块层面验证了“利用人类信息记忆及处理规律进行组块教学”这一语言学习原则的合理性和有效性。如果要从更广的层面来验证该语言学习原则及相关语块学习理论，以及从更多的角度来探讨并实践这些原则、理论及方法，则仍需进行更多、更丰富的实证探索。

:: 参考文献 ::

国家汉语水平考试委员会办公室考试中心（2001）《汉语水平词汇与汉字等级大纲》（修订本），北京：经济科学出版社。

靳洪刚（2011）现代语言教学的十大原则，《世界汉语教学》第 1 期。

刘运同（2004）词汇短语的范围和分类，《湖北社会科学》第 9 期。

陆俭明（2011）再论构式语块分析法，《语言研究》第 2 期。

马箭飞主编（2005）《汉语口语速成·入门篇》（上、下）（第 2 版），北京：北京语言大学出版社。

亓文香（2008）语块理论在对外汉语教学中的应用，《语言教学与研究》第 4 期。

钱旭菁（2008）汉语语块研究初探，《北京大学学报》第 5 期。

宋　刚（2002）国外第二语言词汇习得研究综述，《语言教学与研究》第 1 期。

孙晓明（2007）国内外第二语言词汇习得研究综述，《语言教学与研究》第 4 期。

吴勇毅、何所思、吴卸耀（2010）汉语语块的分类、语块化程度及其教学思考，载《第九届世界华语文教学研讨会论文集·第二册·语言分析》，台北：世界华文出版社。

薛小芳、施春宏（2013）语块的性质及汉语语块系统的层级关系，《当代修辞学》第 3 期。

赵金铭（2012）现代汉语词中字义的析出与教学，《世界汉语教学》第 3 期。

周　健（2007）语块在对外汉语教学中的价值与作用，《暨南学报（哲学社会科学版）》第 1 期。

Higham, Philip A. (2002) Strong cues are not necessarily weak: Thomson and

Tulving (1970) and the encoding specificity principle revisited. *Memory & Cognition,* 30 (1): 67-80.

Higham, Philip A. & Helen Tam (2005) Generation failure: Estimating metacognition in cued recall. *Journal of Memory and Language*, 52(4): 595-617.

Lewis, Michael (1993) *The Lexical Approach*: *The State of ELT and a Way Forward.* Hove, England: Language Teaching Publications.

Lewis, Michael (ed.) (2000) *Teaching Collocation: Further Developments in the Lexical Approach*. Hove, England: Language Teaching Publications.

Nattinger, James R. & Jeanette S. DeCarrico (1992) *Lexical Phrases and Language Teaching*. Oxford: Oxford University Press.

Paribakht, Sima T. & Marjorie B. Wesche (1993) Reading comprehension and second language development in a comprehension-based ESL program. *TESL Canada Journal*, 11(1): 9-29.

Schmitt, Norbert (ed.) (2004) *Formulaic Sequences: Acquisition, Processing, and Use*. Amsterdam: John Benjamins.

Simpson-Vlach, Rita & Nick C. Ellis (2010) An academic formulas list: New methods in phraseology research. *Applied Linguistics,* 31(4): 487-512.

Sökmen, Anita J. (1997) Current trends in teaching second language vocabulary. In Norbert Schmitt & Michael McCarthy (eds.), *Vocabulary: Description, Acquisition and Pedagogy*. Cambridge: Cambridge University Press.

Wilkins, D. A. (1972) *Linguistics in Language Teaching.* London: Edward Arnold.

Wray, Alison (2002) *Formulaic Language and the Lexicon.* Cambridge: Cambridge University Press.

（本文原题为《“生词 + 熟词”组合学习法与生词独立学习法对汉语生词记忆效果的实验研究》，原载于《语言教学与研究》2015 年第 6 期，作者曹贤文、周明芳）

任务构思条件对汉语二语口语产出词汇丰富性的影响*

摘　要　本文以任务构思条件为变量，探索了任务前构思（有准备时间）和在线构思（无准备时间）两种情况下，汉语二语口语产出中词汇丰富性的具体表现和历时三个月的发展变化。研究结果显示，任务构思条件对汉语二语口语词汇丰富性各项测量指标产生的影响不均衡，差异较大，最显著的影响表现在词汇变化度方面，同时对口语表达质量也有比较明显的影响；从纵向发展来看，经过一学期的学习，两种任务构思条件下学习者的口语产出长度、词汇准确性和口语表达质量均有显著提高。

关键词　任务构思条件；词汇丰富性；汉语口语产出；定量分析

一　引　言

词汇丰富性反映了学习者语言产出中词汇运用的丰富程度，体现了学习者语言表达中词汇知识的质量，长期以来一直受到语言习得研究者的重视。近年来，词汇丰富性及其相关因素和表达质量等方面的问题也引起了汉语二语习得研究者的注意，研究者们在吸收和借鉴国内外相关研究成

*　本研究得到国家社科基金项目“动态系统理论视角下汉语二语发展中的变异研究”（14BYY088）资助。

果的基础上，从汉语二语习得视角开展了一系列实证研究，涌现了一批令人关注的研究成果。例如，吴继峰（2016）考察了46名英语母语者汉语写作中词汇丰富性的发展变化特点及其与写作质量的关系，丁安琪、肖潇（2016）分析了13名意大利初级汉语学习者一个学期的口语词汇能力发展情况，王艺璇（2017）考察了27项词汇丰富性指标与汉语二语写作成绩之间的关系，刘瑜（2017）研究了8种任务类型中汉语二语口语产出中词汇复杂度的不同表现，肖莉（2018）探讨了看图作文与阅读后缩写两种写作任务类型对中高级汉语二语者写作词汇丰富性的影响，等等。

对于词汇丰富性的测量维度和分析框架，不同研究者的划分有所不同①。过往研究显示，从不同维度对词汇丰富性进行分析，可以有效衡量学习者的二语产出能力和表达质量（Laufer & Nation，1995；Wolfe-Quintero et al.，1998；Read，2000；Lu，2012；朱慧敏、王俊菊，2013；吴继峰，2016；王艺璇，2017等）。一般认为，Read（2000）的分类比较系统全面，因而得到了较为广泛的认可，例如，朱慧敏、王俊菊（2013），吴继峰（2016）等均采用了Read（2000）的分析测量框架。Read（2000）认为，富于变化的词汇、与话题或情境有关的高级词语、相对较多的实词、较少的词汇错误能够体现学习者的词汇使用能力。据此，他提出了考察词汇丰富性的四个维度：词汇变化度、词汇复杂度、词汇密度和词汇错误率。

根据信息加工理论（Anderson，1995），二语习得过程是一个需要不断使用学习策略和注意力来实现信息加工的过程。在实际的语言交际中，学习者难以同时注意到语言表达的各个方面，因而会产生注意力资源分配的竞争情况。任务构思条件（task-planning）对学习者注意力资源起着重要的调控作用。不少研究显示，任务前构思（pre-task planning）可提高被试语言表达的流利性和复杂性（Foster & Skehan，1996；Mehnert，1998；Yuan & Ellis，2003）。不过在语言表达的准确性方面，不同研究的结论并不一致。部分研究（Ellis，1987；Foster & Skehan，1996）认为，任务前构思能够提高语言表达的准确性；而另一部分研究（Mehnert，1998；Yuan &

---

① 参见Lu（2012），张艳、陈纪梁（2012），吴继峰（2016）等的介绍，此处不赘。

Ellis，2003）则发现，在线构思（online-task planning）可以提高语言表达的准确性，但表达的流利性却会降低。

尽管上述研究探索了任务构思条件对口语表达流利性、准确性和复杂性的影响，但迄今为止，不同构思条件对于词汇丰富性及表达质量的影响仍缺乏必要的研究，而且“目前鲜有研究纵向跟踪考察汉语二语者词汇习得过程”（吴继峰、洪炜，2017）。在梳理相关理论和实证研究成果的基础之上，本文打算采用任务前构思与在线构思两种条件变量，运用 Read（2000）对词汇丰富性的分析框架，从词汇变化度、词汇复杂度、词汇密度和词汇错误率四个方面评量两组被试在词汇丰富性上的具体表现，并考察同一批学习者在一学期的期初和期末两个时间点上汉语口语词汇丰富性的纵向发展特征。

二　研究设计

2.1　研究问题

（1）任务前构思与在线构思两种条件下学习者口语产出的词汇丰富性具有哪些特点？

（2）任务构思条件对口语表达质量有何影响？

（3）学习者在学期初和学期末两个时间点内汉语口语词汇丰富性的发展有何特点？

2.2　被试与分组

本次实验选取了南京大学中级汉语（下）两个平行班共 36 名留学生作为被试。参照美国外语教学学会（ACTFL）制定的口语水平测试（OPI）标准[①]，学期之初这些学生的汉语口语水平大约在中级高等（Intermediate High）

① 参见 https://www.actfl.org/center-assessment-research-and-development/actfl-assessments/actfl-postsecondary-assessments/oral-proficiency-interview-opi。

水平，经过一个学期的学习，有望达到高级初等（Advanced Low）水平。这些学生被随机分成两组：任务前构思组和在线构思组，每组各18人。任务前构思组的被试拿到测试诱导题后有5分钟的思考准备时间，并可在给定的白纸上整理思路；5分钟后将白纸收回，再进行口头表达。在线构思组的被试拿到题目后没有构思时间，要求看懂题目后立即表达。两组被试均有5分钟的口头表达时间。

2.3 任务诱导题

学期初和学期末两次实验所用的口语任务题分别为：

（1）期初测试题：请介绍你的一位朋友，如外貌、爱好、性格，以及跟你的相同点和不同点等。

（2）期末测试题：请介绍你的一位家人，如外貌、爱好、性格，以及跟你的相同点和不同点等。

上述任务题主要包含了描述、评论和比较三项功能，根据美国外语教学学会制定的口语水平测试（OPI）标准，这三项功能都是口语表达能力从中级向高级发展过程中重点考察的内容。此外，该话题贴近生活，范围较大且内容不枯燥，保证被试有话可说；同时，两次语料收集题目类似，以保证任务难度的一致性。

2.4 语料收集和处理

两组被试分别安排在语言实验室统一录音，学期初和学期末各收集一次语料，剔除只参加过一次录音的被试，最终任务前构思组和在线构思组各有15名被试完成了期初和期末两次测试，一共30名被试的60份语料进入分析处理。30名被试中男生6人，女生24人，分别来自亚美尼亚、美国、意大利、俄罗斯、德国、韩国、日本、西班牙、乌克兰、乌兹别克斯坦和捷克等11个国家，年龄在17至28岁之间。为保护被试的个人信息，我们给每个人编了代号。

关于口语语料处理，首先使用讯飞语音转录软件将语料转成文字，转录完成后进行人工核对。然后利用PRAAT软件对被试的整体表达时间、停顿次数和停顿时间进行统计。接着人工对语料进行标注和分析，最后使用SPSS24 软件进行统计分析。

三　词汇丰富性测量指标和口语表达评分标准

3.1　词汇变化度

口语产出词汇的变化度（lexical variation）指的是语言表达用词是否富于变化，用来衡量学习者语言产出用词的丰富程度，主要考察所使用的词汇重复率高低。词汇重复率越低，则说明用词范围越广，词汇变化度越高。词汇变化度测量方法有多种，其中最经典的是 Johnson（1944）最早提出的“类符形符比”（Type and Token Ratio，TTR）。该方法的缺点是不适合较长的文本内容分析，由于语料越长，重复出现的词语会越多，类符和形符的比值就会越小，因此无法真实地反映被试实际的词汇变化度。

鉴于此，一些学者提出了更为复杂的测量公式，较为著名的是 Dugast（1978）提出的“Uber index”公式：$U=\frac{(\log Tokens)^2}{(\log Tokens-\log Types)}$，以及 Wolfe-Quintero et al.（1998）提出的“类符数×类符数÷形符数”的计算公式。本研究将采用“Uber index”和“类符数×类符数÷形符数”两项指标来测量词汇变化度，分别得出“U 值”和“变化度值”。

3.2　词汇复杂度

对于如何测量词汇复杂度，学者们提出了许多测量方法。Read（2000）认为，词汇复杂性应该反映适合话题内容的低频词汇在文本中所占的比例，比如使用技术名词、术语和其他特点的词来精确传达内容，而不是选择日常的普通词汇。Skehan（2009）提出用 Lambda 来反映词语难度，具体做法是将文本内容以十个词语为单位进行划分，再根据词表计算出每十词所包含的高级词数量，接着对每组进行分类计算，统计出的系数为 Lambda。曹贤文、邓素娟（2012），吴继峰（2016），王艺璇（2017）等则根据《汉语水平词汇与汉字等级大纲》中不同等级词汇及超纲词的使用比例，特别是高级水平词汇与总词汇之比来测量。

本研究继续采用这一方法来测量词汇复杂度。由于《汉语水平词汇与汉字等级大纲》制定时间较早，我们采用国家汉办、教育部社科司、《汉语国际教育用音节汉字词汇等级划分》课题组编（2010）的《汉语国际教育用音节汉字词汇等级划分》来测量不同等级词汇的分布。《汉语国际教育用音节汉字词汇等级划分》中普及化词汇 2245 个、中级词汇 3211 个、高级词汇 4175 个、高级附录词汇 1461 个。我们把《汉语国际教育用音节汉字词汇等级划分》未收录词列为超纲词，将其中的高级词汇、高级附录词汇和超纲词合称为高级词。通过分析学习者的高级词占比来衡量词汇复杂度，高级词占总词数的比例越高，则词汇复杂度越高。

3.3 词汇密度

词汇密度（lexical density）是指文本中实词数占总词数的比例。由于实词的含义较之虚词更为具体，所承载的内容更加丰富，实词数占总词数的比例越高，则说明文本内容的词汇密度越大，传递的信息越丰富。关于词汇密度的测量，目前学界主要有两种计算方法。一种是 Ure（1971）的计算公式：词汇密度=实词数÷总词数。另一种则是 Halliday（1985）的计算公式：词汇密度=实词数÷小句总数。不同研究者根据自身不同的研究问题和研究角度，也会对上述两种公式进行调整或细化。例如，黄立、钱旭菁（2003）将词汇密度定义为“实词数÷总的正确词数”；吴继峰（2016）将 Ure（1971）的公式细化，分别按照实词形符（token）数和实词类符（type）数统计词汇密度，并采用 Halliday（1985）的公式对词汇密度进行计算。本研究将借鉴吴继峰（2016）的计算方法，分别统计三种词汇密度值。[①]

---

① 本研究中对实词的划分，依据黄伯荣、廖序东主编（2011）《现代汉语》（增订 5 版）的分类，范围包括名词、动词、形容词、副词、区别词、数词、量词、代词、叹词、拟声词。

3.4 词汇错误率

Engber（1995）提出词汇错误包括词的形式错误和选词错误两类，语法和句法错误不计在内。词的形式错误反映在汉语口语中，对应的是词的声、韵、调三个部分。本研究中被试普遍存在声调不够标准的问题，如果将所有不标准的声调都囊括在内，则失去了统计分析的意义，因此本研究不把声调不准这一类情况统计在内。选词错误指的是学习者未能正确使用词语来传递信息，具体包括生造词、与话题无关的错误词汇、近义词的使用错误、词汇搭配错误、词汇位置错误、词汇的冗余或漏用、词性误用等方面。本研究中的词汇错误率为被试口语输出的词汇错误总数占总词数的百分比，数值越大，则错误率越高。

3.5 口语表达评分

Astika（1993）在使用 ESL Composition Profile 软件考察词汇、内容、语言使用、结构和策略对成绩的影响时，发现词汇因素能够解释总体分数变异的 83.75%。这说明词汇对二语表达质量起着重要影响。本研究参考新 HSKK（汉语水平口语考试）的评分标准，拟定了自己的评分标准（见附录），并由两位多年从事国际汉语教学工作的教师独立进行评分，学生的最终成绩取两位教师评分的平均值。经过 Spearman 相关性分析，两位教师评分的相关性达到 0.873，说明这两位教师评分的内部一致性非常高，具有较高信度。

四 数据分析结果和讨论

4.1 学习者词汇表达整体情况

在学期初收集的语料中，两组 30 名被试的录音共 98.95 分钟，其中任务前构思组的录音时长共 53.70 分钟，在线构思组为 45.25 分钟。将录音转写为文本后，两组被试的总语料共计 10349 字，其中任务前构思组语料 6437 字，远多于在线构思组的 3912 字。在学期末收集的语料中，两组 30 名被试的录音共 111.20 分钟，其中任务前构思组的录音时长为 59.53 分钟，在线构思组为 51.67 分钟。将录音转写为文本后，两组被试的总语料共计 13581 字，其中任务前构思组语料 8398 字，依然远多于在线构思组的 5183 字。见表 1：

表 1　学期初和学期末两组被试语料录音时长和文本字数

阶段	组别	录音时长（分钟）	文本字数
学期初	任务前构思组	53.70	6437
	在线构思组	45.25	3912
学期末	任务前构思组	59.53	8398
	在线构思组	51.67	5183

我们对同一阶段的任务前构思组和在线构思组进行横向比较，发现任务前构思组被试口语产出语料转写的文本字数明显高于在线构思组，且两组被试间的数据均具有显著差异（学期初 $p=0.002<0.05$；学期末 $p=0.005<0.05$），这显示任务前构思组的产出数量显著大于在线构思组，说明任务构思条件会对学习者语言表达的数量产生显著影响，相同水平的学习者在有准备时间的条件下表达的内容相对更多。

再进行纵向比较，可以看出，学期末两组被试语料的时长和文本字数都多于学期初，学期末被试输出的语料内容明显增多，经配对样本 T 检验，无论是任务前构思组（$p=0.011<0.05$），还是在线构思组（$p=0.000<0.05$），期初与期末两次测试口头产出语料转写的文本字数均存在显著差异，这说明经过一个学期的学习，学生口语产出的长度有了明显提高。

4.2　词汇变化度

通过对相关数据的统计，我们得出学期初和学期末两组被试的 U 值和变化度均值。具体情况如表 2 所示：

表 2 学期初和学期末两组被试词汇 U 值均值和变化度均值

阶段	组别	U 值均值	变化度均值
学期初	任务前构思组	12.97	28.38
	在线构思组	11.76	21.08
学期末	任务前构思组	12.94	30.78
	在线构思组	11.99	23.64

在学期初，任务前构思组的 U 值均值为 12.97，变化度均值为 28.38；在线构思组的 U 值均值是 11.76，变化度均值为 21.08。进一步对两组之间的均值差异进行显著性检验，发现两组之间 U 值差异不显著，不过变化度值差异显著（$p=0.007<0.05$）。再比较学期末两组之间的 U 值均值和变化度均值，任务前构思组的 U 值均值为 12.94，变化度均值为 30.78；在线构思组的 U 值均值是 11.99，变化度均值为 23.64。进一步对两组之间的均值差异进行显著性检验，发现两组之间 U 值差异依然不显著，而变化度值差异显著（$p=0.004<0.05$）。

上述结果说明，不管学习时长是否有变化，任务前构思组的词汇变化程度明显高于在线构思组，任务构思条件是影响学习者词汇变化度的重要因素，在任务前给予时间构思的情况下，留学生口语词汇更加富于变化，更加多样。同时，与 U 值相比，变化度值对汉语二语口语词汇变化度具有更好的区分性。本研究结果与 Foster & Skehan（1996）、Mehnert（1998）、Yuan & Ellis（2003）等研究结果一致，即任务前构思对被试语言表达的词汇变化度会产生显著影响。

4.3 词汇复杂度

从被试各类词汇比重可知（见表 3），他们所使用的词语大多为普及化词汇。两组被试在两次口语表达任务中所使用的普及化词汇比例均在 90% 上下，反映了在中级阶段口语表达时更依赖于基础词汇，中级词和高级词的使用率较低。学期初在线构思组使用的高级词汇比例为 3.59%，略高于任务前构思组的 2.36%，不过统计检验显示，两组之间的差异不显著。这说明任务前是否给予有限的构思时间，对被试口头表达中使用复杂词汇的比例没有显著影响，造成该结果的原因可能与被试的词汇量、交际策略、焦虑等因素有关。对比学期末语料输出的词汇复杂性数据，结果与学期初十分类似，两组被试之间的数据没有显著差异，显示任务构思条件不是口头表达中词汇复杂度的显著影响因素。

表 3　学期初和学期末两组被试所使用各类词汇比重

阶段	组别	普及化词汇比例	中级词汇比例	高级词汇比例
学期初	任务前构思组	91.20%	6.43%	2.36%
	在线构思组	88.52%	7.89%	3.59%
学期末	任务前构思组	89.73%	6.40%	3.87%
	在线构思组	87.29%	8.57%	4.14%

任务构思条件在词汇复杂度的对比中没有显著影响，说明学习者在口头表达中，如果不凭借词典等其他资源，在有限的准备时间内仅凭大脑搜索已掌握的词汇，对于是否使用更多高级词汇没有显著影响。如果具体分析到每一个被试，还能发现并不是所有被试的语言发展都呈现线性上升趋势。有个别被试在学期末测试中所使用的普及化词汇的比例反而大于学期初，而高级词汇的使用数量则有所下降。Larsen-Freeman（1997）早就提出，语言学习不是单纯由输入引导的线性发展过程，而是充满倒退、停滞或跳跃式前进等现象，是一种动态、复杂、非线性的发展过程。

4.4　词汇密度

根据上文词汇密度值的计算方法，我们对学期初和学期末两组被试的三种词汇密度值进行了统计（见表 4）。首先，根据词汇密度值一的计算公式（实词形符数 / 总词数），任务前构思组的词汇密度均值为 0.708，略高于在线构思组的 0.673；根据词汇密度值二的计算公式（实词类符数 / 总词数），任务前构思组的密度均值为 0.368，在线构思组为 0.393。再采用 Halliday（1985）的计算公式（实词数 / 小句总数），得出词汇密度值三的统计结果，任务前构思组的均值为 3.451，在线构思组为 3.123。我们把不同公式下的两组密度值进行独立样本 T 检验，结果显示两组数据的词汇密度值均无显著差异。根据同样的计算方法，得出学期末两组被试的三种词汇密度值结果。进一步对两组被试的词汇密度值进行独立样本 T 检验，结果显示不管采用何种计算方式，两组数据的词汇密度差异也都不具有显著性。

表 4　学期初和学期末两组被试词汇密度值统计结果

阶段	密度值	分组	平均值	标准差
学期初	密度值一	任务前构思组	0.708	0.073
		在线构思组	0.673	0.072
	密度值二	任务前构思组	0.368	0.082
		在线构思组	0.393	0.057
	密度值三	任务前构思组	3.451	0.648
		在线构思组	3.123	0.538
学期末	密度值一	任务前构思组	0.739	0.094
		在线构思组	0.745	0.091
	密度值二	任务前构思组	0.346	0.064
		在线构思组	0.361	0.077
	密度值三	任务前构思组	3.702	0.680
		在线构思组	3.680	1.214

根据以上三种计算方式所得到的词汇密度结果显示，两组被试之间的数据均无显著差异，说明两种任务构思条件对学习者口语词汇密度没有显著影响。两组被试在词汇变化度上差异显著，而在词汇密度上没有体现出明显差异，其原因可能在于，词汇密度测量的是实词占总词数的比例，忽视了汉语中虚词的作用。在汉语中，虽然虚词的数量较实词少，但是虚词的使用频率很高，且往往是语言表达的架构。笔者认为，学习

者在有准备时间的条件下，尽管有更多时间注意意义的表达，从而选择更多实词，但也会更注意表达的整体逻辑和结构，这反过来又可能促使学习者使用更多的虚词，从而两者产生了抵消作用。此外，进一步分析每一组被试在学期初和学期末两次测试中的词汇密度差异，统计结果显示，其差异也不显著，这说明词汇密度可能不是衡量学习者汉语口语词汇表现的有效方法。

4.5 词汇错误率

如表 5 所示，在学期初的第一次测试中，任务前构思组每百词的词汇错误率均值约为 3.72，在线构思组为 5.05；在学期末的第二次测试中，任务前构思组每百词的词汇错误率均值约为 2.62，在线构思组约为 3.36。从这两次测试的均值来看，任务前构思组的每百词错误率都明显低于在线构思组，不过经均值比较的统计检验，p 值均大于 0.05，显示两组数据之间并无显著差异，说明准备时间不是影响学习者口语词汇错误率的关键因素。

表 5 学期初和学期末两组被试词汇错误率统计结果

阶段	组别	最小值	最大值	平均值	标准差
学期初	任务前构思组	1.16	5.75	3.7187	1.5684
	在线构思组	0.76	11.38	5.0500	2.6948
学期末	任务前构思组	0.00	4.26	2.6247	1.1039
	在线构思组	0.94	6.14	3.3560	1.5577

再把两组被试学期初和学期末的词汇错误率进行纵向比较，发现都呈明显下降趋势。任务前构思组每百词的词汇错误率均值由期初的 3.72 下降到期末的 2.62，在线构思组由 5.05 下降到 3.36。对两组被试的两次测试数据分别采用配对样本 T 检验发现，任务前构思组显著值为 $p=0.002<0.05$，在线构思组显著值为 $p=0.024<0.05$，显示两组被试学期初与学期末的词汇错误率存在显著差异，说明通过一段时间的学习后，学习者口语词汇错误率明显下降，词汇使用准确性显著提高。

4.6 口语表达得分

两组被试在学期初和学期末的口语表达得分见表 6，任务前构思组的平均分整体高于在线构思组。学期初任务前构思组的均分为 75.267，在线构思组的均分为 68.467，两组被试的口语表达得分具有显著差异（p=0.01＜0.05）；学期末任务前构思组的均分为 78.667，在线构思组的均分为 74.867，虽然任务前构思组的均分仍明显高于在线构思组，不过两组口语表达得分没有达到统计意义上的显著差异（p=0.115＞0.05）。导致该结果产生的原因可能是，在第一次语料收集时，大多数被试刚到中国来学习，还没有习惯用中文进行长时间成段表达，因而有准备时间的被试会比无准备时间的被试更有效地进行准备和话题阐述。经过在中国三个月的沉浸式学习后，两组被试的中文表达水平都有所进步，而且都基本具备了该话题的表达能力，在这种情况下，两组被试的语言表达得分虽有差异，但没有达到显著水平。

表 6 学期初和学期末两组被试口语表达得分统计结果

阶段	组别	最小值	最大值	平均值	标准差
学期初	任务前构思组	60.00	90.00	75.267	7.5542
	在线构思组	60.00	80.00	68.467	5.7553
学期末	任务前构思组	68.00	95.00	78.667	6.7893
	在线构思组	62.00	84.00	74.867	5.9626

再纵向比较两组被试期初和期末两次口语测试的得分，发现无论是任务前构思组（p=0.000＜0.05）还是在线构思组（p=0.000＜0.05），均存在显著差异，说明两组被试通过在中国一学期的学习，对本研究所涉任务的表达能力有了显著提高。同时，根据上文对两组被试期初和期末两次产出的口语语料比较，多项统计结果显示，在口语词汇丰富性的四个维度——词汇变化度、词汇复杂度、词汇密度和词汇错误率中，只有词汇错误率前后发生了显著变化，其他三项指标虽有提升迹象，但是均未达到显著水平。这也许可以说明，在词汇丰富性的多项测量指标中，词汇错误率可能是最能显示学习者口语表达能力提升的因素。

五 结 语

本文考察了在任务前构思和在线构思两种情况下，汉语二语口语产出中词汇丰富性的具体表现和发展变化。通过对两组被试在学期初和学期末两次测试中的口语产出语料的分析，主要发现如下：首先，任务构思条件对汉语二语口语词汇丰富性各项测量指标产生的影响不均衡，差异较大，最显著的影响表现在词汇变化度方面，同时对口语表达质量也有比较明显的影响；其次，从纵向发展来看，经过一学期的学习，两种任务构思条件下学习者的口语产出长度、词汇准确性和口语表达质量均有显著提高，而词汇多样性、词汇密度和词汇复杂性方面虽然也呈提高的趋势，不过未达到显著水平。

Nation & Webb（2011）指出，词汇丰富性是学习者语言表达中词汇知识质量的体现。词汇丰富性不仅是考量学习者词汇运用能力的尺度，也可作为衡量二语整体运用水平的重要标准。因此，我们不但要重视词汇丰富性的研究，也要重视如何采取有效的教学活动促进词汇丰富性的发展。构思条件是影响学习者词汇丰富性和口语产出的重要因素，构思条件可分为有时间压力和无时间压力等不同情况，由于语言表达和词汇丰富性的不同维度会互相竞争注意力资源，不同构思条件所带来的不同时间压力可以调节学习者的认知负担，平衡口语产出的各个方面。从本研究结果来看，首先，要重视任务构思条件对词汇产出所起的作用，尤其是在任务型口语课堂活动中，国际汉语教师可以针对学生词汇丰富性不同方面的发展需要，设计不同的任务构思条件来训练学生的词汇能力。其次，研究结果显示，经过一学期的学习，学生在词汇的变化度、复杂度、密度等方面没有显著变化。经过对学生产出语料的考察，我们发现一个重要原因是学生在复杂、低频词语的使用上，缺少明显的进步。因此，教师在设计教学活动时，需要有意识地训练学生运用低频词汇的能力，适当增加学生在课堂和日常对话中使用低频词汇的任务或者要求，以提高使用低频词汇的机会和频率。最后，词汇丰富性内部的发展情况也显示，词汇丰富性各个维度的发展不平衡，这表明教师要密切关注学习者词汇发展的情况，根据词汇丰富性的要求对学习者的词汇能力进行定期评估，全面了解学习者的词汇发展状况，并从不同方面促进词汇能力的发展。

本文只是采用从中级阶段向高级阶段发展过程中的一项典型测试任务，分析了30名汉语学习者一个学期期初与期末两个时间节点的词汇丰富性表现及其变化。至于不同的任务构思条件下，在语言发展的不同阶段与不同的表达任务中，汉语二语产出中的词汇丰富性的复杂交互表现，以及汉语词汇丰富性不同维度的最佳评量方法和效力等问题，还有待今后继续研究。

:: 附录：口语表达质量评分表 ::

本口语表达质量评分标准主要改编自新HSKK（汉语水平口语考试）的评分标准，主要涉及总体内容和结构、词汇、语法以及语音语调和流利程度。改编后对评分标准相应分数段的设计如下：

分数段	总体内容和结构	词汇	语法	语音语调和流利程度
90—100分	口语表达内容十分连贯，能利用合适准确的连接词。回答了指定话题的所有问题和要求，且内容非常充足，具有层次性	词汇使用丰富、准确、恰当得体，并能使用较多高级词汇	短语、句子语法使用恰当，且能使用较复杂的句子结构进行表达，表达内容几乎没有错误	能很好地把握语音语调，几乎没有重复和非正常停顿
70—89分	口语表达内容较为连贯，能利用一定的连接词进行上下文连接。回答了指定话题的大部分问题，内容较为充足，具有一定的逻辑性	词汇使用较为丰富、准确和得体，使用了一些高级词汇	短语、句子使用通顺，在个别复杂结构中有个别错误，但不影响交际的理解	能较好地把握语音语调，有少量重复和非正常停顿，但是不影响理解

续表

分数段	总体内容和结构	词汇	语法	语音语调和流利程度
50—69 分	口语表达内容大致完整，利用了较少的连接词。回答了指定话题的部分问题，口语表达总体上可以理解	能使用普及化词汇完成口语表达任务，有些词汇的表达不够恰当	能用常用短语和句子结构进行表达，部分语法的使用不够准确，但不影响理解	语音语调不够准确，但能听懂。有较多的重复和非正常停顿，但是停顿时间不长
30—49 分	口语表达信息量较少，且不够连贯。回答了指定话题的个别问题	词汇很简单，词汇的使用错误较多，影响交际的理解	能用简单的短语和句子结构进行表达，重复使用单一句型，语法错误较多，影响理解	语音语调较难听懂，出现较多重复和非正常停顿，停顿时间较长
10—29 分	口语表达信息量非常少，很不连贯。回答内容脱离指定话题	只能利用简单词汇，且大多使用不准确	句型语法错误多，句子难以理解	语音语调很难理解，回答表述不清。出现长时间的重复和非正常停顿

∷ 参考文献 ∷

曹贤文、邓素娟（2012）汉语母语和二语书面表现的对比分析——以小学高年级中国学生和大学高年级越南学生的同题汉语作文为例，《华文教学与研究》第 2 期。

丁安琪、肖 潇（2016）意大利学习者初级汉语口语词汇能力发展研究，《世界汉语教学》第 2 期。

国家汉办、教育部社科司、《汉语国际教育用音节汉字词汇等级划分》课题组编（2010）《汉语国际教育用音节汉字词汇等级划分（国家标准·应用解读本）》，北京：北京语言大学出版社。

国家汉语水平考试委员会办公室考试中心（2001）《汉语水平词汇与汉字等级大纲》（修订本），北京：经济科学出版社。

黄伯荣、廖序东主编（2011）《现代汉语》（增订 5 版），北京：高等教育出版社。

黄 立、钱旭菁（2003）第二语言汉语学习者的生成性词汇知识考察——基于看图作文的定量研究，《汉语学习》第1期。

刘 瑜（2017）任务类型对汉语二语口语产出中词汇复杂度的影响，《世界汉语教学》第2期。

王艺璇（2017）汉语二语者词汇丰富性与写作成绩的相关性——兼论测量写作质量的多元线性回归模型及方程，《语言文字应用》第2期。

吴继峰（2016）英语母语者汉语写作中的词汇丰富性发展研究，《世界汉语教学》第1期。

吴继峰、洪 炜（2017）国内汉语二语词汇习得研究述评——基于6种汉语类专业期刊17年（2000—2016）的统计分析，《汉语学习》第5期。

肖 莉（2018）任务类型对中高级汉语二语者写作词汇丰富性的影响，《语言教学与研究》第6期。

张 艳、陈纪梁（2012）言语产出中词汇丰富性的定量测量方法，《外语测试与教学》第3期。

朱慧敏、王俊菊（2013）英语写作的词汇丰富性发展特征——一项基于自建语料库的纵贯研究，《外语界》第6期。

Anderson, J. R. (1995) *Learning and Memory: An Integrated Approach*. New York: John Wiley & Sons.

Astika, G. G. (1993) Analytical assessments of foreign students' writing. *RELC Journal*, 24(1): 61-70.

Dugast, D. (1978) Sur quoi se fonde la notion d'étendue théorique du vocabulaire? *Le Francais Moderne*, 46(1): 25-32.

Ellis, R. (1987) Contextual variability in second language acquisition and the relevancy of language teaching. In R. Ellis (ed.) *Second Language Acquisition in Context*. London: Prentice Hall International.

Engber, C. A. (1995) The relationship of lexical proficiency to the quality of ESL compositions. *Journal of Second Language Writing*, 4(2): 139-155.

Foster, P. & P. Skehan (1996) The influence of planning and task type on second language performance. *Studies in Second Language Acquisition*,

18(3): 299-323.

Halliday, M. A. K. (1985) *Spoken and Written Language*. Victoria: Deakin University Press.

Johnson, W. (1944) Studies in language behavior: I. A program of research. *Psychological Monographs,* 56(2): 1-15.

Larsen-Freeman, D. (1997) Chaos/Complexity science and second language acquisition. *Applied Linguistics*, 18(2): 141-165.

Laufer, B. & P. Nation (1995) Vocabulary size and use: Lexical richness in L2 written production. *Applied Linguistics,* 16(3): 307-322.

Lu, Xiaofei (2012) The relationship of lexical richness to the quality of ESL learners' oral narratives. *The Modern Language Journal*, 96(2): 190-208.

Mehnert, U. (1998) The effects of different lengths of time for planning on second language performance. *Studies in Second Language Acquisition*, 20(1): 83-108.

Nation, I. S. P. & S. A. Webb (2011) *Researching and Analyzing Vocabulary.* Boston, MA: Heinle, Cengage Learning.

Read, J. (2000) *Assessing Vocabulary*. Cambridge: Cambridge University Press.

Skehan, P. (2009) Lexical performance by native and non-native speakers on language-learning tasks. In B. Richards, H. M. Daller, D. D. Malvern & P. Meara (eds.), *Vocabulary Studies in First and Second Language Acquisition: The Interface between Theory and Application.* London: Palgrave Macmillan.

Ure, J. (1971) Lexical density and register differentiation. In G. Perren & J. Trim (eds)., *Applications of Linguistics: Selected Papers of the Second International Congress of Applied Linguistics*. Cambridge: Cambridge University Press.

Wolfe-Quintero, K., S. Inagaki & H-Y. Kim (1998) *Second Language Development in Writing*: *Measures of Fluency*, *Accuracy*, *and Complexity.* Honolulu, HI: University of Hawai'i, Second Language Teaching &

Curriculum Center.

Yuan, F. & R. Ellis (2003) The effects of pre-task planning and on-line planning on fluency, complexity, and accuracy in L2 monologic oral production. *Applied Linguistics*, 24(1): 1-27.

（本文原载于《汉语学习》2020 年第 3 期，作者曹贤文、田鑫）

汉语二语处理中句法启动效应的实验研究*

摘　要　本研究通过三个实验考察汉语第二语言产出中的句法启动现象。实验结果显示，在汉语二语产出中存在明显的句法启动效应，而且启动效应对各个句式的影响是不平衡的，“把”字句的启动效应比“被”字句更加突出，汉语水平对“把”字句和“被”字句的主效应不显著。启动句和目标句之间动词或者名词相同，对句法启动会产生一定的影响，但受事名词相同对“把”字句和“被”字句的启动效应影响不显著，而动词相同则可显著增强句法启动效果，动词与某些句式结合的启动效果比与另一些句式结合的启动效果更强。

关键词　句法启动；汉语二语处理；“把”字句；“被”字句

一　引　言

语言启动（priming）是语言使用者自己一般意识不到的一种重要的内隐（implicit）处理机制（Tulving & Schacter，1990），它指的是个体先前的语言接触会对随后的语言加工处理产生影响，即“先前遭遇的刺激对随后相同或相关刺激的处理产生促进效果”（Tulving et al.，1982）。早先的语言接触对随后的语言处理的影响可以发生在语言的各个层面，例如，语音、

* 本研究得到教育部人文社会科学研究规划基金项目“外国学生习得汉语常用构式的纵向追踪研究”（10YJA740007）和南京大学“三三制”教学改革项目资助。

语义、句法、话语结构和交际方式等。根据这些存在方式的区别，可以对语言启动进行相应的分类，例如，听觉启动（auditory priming）、语义启动（semantic priming）、句法启动（syntactic priming）等（McDonough & Trofimovich，2008）。

句法启动是指人们在句子理解和产出时，倾向于重复使用先前加工过的句法结构，也称为句法保持或结构启动（Bock，1986；Wicha et al.，2005；杨洁、张亚旭，2007；朱火红等，2009 等）。自上世纪 80 年代以来，国外许多学者先后对母语、跨语言以及第二语言处理过程中的句法启动现象展开研究，研究结果显示，无论在母语、跨语言还是第二语言处理中，都存在不同形式的句法启动现象（Bock，1986；Loebell & Bock，2003；McDonough & Trofimovich，2008 等）。不过这些研究基本上以英语、德语等比较相似的印欧语言加工处理为研究对象，很少涉及其他语言。例如，像汉语这种与印欧语言在类型学上存在较大差异的语言，是否同样存在句法启动现象？如果存在，那么汉语的句法启动是如何表现的？其加工过程具有怎样的特点？因此，研究与西方语言存在较大差异的汉语句法启动现象对建立具有普遍意义的句法启动理论具有重要的意义。

近年来，国内学者对国外句法启动及相关研究进行了比较系统的介绍和评价（黄贤军、高路，2005；杨洁、张亚旭，2007；贾月芳、陈宝国，2009；回坤，2011；陈庆荣，2012），并针对汉语母语和跨语言中是否存在句法启动现象展开了研究（朱火红等，2009；李荣宝，2006；徐浩、高彩凤，2008 等）。研究结果显示，在汉语母语和汉英跨语言处理中均存在明显的句法启动效应，而且汉语中的句法启动具有某些独特之处。这些研究加深了我们对句法启动普遍性的理解。不过，汉语二语处理中是否也存在句法启动效应？其启动方式和加工过程如何？目前还缺少这方面的研究。因此，本文将设计三个实验，针对以下问题对汉语二语加工过程中的句法启动效应进行讨论：

（1）汉语二语加工过程中是否存在句法启动效应？句法启动效应是否受到汉语水平的影响？

（2）除了句法因素以外，词汇对句法启动有没有影响？例如，启动句与目标句动词一致时是否影响句法启动效应？启动句与目标句受事名词一致时是否影响句法启动效应？

二　实验一

2.1　实验目的

探讨汉语二语加工过程中的句法启动现象以及汉语水平对句法启动效应的影响。

2.2　研究方法

2.2.1 目标句式

国外句法启动效应的实验研究经常采用主动句和被动句，或者双宾构式和介词与格构式作为目标句式，因为这些结构在英语等语言中存在比较整齐的对应关系，而且适用这些句式的动词也比较丰富。本研究打算根据汉语的特点，选择“把”字句和“被”字句作为实验的目标句式。“把”字句和“被”字句都是汉语中使用频率很高的句式，都有明显的句法标记，两种句式可以相互转换，具有比较整齐的对应关系，在本实验设计的图片描述任务中，这两种句式都可以自由选择使用。

2.2.2 被试

本实验共有20名被试，都是在中国某大学学习汉语的外国成人留学生，其中10名学生的汉语水平介于初中级之间，另外10名学生的汉语水平介于中高级之间，这两个组的学生都参加过入学分班考试，汉语水平存在显著差异。另外，这些学生都已经学习过本实验的启动结构和目标结构：“把”字句与“被”字句。

2.2.3 材料

本实验采用图片描述范式，使用图片共20张，每张图片均包含一个施事主体、一个受事主体以及二者之间已经发生的某一动作，20张图片描述的事件均不相同，图片内容都可以自由采用“把”字句或者“被”字句表达。例如，一张图片上画了一个人，旁边是一只打碎的杯子。描述这张图片时既可以用“把”字句：“小王把杯子打碎了”，也可以用“被”字句：“杯子被小王打碎了”。[①] 20 张图片中，10 张作为主试描述的图片，另外 10 张作为测试图片。

2.2.4 设计与程序

本研究采用 2×2 两因素混合实验设计，汉语水平为被试间因素，启动条件为被试内因素，分为“把”字句启动和“被”字句启动两种水平。测试由主试跟被试一对一单独进行。主试每次向被试描述 1 张图片后，接着呈现 1 张新图片让被试描述。在所有测试句子中，主试用的图片都随机与被试的描述图片相匹配。主试和被试各描述 10 张图片，主试对其中的 5 张图片用“把”字句描述，另外 5 张用“被”字句描述，按 ABBA 方式交叉进行。主试对被试使用哪种句式描述图片不做提示，被试可以自主选择反应句式。测试过程全程录音，测试后再转写成文字。本实验于 2011 年 9 月在某大学完成。

2.3 结果与分析

在统计实验结果时，我们将被试的反应句分为三类：“把”字句、“被”字句和其他句子。“把”字句的判断标准为：只要反应句符合“施事+把+受事+动词（+……）”[②] 这一基本结构，都算作“把”字句反应[③]；“被”字句的判断标准为：只要反应句符合“受事+被（+施事）+动词（+……）”这一基本结构，都算作“被”字句反应。其他既非“把”字句又非“被”字句的句子，例如，“宝宝喝完了牛奶”“宝宝用杯子喝完了牛奶”“牛奶宝宝喝完了”“宝宝喝牛奶喝完了”以及“宝宝牛奶喝完了”等都算作“其他”类。实验统计结果见表 1。

---

① 本研究中的所有启动句均采用“施事+把+受事+动词+结果补语”和“受事+被+施事+动词+结果补语”两种基本句型。

② 括号中的成分可以出现，也可以不出现，但“把”和“被”都必须出现。

③ 考虑到被试第二语言的特点，只要基本格式正确，即使反应句中有轻微的语法错误也算作成功的启动，例如，“小明把邮票贴在信纸”“这个人把苹果吃好了”等都算作成功的“把”字句启动。

表 1　实验一不同条件下的反应句数据

启动句	反应句								
	中高级水平组（10 人）			初中级水平组（10 人）			实验组合计（20 人）		
	"把"字句	"被"字句	其他	"把"字句	"被"字句	其他	"把"字句	"被"字句	其他
"把"字句	29（58%）	7（14%）	14（28%）	25（50%）	9（18%）	16（32%）	54（54%）	16（16%）	30（30%）
"被"字句	13（26%）	25（50%）	12（24%）	11（22%）	24（48%）	15（30%）	24（24%）	49（49%）	27（27%）
差异	16（32%）	18（36%）	2（4%）	14（28%）	15（30%）	1（2%）	30（30%）	33（33%）	3（3%）

我们运用 SPSS 统计分析软件对数据进行 2×2 方差分析，结果表明：启动条件主效应显著，$F(2, 35)=38.122$，$p<0.05$；汉语水平主效应不显著，$F(2, 35)=0.721$，$p>0.05$；启动条件与汉语水平交互作用不显著，$F(2, 35)=0.585$，$p>0.05$。从两个实验组的合计数据来看，在"把"字句启动条件下，使用"把"字句的比例比"被"字句高 38%；在"被"字句启动条件下，使用"被"字句的比例比"把"字句高 25%；对比"把"字句和"被"字句两种启动条件，使用"把"字句相差 30%，使用"被"字句相差 33%，被试更倾向于使用与主试相同的句法结构，句法启动主效应显著。对比中高级水平组和初中级水平组的反应句数据，中高级水平组的目标句产生频率比初中级水平组略高，但两组之间没有达到显著差异。另外，我们也发现被试在描述本实验所用图片时总体上使用"把"字句的频率略高于"被"字句。

三　实验二

3.1　实验目的

探讨启动句与目标句动词相同对汉语二语处理中的句法启动效应是否有影响。

3.2 研究方法

3.2.1 目标句式

同实验一。

3.2.2 被试

已经学习过“把”字句与“被”字句的中级班外国成人留学生40名，随机分成两组，每组20名。

3.2.3 材料

本实验采用图片描述范式，选取可以用“把”字句和“被”字句两种句型自由描述的图片40张，其中20张是动作两两相同的图片，20张是动作均不同的图片，分别组成10组。动作相同的10组图片和动作不同的10组图片中各设计5组“把”字句和5组“被”字句作为目标句，其中10张图片作为主试描述的图片，另外10张作为测试图片。

3.2.4 设计与程序

本研究采用2×2两因素混合实验设计，启动句与目标句之间的动词条件为被试间因素，其中一组采用启动句与目标句动词相同的图片，另一组采用启动句与目标句动词不同的图片；“把”字句和“被”字句两种启动条件为被试内因素。测试由主试跟被试一对一单独进行。主试每次向被试描述1张图片后，接着呈现1张新图片让被试进行描述。主试和被试各描述10张图片，主试对其中的5张图片用“把”字句描述，另外5张用“被”字句描述，按ABBA方式交叉进行。主试对被试使用哪种句式描述图片不做提示，被试可以自主选择反应句式。测试过程全程录音，测试后再转写成文字。本实验于2011年10—11月在某大学完成。

3.3 结果与分析

被试反应句的分类同实验一，实验统计结果见表2。

表 2　实验二不同条件下的反应句数据

启动句	反应句					
	动词相同组（%）			动词不同组（%）		
	“把”字句	“被”字句	其他	“把”字句	“被”字句	其他
“把”字句	89	4	7	52	19	29
“被”字句	29	63	8	23	50	27
差异	60	59	1	29	31	2

我们运用 SPSS 统计分析软件对数据进行 2×2 方差分析，结果表明：句法条件主效应显著，F（2, 75）=50.654，p<0.05；动词条件主效应显著，F（2, 75）=13.099，p<0.05；句法条件与动词条件交互作用显著，F（2, 75）=5.614，p<0.05。我们进一步进行交互作用对比检验，分析结果显示，句法条件对两种反应句的简单主效应、句法条件×动词条件对两种反应句的简单主效应的 p 值均小于 0.05。但动词条件与两种反应句之间的简单主效应分析数据表明，动词条件只对“把”字句反应的主效应显著，F（2, 75）=19.25，p<0.05；而对“被”字句反应的主效应不显著，F（2, 75）=0.038，p>0.05。从统计数据来看，在“把”字句启动条件下，动词相同组和动词不同组使用“把”字句的比例比“被”字句分别高 85% 和 33%；在“被”字句启动条件下，使用“被”字句的比例比“把”字句分别高 34% 和 27%；对比“把”字句和“被”字句两种启动条件，动词相同组使用“把”字句相差 60%，使用“被”字句相差 59%；动词不同组使用“把”字句相差 29%，使用“被”字句相差 31%。被试更倾向于使用与主试相同的句法结构，句法启动主效应十分显著，进一步印证了实验一的结论。对比动词相同组和动词不同组的反应句数据，在“把”字句启动条件下，二者使用目标句的比例相差 37%；在“被”字句启动条件下，二者使用目标句的比例相差 13%。在启动句与目标句动词一致时，被试使用“把”字句的比例大大提高，句法启动效应显著增强；而使用“被”字句的比例虽然也有提高，但未达到统计意义上的显著差异。

四 实验三

4.1 实验目的

探讨启动句与目标句受事名词相同对汉语二语处理中的句法启动效应是否有影响。

4.2 研究方法

4.2.1 目标句式

同实验一。

4.2.2 被试

同实验二。

4.2.3 材料

本实验采用图片描述范式，选取可以用“把”字句和“被”字句两种句型自由描述的图片 40 张，其中 20 张是受事名词两两相同的图片，20 张是受事名词均不同的图片[①]，分别组成 10 组。受事名词相同的 10 组图片和受事名词不同的 10 组图片中各设计 5 组“把”字句和 5 组“被”字句作为目标句，其中 10 张图片作为主试描述的图片，另外 10 张作为测试图片。

4.2.4 设计与程序

本研究采用 2×2 两因素混合实验设计，启动句与目标句之间的受事名词条件为被试间因素，其中一组采用启动句与目标句受事名词相同的图片，另一组采用启动句与目标句受事名词不同的图片。其他设计与程序同实验二。

4.3 结果与分析

被试反应句的分类同实验一，实验统计结果见表 3。

① 40 张图片描述的事件和动作均不同。

表 3 实验三不同条件下的反应句数据

启动句	反应句					
	名词相同组（%）			名词不同组（%）		
	“把”字句	“被”字句	其他	“把”字句	“被”字句	其他
“把”字句	67	12	21	52	19	28
“被”字句	22	58	20	23	49	28
差异	45	46	1	29	30	0

我们运用 SPSS 统计分析软件对数据进行 2×2 方差分析，结果表明：句法条件主效应显著，F（2, 75）=27.138，p<0.05；名词条件主效应不显著，F（2, 75）=0.915，p>0.05；句法条件与名词条件交互作用不显著，F（2, 75）=1.238，p>0.05。统计数据显示，在“把”字句启动条件下，名词相同组和名词不同组使用“把”字句的比例比“被”字句分别高 55% 和 33%；在“被”字句启动条件下，两组被试使用“被”字句的比例比“把”字句分别高 36% 和 26%；对比“把”字句和“被”字句两种启动条件，名词相同组使用“把”字句相差 45%，使用“被”字句相差 46%；名词不同组使用“把”字句相差 29%，使用“被”字句相差 30%。被试更倾向于使用与主试相同的句法结构，句法启动主效应显著。对比名词相同组和名词不同组的反应句数据，在“把”字句启动条件下，二者使用目标句的比例相差 15%；在“被”字句启动条件下，二者使用目标句的比例相差 9%。在启动句与目标句受事名词一致时，被试使用目标句的比例高于启动句与目标句受事名词不一致的情况，但方差分析结果显示，受事名词相同对增强句法启动效应没有显著影响。

五 讨 论

实验一、实验二和实验三的结果都发现，在汉语二语产出中存在明显的句法启动效应，与国外二语句法启动研究以及国内汉语母语及跨语言启动研究的结论一致。同时我们发现，在汉语二语产出中，各句式的使用频率并不均衡，启动效应也不相等。总体来看，在本研究的三种实验条件下，使用“把”字句的频率均高于“被”字句，这表明至少在口语中，“把”字句比“被”字句更加活跃，因此，无论是在单独的句法启动条件下，还是在句法与动词（或者受事名词）结合启动的条件下，“把”字句的启动效应都比“被”字句更加突出。这是汉语句法启动研究中的独特现象，表明汉语“把”字句中“把”词法显著的启动特征，不仅在汉语母语处理中存在（朱火红等，2009），也同样作用于汉语二语加工过程。王敏（2009）所做的英语二语习得启动研究结果显示，二语水平对某些句式的主效应显著，对某些句式的主效应不显著。实验一结果发现，汉语水平对“把”字句和“被”字句的主效应不显著，可能是由于“把”字句和“被”字句都属于汉语二语处理中难度比较高的句式，被试对句式的熟悉度对句法启动效应产生了一定程度的影响。

Pickering & Branigan（1998）、Cleland & Pickering（2006）、Kim & McDonough（2008）等关于英语母语和二语句法启动研究的结果显示，启动句和目标句动词一致可以加强句法启动效应。实验二的结果表明，在汉语第二语言产出中，当启动句和目标句动词相同时，启动效果显著增强，这跟上述研究结果一致。根据联接主义的网络模型理论，当启动句和目标句动词相同时启动效果更强，是因为产生目标句时不仅包括句法关联节点的激活，还包括词条节点的重复激活，使得二者叠加在一起启动效果更强（黄贤军、高路，2005）。不过与国外研究相比，我们还发现，动词对汉语句法启动效应的增强程度是不均衡的，并不是对所有的句法结构都具有同等的启动增强效果，启动效应的强弱跟特定的汉语句法结构相关。例如，当动词与“把”字句结合启动时，效果十分显著；而当动词与“被”字句结合启动时，虽然效果也得到了增强，但增强的程度没有达到统计意义上的显著差异。由此可见，动词对汉语各句式启动效果的增强程度是不平衡的，与某些句式结合的启动效果比与另一些句式结合的启动效果更强。

Branigan et al.（2000）关于英语母语对话中的句法启动研究表明，互动中早先出现的名词也能增强句法启动的效果。不过，Bock（1989）、Bock

& Loebell（1990）等研究则认为，虽然启动句与目标句之间动词相同时，句法启动效应更强，但启动句与目标句之间名词或形容词等内容词是否相同并不影响句法启动效果。实验三的统计结果显示，虽然在汉语二语产出中，启动句和目标句的受事名词一致对“把”字句和“被”字句的启动效应具有一定的增强作用，但增强的程度没有达到统计学上的显著差异。实验结果与 Branigan et al.（2000）的研究结论比较接近。

综合上述三项实验结果，我们认为，虽然句法启动可以在纯粹句法结构的水平上发生，但词汇因素也会对句法启动产生一定的影响。对比实验二和实验三的结果，我们发现，在汉语二语产出中，动词词条节点的激活效应明显大于名词词条节点。至于其他词汇方面的因素是否能够调整以及如何调整汉语二语句法启动效应的量，还有待今后更多的研究来做出检验。

六　结　论

在汉语第二语言产出中存在明显的句法启动效应，启动效应对各个句式的影响是不平衡的，“把”字句的启动效应比“被”字句更加突出，汉语水平对“把”字句和“被”字句的主效应不显著。启动句和目标句之间动词或者名词相同，对句法启动会产生一定的影响，但受事名词相同对“把”字句和“被”字句的启动效应影响不显著，而动词相同则可显著增强句法启动效果，不过其增强程度对不同的句式是不平衡的，与某些句式结合的启动效果比与另一些句式结合的启动效果更强。

∷ 参考文献 ∷

陈庆荣（2012）句法启动研究的范式及其在语言理解中的争论，《心理科学进展》第 2 期。

黄贤军、高　路（2005）语法启动与言语产生中的语法表征，《心理科学进展》第 2 期。
回　坤（2011）句子理解中的句法启动，《华南师范大学学报（社会科学版）》第 2 期。
贾月芳、陈宝国（2009）双语跨语言的句法启动，《心理科学进展》第 1 期。
李荣宝（2006）跨语言句法启动及其机制，《现代外语》第 3 期。
王　敏（2009）语言水平及任务类型对第二语言产出中结构启动的影响，《现代外语》第 3 期。
徐　浩、高彩凤（2008）跨语言句法启动中内隐与外显加工的分离，《现代外语》第 2 期。
杨　洁、张亚旭（2007）句子产生中的句法启动，《心理科学进展》第 2 期。
朱火红、郑海燕、金志成、莫　雷（2009）中国 4—6 岁儿童口语句法启动效应的实验研究，《心理科学》第 4 期。
Bock, J. K. (1986) Syntactic persistence in language production. *Cognitive Psychology*, 18(3): 355-387.
Bock, J. K. (1989) Closed-class immanence in sentence production. *Cognition*, 31(2): 163-186.
Bock, J. K. & H. Loebell (1990) Framing sentences. *Cognition*, 35(1): 1-39.
Branigan, H. P., M. J. Pickering & A. A. Cleland (2000) Syntactic co-ordination in dialogue. *Cognition*, 75(2): B13-B25.
Cleland, A. A. & M. J. Pickering (2006) Do writing and speaking employ the same syntactic representations?, *Journal of Memory and Language*, 54(2): 185-198.
Kim, Y. & K. McDonough (2008) Learners' production of passives during syntactic priming activities. *Applied Linguistics*, 29(1): 149-154.
Loebell, H. & J. K. Bock (2003) Structural priming across languages. *Linguistics*, 41(5): 791-824.
McDonough, K. & P. Trofimovich (2008) *Using Priming Methods in Second Language Research*. New York: Routledge.
Pickering, M. J. & H. P. Branigan (1998) The representation of verbs: Evidence

from syntactic priming in language production. *Journal of Memory and Language*, 39(4): 633-651.

Tulving, E. & D. L. Schacter (1990) Priming and human memory systems. *Science*, 247(4940): 301-306.

Tulving, E., D. L. Schacter & H. A. Stark (1982) Priming effects in word-fragment completion are independent of recognition memory. *Journal of Experimental Psychology: Learning, Memory, and Cognition*, 8(4): 336-342.

Wicha, N. Y. Y., A. Orozco-Figueroa, I. Reyes, A. Hernandez, L. G. de Barreto & E. A. Bates (2005) When zebras become painted donkeys: Grammatical gender and semantic priming interact during picture integration in a spoken Spanish sentence. *Language and Cognitive Processes*, 20(4): 553-587.

（本文原载于《汉语学习》2013 年第 4 期，作者曹贤文、牟蕾）

重铸和诱导反馈条件下语言修正与形式学习的关系研究*

摘　要　已有研究发现，互动中的反馈能够有效促进二语习得，不过对于反馈后的语言修正与语言习得之间的关系，学界仍缺乏足够的了解。本文以汉语二语师生互动中的重铸和诱导反馈为例，对学习者的语言修正与形式学习的关系进行实验研究。实验结果显示：（1）汉语二语互动中的语言修正明显有利于语言形式的学习；（2）与重铸反馈条件下由他人提供的修正相比，诱导反馈条件下学习者自己生成的修正对促进语言形式的学习具有更为持久的影响；（3）掺入修正比重复修正更有利于促进学习者中介语的发展。

关键词　语言修正；形式学习；互动反馈；重铸；诱导；纠错

一　研究背景与研究问题

“互动假说”理论（Long，1996；Gass & Mackey，2006、2012；Mackey，2012）认为，语言互动有助于学习者第二语言系统的发展，互动中针对交流所做的意义协商（Negotiation of Meaning），特别是母语者或高水平的对话方所引发的包含着互动修正的协商活动，对学习者的语言习得非常有

* 本研究得到教育部人文社会科学研究规划基金项目“外国学生习得汉语常用构式的纵向追踪研究”（10YJA740007）和南京大学“三三制”教学改革项目资助。

利，因为这种意义协商把输入、学习者的内在机制、选择性注意和输出有机地联系起来，让学习者的注意力聚焦于语言的某个方面，尤其是注意到目标语形式与自身中介语形式的差异，并进而调整语言理解和输出，促进语言习得。作为互动的中心环节，对话方提出的纠正性反馈（feedback）与学习者的理解回应（uptake）或语言修正（repair）对促进第二语言习得的作用受到了较多关注（Lyster & Ranta，1997；Doughty，2001；Gass，2003；Long，1996、2006；张欢，2006；陆熙雯，2008；祖晓梅，2008 等）。从已有研究来看，讨论主要集中在以下三个方面：不同纠正性反馈方式与理解回应的观察研究、纠正性反馈是否有助于语言习得的实验研究、不同纠正性反馈方式与习得效果的实证研究。这些研究成果使我们大大加深了对纠正性反馈与语言习得之间关系的了解，但已有的研究主要关注的是纠正性反馈与语言形式学习之间的关系，对于纠正性反馈、语言修正与形式学习三者之间的关系，特别是学习者得到反馈后所做的语言修正是否有利于语言习得仍缺乏足够的了解（Ellis & Sheen，2006；Nassaji，2009），需要通过必要的实证研究进行检测。

对于纠正性反馈的研究，最有代表性的是 Lyster & Ranta（1997）根据自己所建“课堂纠错分析模型”所分的六类：明确纠错（explicit correction）、重铸（recast）、诱导（elicitation）、要求澄清（clarification request）、元语言提示（meta-linguistic clues）和重复（repetition）。已有研究显示，在这六类纠正性反馈中，重铸和诱导是使用频率最高的两种反馈方式（Lyster & Ranta，1997；Nassaji，2009；张欢，2006；范娜，2011 等）。

重铸反馈是指学习者在与他人进行语言互动时，对话方在保留学习者原语句中心意思的同时，对学习者的语言表达错误进行全部或者部分重新组织，更正其中的错误（见例 1）。

例 1：被试：在水里游的时候，突出发生了一个渔网它的后面。
主试：在它的后面突然出现了一个渔网。
被试：哦哦，在它的后面突然出现了一个渔网。

诱导反馈是指不改变学习者错误的表达，而是采用直接或间接的方式，引导学习者对错误表达进行修正（见例2）。

例2：被试：一条蓝色的鱼和一条红色的鱼在逃跑很拼命。
主试：哦？蓝色的鱼和红色的鱼在……？
被试：它们在拼命逃跑。

对比一下重铸和诱导两种反馈以及紧随其后的学习者语言修正方式，我们就能发现，在重铸反馈条件下，教师或者对话方在给学习者的反馈中已经提供了正确的语言形式，学习者是重复他人提供的正确形式来修正自己的语言；在诱导反馈条件下，给学习者的反馈中没有提供正确形式，学习者需要自我生成正确的语言形式来修正错误。因此，重铸反馈只是提供了直接重复套用的正确形式，而诱导反馈则为学习者自我修正提供了机会（Lyster & Mori，2006）。换句话说，重铸和诱导反馈分别引起了两种不同方式的语言修正：他人提供的语言修正和学习者自我生成的语言修正。从理论上讲，互动中学习者的语言修正对促进二语习得具有重要的作用：第一，反馈后的即时语言修正可显示学习者注意到了反馈以及自己中介语与正确形式之间的差距（Mackey，1999、2012；Loewen，2005）。第二，学习者的语言修正是调整后的语言输出，根据Swain（1995）的输出理论，它是“学习者中介语中的引领部分”，对语言习得具有重要的促进作用。第三，语言修正也是一种关注形式（form-focused）的练习，可以帮助学习者内化语言结构。但已有的实证研究大都只是关注反馈能否引起学习者的理解反应和语言修正，以及反馈对促进二语习得的作用，至于学习者自我修正成功与否跟语言习得有什么样的关系，以及不同修正方式对语言习得有什么影响等问题还缺少必要的实证研究。

基于以上研究背景，笔者打算采用实验方法，对汉语二语师生互动中的两个重要问题进行实证调查：

（1）在重铸和诱导这两种使用频率最高的反馈条件下，学习者的语言修正与形式学习之间的关系如何；

（2）不同的语言修正方式对目标语形式的学习是否产生不同的效果，以及随着时间的推移，上述关系和效果能否保持下去。

二 实验设计

2.1 参与者

本研究被试为在南京大学学习的15名外国留学生，分别来自美国、日本、韩国、越南、德国、法国、保加利亚、爱沙尼亚等8个国家，其中男生6名，女生9名。他们均已学过一到两年时间的汉语，在期初分班考试中，汉语水平测定为中级。主试由本文作者担任，在互动反馈实验中，主试与被试一对一互动，对被试语言表达中出现的错误给予重铸或诱导两种反馈，并对实验过程录音，再进行文字转录、标注和分析。

2.2 实验过程

实验过程包括四项任务：（1）观看视频并完成写作；（2）反馈与修正处理；（3）即时后测；（4）延时后测。整个实验为期三周。

2.2.1 观看视频并完成写作

被试在课堂上集中观看一段视频材料，并被提前告知看完后将要完成一项写作任务。视频材料是一个时长4分钟无对白的公益性动画短片（参见附录的文字描述）。在观看过程中，被试可以对视频的故事内容进行简单记录。视频结束后，被试在不参考其他资料的情况下，依据自己的印象及笔记完成一篇课堂作文。作文内容包括对视频画面的描写、故事情节的叙述以及自己的感想或评论，写作时间为40分钟。写作任务完成后，主试将作文收回，并复印两份以备后续实验使用。

2.2.2 反馈修正处理

写作任务完成后，主试马上分别与15名被试进入一对一语言互动环节，主试要求被试就视频内容进行口头叙述，叙述内容尽量与刚刚完成的作文书面表达一致。叙述过程中，对于被试出现的语言表达错误，主试予以纠正性反馈。纠正性反馈采用重铸和诱导反馈方式给出，以观察学习者在这两种条件下的语言修正情况。主试与每一名被试的一对一互动过程大约用时 15 分钟，整个过程录音。

2.2.3 学习结果即时后测

主、被试的反馈和修正处理完成后，主试马上将被试先前完成的作文材料复印件返还给被试，要求被试自我纠正其中的语言错误。纠错完成后，将测试的材料收回，对被试是否成功纠正错误的情况进行鉴别和统计。

2.2.4 学习结果延时后测

延时后测在两周之后进行，之前不告诉被试将进行这一测试。主试将被试另一份未做任何修改的作文材料原始复印件给被试，要求被试再次自我纠正其中的语言错误。纠错完成后，主试收回材料，对被试第二次纠正错误的情况进行鉴别和统计。

三　数据统计

3.1　数据统计编码方式

3.1.1 语言错误、反馈与修正、后测中的纠错鉴别

为进行数据分析，首先，我们将师生互动中的反馈与修正过程录音进行文字转写，确认被试在语言互动过程中出现的语言形式错误，包括语音、词汇、语法等方面的错误，然后就主试针对这些错误给予被试的反馈方式、反馈之后被试是否做出修正，以及修正方式和程度进行鉴别和标注。其次，我们对被试在即时后测及延时后测中收回的材料进行整理及鉴别，找出 15 名被试各自在前面的师生一对一互动反馈与修正任务中同样出现过的有效错误形式，并统计在即时后测及延时后测的过程中，这些已经反馈与修正的错误形式是否得到被试的纠正以及纠正的程度。

3.1.2 学习者语言修正编码

从修正的程度来说，本研究将学习者的语言修正分为三类：成功修正、部分成功修正、未修正。成功修正是指学习者在接受反馈后，正确修正了错误的语言形式（见例1、2）；部分成功修正是指学习者在接受反馈后，对错误语言形式做出了部分调整，有一定改进，但仍未完全修正（见例3）；未修正则是指学习者对错误语言形式未做出反应或者未做出任何有效的调整（见例4）。因为成功修正及部分成功修正都包含了一定程度的修正，所以这两种修正都可视为修正（Loewen，2005）。

例3：被试：它起床还有明白什么这是不好的梦。
　　主试：它起床以后明白这是不好的梦。
　　被试：它起床以后明白什么这是不好的梦。

例4：被试：突然红色的鱼被渔网住了。
　　主试：红色的鱼被怎么了？
　　被试：红色的鱼被渔网了。

3.1.3 重复和掺入修正编码

从修正方式来看，诱导反馈后的语言修正是由学习者自己生成正确的语言形式；而重铸反馈后的语言修正则是学习者在得到由他人提供的正确形式后，做出下述两种不同的修正行为：重复（repetition）和掺入（incorporation）（Lyster & Ranta，1997；Sheen，2006；Nassaji，2009；张珊珊，2011）。重复是指学习者简单地重复重铸反馈中提供的正确语言形式，而不做任何额外的调整或解释（见例5）。

例5：被试：在水里游的时候，突出发生了一个渔网它的后面。
　　主试：在它的后面突然出现了一个渔网。
　　被试：哦哦，在它的后面突然出现了一个渔网。

掺入则是学习者将重铸反馈中接受的正确语言形式进行扩展或延伸，输出更新、更长的正确语言表达（见例6）。

例 6：被试：在那个梦里，它们睡觉都在一个很轻声的湖里。
主试：它们都在一个很安静的湖里睡觉。
被试：嗯，对对，这个湖没有声音的，它们都在一个很安静的湖里睡觉。

3.1.4 后测中的语言形式纠错编码

与师生一对一互动过程中的修正分类相似，后测中学习者对语言形式的纠错也分为三种情况：成功纠错、部分成功纠错、未纠错。成功纠错指学习者完全纠正了目标错误；部分成功纠错是指对错误的语言形式做出了部分正确的调整，但仍未完全纠正错误；未纠错指学习者对错误的语言形式未做出任何正确的调整。为了使互动中的语言修正与后测中的语言纠错结果相一致，我们也将成功纠错和部分成功纠错都作为纠正一类。

3.2 实验数据

3.2.1 互动中的语言修正与后测中的语言纠错之间的关系（见表 1）

表 1 互动中的语言修正与后测中的纠错数据

互动中的语言修正		即时后测中的纠错情况		延时后测中的纠错情况	
		纠正	未纠正	纠正	未纠正
修　正	114（65%）	83（73%）	31（27%）	54（47%）	60（53%）
未修正	62（35%）	14（23%）	48（77%）	9（15%）	53（85%）
总　计	176（100%）	97/176（55%）	79/176（45%）	63/176（36%）	113/176（64%）

3.2.2 诱导和重铸条件下不同语言修正方式与后测中的语言纠错之间的关系（见表 2）

表 2　诱导和重铸条件下的语言修正与后测中的纠错数据

修正方式		即时后测中的纠错情况		延时后测中的纠错情况	
		纠正	未纠正	纠正	未纠正
诱导反馈后的修正（自己生成）					
成功修正	38（64%）	32（84%）	6（16%）	25（66%）	13（34%）
不成功修正	21（36%）	4（19%）	17（81%）	3（14%）	18（86%）
总计	59（100%）	36/59（61%）	23/59（39%）	28/59（47%）	31/59（53%）
重铸反馈后的修正（他人提供）					
成功修正	76（65%）	51（67%）	25（33%）	29（38%）	47（62%）
不成功修正	41（35%）	10（24%）	31（76%）	6（15%）	35（85%）
总计	117（100%）	61/117（52%）	56/117（48%）	35/117（30%）	72/117（70%）

3.2.3 重复修正和掺入修正与后测中错误纠正之间的关系（见表 3）

表 3　重复修正和掺入修正与后测中错误纠正之间的描述性数据

统计项	重铸反馈后的两种修正方式	
	重复	掺入
互动中的错误修正数	52（68%）	24（32%）
即时后测中的错误纠正率	31/52（60%）	20/24（83%）
延时后测中的错误纠正率	15/52（29%）	14/24（58%）

四　实验结果分析

4.1　互动中的语言修正与后测中的语言纠错之间的关系分析

表 1 中的数据显示，在得到主试反馈的 176 个错误中，被试修正和未修正的数量分别为 114 个和 62 个，学习者的错误修正比例（65%）明显高

于未修正比例（35%），说明一对一的师生互动有利于学习者的语言修正。对于得到修正的114个错误，在即时后测和延时后测中被试分别纠正了其中的83个和54个，占修正错误总数的73%和47%。对于未修正的62个错误，在即时后测和延时后测中被试仅分别纠正了其中的14个和9个，占未修正错误总数的23%和15%。两相比较，互动中已修正错误的两次后测纠正率均远高于未修正错误的纠正率，说明如果学习者在互动中修正了某个错误，在后测中就有更大可能纠正这个错误；反之，如果学习者在互动中对某个错误没有修正，在后测中纠正这个错误的可能性也就更小。

为了比较被试在即时和延时后测中已修正错误的纠正率和未修正错误的纠正率之间是否存在显著统计差异，我们使用SPSS软件，采用配对样本T检验法做了两次检验，修正与未修正错误在即时后测中纠正率的均值比较结果为：t值为6.642，df=14，p=0.000；修正与未修正错误在延时后测中纠正率的均值比较结果为：t值为6.863，df=14，p=0.000。在两次检验结果中，p值均小于0.05，说明修正错误与未修正错误在即时和延时纠错率上均存在显著差异，因而至少从某种程度上可以认定，互动中纠正性反馈对后测中纠错的促进作用呈现出稳定状态。根据Long的“互动假说”，互动对语言习得的促进作用主要由三点构成：互动促进对输入的理解、对输入的理解促进习得、互动促进习得。前人研究在第三点上得出了不同结论，有些肯定，有些否定（参见王建勤主编，2009：191—199）。如果我们以学习者对错误的识别和纠正作为判断习得语言形式的标志，以上统计结果表明，互动中的语言修正明显有利于语言形式的学习，本实验结果支持Long关于互动促进习得的假设。

4.2 两种反馈条件下的不同语言修正方式与形式学习结果之间的关系

表2中的数据显示了在诱导和重铸两种反馈条件下不同修正方式对语言形式学习结果的影响。统计数据显示，诱导反馈后的修正共59个，在主试反馈后，被试对64%的错误进行了成功或部分成功修正，在即时和延时后测中，被试分别纠正了其中的32个和25个，占修正错误总数的84%和

66%。重铸反馈后的修正共 117 个，在主试反馈后，被试对 65% 的错误进行了成功或部分成功修正，在即时和延时后测中，被试分别纠正了其中的 51 个和 29 个，占修正错误总数的 67% 和 38%。由此可知，不管在即时后测还是在延时后测中，诱导反馈后的语言修正比重铸反馈后的语言修正均带来了更高的错误纠正率，说明诱导反馈后由学习者自己生成的语言修正比重铸反馈后由他人提供的语言修正更有利于语言形式的学习。

为了比较诱导反馈后的语言修正与重铸反馈后的语言修正对纠错率的影响是否达到显著差异，我们使用 SPSS 软件，采用配对样本 T 检验法分别对即时和延时后测结果做了两次检验。即时后测 T 检验结果为：t 值为 –1.067，df=14，p=0.304，由于 $p>0.05$，说明上述两种语言修正对即时纠正率的影响没有达到显著差异。延时后测 T 检验结果为：t 值为 –3.428，df=14，p=0.004，由于 $p<0.05$，说明随着时间的推移，与重铸反馈条件下的语言修正相比，诱导反馈条件下的语言修正对促进语言形式的学习具有更为持久的显著影响，学习者自己生成的语言修正明显优于由他人提供的语言修正。

4.3 重复修正和掺入修正对形式学习的影响

重铸反馈后，学习者对错误进行成功修正的方式有两种：重复修正和掺入修正。表 3 中的数据显示，在 76 个重铸反馈后成功和部分成功修正的错误中，68%（52 个）的修正方式是重复，32%（24 个）的修正方式是掺入，说明重铸反馈后学习者大多数情况下采用重复方式进行语言修正。在即时后测中，重复和掺入修正所对应的纠错率分别为 60% 和 83%；在延时后测中，重复和掺入修正所对应的纠错率分别为 29% 和 58%。掺入修正所对应的纠错率均高于重复纠正，尤其是延时后测中，前者达到了后者的两倍，说明掺入修正对促进语言习得的效果明显优于重复修正。这一发现证实了 McDonough & Mackey（2006）的研究结果，即将正确的语言形式融入学习者产出的语言中比仅仅简单重复正确语言形式更有助于语言形式的学习。因为学习者把正确的语言形式掺入自己的语言表达，不但能够更好地理解语言形式，而且可以增强学习者在语言产出过程中的主动性，使学习者主动接受与吸收，强化对语言形式的认识与记忆；而简单的重复很多情况下是机械跟说，并未产出新的语言表达，因此与掺入相比，学习者重复修正的主动性要低一些，效果也相应降低。

4.4 本研究结果的启示

本研究考察了汉语二语学习者在互动反馈后的语言修正情况，以及不同修正方式与习得结果之间的关系。研究发现，在互动中得到修正的错误比未修正的错误在后测中更易被学习者纠正，学习者的语言修正对语言形式的学习具有显著促进作用。这一结论与 Lyster & Ranta（1997）的理论观点一致，他们认为，学习者的语言修正，特别是自我修正有利于二语学习，因为它能帮助学习者抽取目标语形式，为学习者提供目标语形式程序化和自动化的机会。因此在教学中，教师应更多地关注与学生之间的互动过程，给学生提供足够的纠正性反馈，鼓励学习者对反馈做出积极回应，尽可能修正自己的语言错误，以提升对中介语与目标语之间形式差异的注意，并促进目标语知识的内化以及语言产出的程序化和自动化。

本研究还发现，不同的语言修正方式对二语习得可能产生不同的影响，虽然诱导反馈后的语言修正与重铸反馈后的语言修正对促进语言形式学习的短期效果相似，但从长期来看，前者对语言习得的促进作用更持久。这两种修正方式之所以对语言学习有不同的作用，是因为它们涉及不同的认知处理过程。诱导反馈后的语言修正是在主试诱导下，由学习者在已有中介语知识基础上自己生成的语言修正，是学习者主动对大脑中已有语言知识的调整，更可能触发学习者中介语的重构，因此长期记忆与内化效果更加持久。而重铸反馈后的修正，其正确形式是由他人在反馈中提供的，尤其是重铸后的重复修正方式，学习者可能只是在机械地重复，“是由教师发起并以单向运动形式完成的”（Panova & Lyster, 2002）。因此与诱导反馈后的修正相比，重铸后的修正涉及的认知处理和中介语重构过程较浅，虽然被试对重铸反馈时主试所提供的正确语言形式有短时记忆，在即时后测中能够保持较高的错误纠正率，但是在延时后测中，由于短期记忆的效果明显下降，所以纠错率也大幅下降。这一发现从教学的角度来说，在学习者出现错误时，引导其进行自我修正比单纯提供正确的形式更有助于学习者对语言形式的掌握。Lyster（2004）曾提出过类似的看法：不直接提供正确的语言形式而通过诱导使学习者做出正确反应的反馈要比重铸更明确、更符合认知习惯。因此，在师生互动中，教师应注意反馈方式及修正方式的选择，多采用引导的方式鼓励学习者自己进行语言修正。

作为第二语言师生互动中最常用的一种反馈方式，重铸的作用不容忽视。本研究发现，在重铸反馈后的重复和掺入两种修正方式中，后者更有利于语言习得。因为在重复的情况下，学习者可能只是机械地重复语言形式而没有理解，但是在掺入的情况下，学习者主动把正确形式融入更加丰富的新表达之中。可以说，重复修正只是一种简化输出，而掺入修正是一种扩展性输出。已有研究发现，扩展性输入要比简化输入有效得多，因为扩展性输入不但能帮助学习者理解交流内容，而且能提供丰富的输入，扩大学习者所需要的不同语言形式（靳洪刚，2011）。同样的道理，在掺入这种扩展性输出中，学习者把重铸反馈中的正确语言形式与自己生成的其他语言形式有机融合在一起，既注重了形式的正确又注重了意义的协商，在丰富输出内容的同时，强化了对这些语言形式的认知处理，十分有利于学习者中介语系统的整合和发展。因此，我们可以对学生在互动中的语言修正方式进行策略上的训练，鼓励他们在对重铸反馈做出回应时，多采用掺入修正方式，同时，在学生的输出练习中要让他们学会"扩展性解释而不是简化表达"（靳洪刚，2011），以强化语言输出的认知处理，增强语言习得效果。

∷ 附 录 ∷

本研究所用视频材料主要内容如下：主人公是一条蓝色的鱼和一条红色的鱼，故事内容是蓝色鱼的一个梦。在梦里，这两条鱼本来生活在到处都是垃圾的海水中。当它们在海中活动的时候，遭到人类的猎捕，红色的鱼被渔网网住，蓝色的鱼逃跑了，但是却进入了被污染的黑色水域，快要死了。这时，蓝色的鱼从梦里醒来，发现原来它们都在鱼缸里面，地球上没有它们生存的自然空间。

视频网址：http://v.ku6com/show/xCXbrGSGsPpdQ50CZedmlw...html

:: 参考文献 ::

范　娜（2011）重述和引导对中国英语学习者在师生互动中自我修正的影响，重庆大学硕士学位论文。

靳洪刚（2011）现代语言教学的十大原则，《世界汉语教学》第1期。

陆熙雯（2008）对外汉语课堂互动中的纠正性反馈对习得的影响，北京语言大学硕士论文。

王建勤主编（2009）《第二语言习得研究》，北京：商务印书馆。

张　欢（2006）对外汉语课堂教师纠正性反馈研究，北京语言大学硕士论文。

张珊珊（2011）一项关于学习者感知重铸和修正的实证研究，《现代外语》第4期。

祖晓梅（2008）汉语课堂更正性反馈的调查与分析，《汉语学习》第1期。

Doughty, Catherine J. (2001) Cognitive underpinnings of focus on form. In Peter Robinson (ed.), *Cognition and Second Language Instruction*. Cambridge: Cambridge University Press.

Ellis, Nick C. (2001) Memory for language. In Peter Robinson (ed.), *Cognition and Second Language Instruction*. Cambridge: Cambridge University Press.

Ellis, Rod & Younghee Sheen (2006) Reexamining the role of recasts in second language acquisition. *Studies in Second Language Acquisition*, 28(4): 575-600.

Gass, Susan M. (2003) Input and interaction. In Catherine J. Doughty & Michael H. Long (eds.), *The Handbook of Second Language Acquisition*. Oxford: Blackwell.

Gass, Susan M. & Alison Mackey (2006) Input, interaction and output: An overview. *AILA Review*, 19(1): 3-17.

Gass, Susan M. & Alison Mackey (eds.) (2012) *The Routledge Handbook of Second Language Acquisition*. New York: Routledge.

Loewen, Shawn (2005) Incidental focus on form and second language learning. *Studies in Second Language Acquisition*, 27(3): 361-386.

Long, Michael H. (1996) The role of the linguistic environment in second language acquisition. In William C. Ritchie & Tej K. Bhatia (eds.), *Handbook of Second Language Acquisition*. San Diego: Academic Press.

Long, Michael H. (2006) *Problems in SLA*. Mahwah, NJ: Lawrence Erlbaum.

Lyster, Roy (2004) Differential effects of prompts and recasts in form-focused instruction. *Studies in Second Language Acquisition*, 26(3): 399-432.

Lyster, Roy & Hirohide Mori (2006) Interactional feedback and instructional counterbalance. *Studies in Second Language Acquisition*, 28(2): 269-300.

Lyster, Roy & Leila Ranta (1997) Corrective feedback and learner uptake: Negotiation of form in communicative classrooms. *Studies in Second Language Acquisition*, 19(1): 37-66.

Mackey, Alison (1999) Input, interaction and second language development: An empirical study of question formation in ESL. S*tudies in Second Language Acquisition*, 21(4): 557-587.

Mackey, Alison (2012) *Input, Interaction and Corrective Feedback in L2 Learning*. Oxford: Oxford University Press.

McDonough, Kim & Alison Mackey (2006) Responses to recasts: Repetitions, primed production, and linguistic development. *Language Learning*, 56(4): 693-720.

Nassaji, Hossein (2009) Effects of recasts and elicitations in dyadic interaction and the role of feedback explicitness. *Language Learning*, 59(2): 411-452.

Panova, Iliana & Roy Lyster (2002) Patterns of corrective feedback and uptake in an adult ESL classroom. *TESOL Quarterly*, 36(4): 573-595.

Sheen, Younghee (2006) Exploring the relationship between characteristics of recasts and learner uptake. *Language Teaching Research*, 10(4): 361-392.

Swain, Merrill (1995) Three functions of output in second language learning. In Guy Cook & Barbara Seidlhofer (eds.), *Principle & Practice in Applied Linguistics: Studies in Honour of H. G. Widdowson*. Oxford: Oxford University Press.

（本文原载于《世界汉语教学》2013 年第 1 期，作者曹贤文、牟蕾）

汉语母语和二语书面表现的对比分析

摘　要　本研究以小学高年级中国学生和大学高年级越南学生的同题汉语作文为例，从流利性、准确性、复杂性和多样性四个维度，对上述两组被试的书面语言表现进行测量。统计结果显示，中国学生组的流利性和准确性各项指标均高于越南学生组，尤其在流利性及词汇与句法准确性方面，两组之间存在统计意义上的显著差异；在复杂性方面，两组被试的汉字和词汇复杂性测量数据差别不明显，但越南学生组在以T单位长度为指标的句法复杂性方面显著高于中国学生组；在多样性方面，越南学生组的各项指标均高于中国学生组，不过两组之间只在词汇多样性方面存在显著差异。这些发现揭示了汉语母语和二语书面表现的不同发展特点。

关键词　汉语习得；书面语言表现；流利性；准确性；复杂性；多样性

一　研究背景

语言表现（performance）是由乔姆斯基提出的与语言能力（competence）相对应的概念，指的是“操本族语者说出的具体语言”（克里斯特尔，2000：262），或者“人对语言的实际运用”（Richards et al.，2000：338），有的学者把它译为“语言运用”（克里斯特尔，2000：262）或“语言表达”

（王建勤主编，2009:7）[①]。因此，语言表现分析（performance analysis）也叫语言运用分析（刘珣，2000：203）或者语言表达分析，即对学习者运用语言的具体表现进行分析。在语言习得研究中，语言表现分析是研究学习者语言及其发展过程的重要方法。

汉语母语习得研究通过分析儿童的语言表现来研究儿童的语言发展，自 20 世纪 50 年代以来，在众多学者的努力下，已经取得了一大批研究成果，尤其在汉族儿童的实词、虚词和句式的习得等方面成绩十分突出[②]。汉语二语习得研究虽然起步较晚，但 20 多年来也已取得了飞速发展。从早期对学习者语言偏误分析的关注，到通过分析学习者的语言表现来研究习得顺序和发展过程，再到考察学习者语言表现所具有的形式—功能特征、互动特征、话语特征，及其准确性、复杂性和流利性的“三性”分析等等（曹贤文，2009），学习者的语言表现已成为汉语二语习得研究的基本研究范畴和主要数据来源。

尽管汉语母语习得研究和汉语二语习得研究在各自的领域分别对母语学习者与二语学习者的语言表现开展了相当系统且深入的研究，然而迄今为止，笔者尚未发现对这两类语言表现进行实证对比调查分析的成果，特别是在完成同一任务时，汉语母语学习者与二语学习者各自语言表现如何，以及可以采取哪些量化指标来测量这两个群组的语言表现，目前仍是空白。根据语言产出形式的不同，语言表现可以分为口头语言表现和书面语言表现，本研究打算考察同处于学校课堂教学环境下的汉语母语和二语书面语言表现，探讨如何对其进行综合的测量，并对两组被试的书面表现结果进行对比分析。

---

① 这几种译名乍看差异较大，其实不然，这里的“运用”和“表达”都是名词，指的都是说话者的具体语言表现。虽然这几个词都带有一定的“动作”性质，但其表现出来的具体语言形式都可视为类似索绪尔式的言语（Parole）概念（参见 Brown，2007：11）。

② 单是以专著和论文专集形式出版的著作就有朱曼殊主编（1986），李宇明、唐志东（1991），李宇明（1995），李宇明、陈前瑞（1998），周国光（1997），周国光、王葆华（2001），孔令达等（2004）等。

二 研究方法

2.1 研究目的

本研究选取汉语书面表达学习时间基本相同的两个实验组——小学高年级中国学生组与大学高年级（包括研究生）越南学生组作为实验对象，考察这两个组别在完成同一任务——同题汉语作文时，其汉语书面表现如何以及彼此之间的异同。

要考察学习者的语言表现首先需要回答两个问题：可以从哪些维度来测量学习者的语言表现？各个维度用来测量的量化指标（index）有哪些？Skehan（1998）、Wolfe-Quintero et al.（1998）、Ellis & Barkhuizen（2005）、Ellis（2008）、Housen & Kuiken（2009）等都认为，测量学习者完成任务时的语言表现通常包括三个维度：复杂性（complexity）、准确性（accuracy）和流利性（fluency），简称为“三性分析”（CAF）。用“三性分析”来测量学习者语言发展的成熟度已是学界共识，不过学者们仍在不断探讨如何完善“三性分析”的测量方法。例如，Skehan（2009）认为应该把对词汇的测量补充进“三性分析”，文秋芳、胡健（2010）则在“三性分析”之上又增加了一项多样性，与复杂性、准确性和流利性一起组成“四性分析”。在传统的“三性分析”中，语言发展的多样性测量通常归入复杂性一类，不过从测量的全面性和精细性来看，笔者赞同把多样性从复杂性中分离出来专门作为一项指标进行考察，也赞同 Skehan 在传统的“三性分析”中增加词汇测量的意见。另外，根据汉语的特点，我们认为还应该增加对汉字的测量。因此，本研究将从复杂性、准确性、流利性和多样性四个维度，从汉字、词汇和句法三个层面来考察中国学生组与越南学生组完成同题作文时的书面表现。具体测量指标详见下文。

2.2 研究对象

本研究的实验对象包括两个组别：小学高年级中国学生组和大学高年

级越南学生组。

越南学生组共 35 人，其中 17 人在南京大学、南京师范大学和南京农业大学学习，18 人在河内军事外语大学学习；15 人为研究生，20 人为大学本科四年级学生；男性 16 人，女性 19 人。本科学生都是汉语言专业，研究生都是跟中国研究相关的专业。根据我们的调查统计，他们学习汉语的平均时间为 4.4 年。由于这些越南学生学习汉语时，是听说读写一起推进的，因此，他们学习汉语书面表达的平均时间也是 4.4 年。

中国学生组共 41 人，为南京市汉口路小学五年级二班和四班全体学生。其中男性 20 人，女性 21 人。本实验在五年级上学期实施，一般来说，中国学生从小学一年级开始正式学习书面表达，因此，中国学生组跟越南学生组学习汉语书面表达的时间大体相同。

2.3 实验设计

本研究需要收集上述两组学习者在完成同一任务时的书面表现语料并进行分析，以便对比考察其书面语言表现。虽然这两个实验组具有相似的汉语书面表达学习和发展时间，不过在年龄、认知和文化背景等方面却存在一定的差别，为了让所有的被试都有话可说，我们选取了一个人类共有的老少咸宜的最基本社会情感话题——母子 / 母女关系作为写作的题目。作文题目由一张暗示性的图片（见图 1）给出，直观易懂且有利于发挥被试的想象力。由于两组被试母语背景不同，图片上的说明文字采用两组被试都熟悉的非常简单的第三语言——英语进行说明，这样既可以减少图片上汉语说明对写作的影响，又可考察两组被试在与英文对应的汉语译名和相关表达方面的异同。

在实验正式开始之前，我们先请 4 名学生（2 名中国学生和 2 名越南学生）做了一次预测试并随后对他们进行了访谈。从预测试得到的语料和访谈得到的反馈来看，实验题目是比较合适的，易懂易写；不过最初安排的 30 分钟测试时间太短，不利于被试充分发挥想象力并完成写作。因此，我们把原定的 30 分钟写作时间改为 45 分钟。具体施测信息如下：

题目：请仔细看图，发挥你的想象力，写出图意。

时间：45 分钟

注意事项：

（1）根据画面内容，发挥想象力，题目自拟。

（2）文章的表达形式：记叙、议论和说明。

（3）题目前空 4 格，开头空 2 格，标点符号独立占格。

（4）如果有不会写的字，可暂用拼音代替。

图 1　引自 jasonlove.com 网站的漫画

2.4　数据收集

越南学生的语料收集分为两个部分：第一部分由在南京学习汉语和中国研究的大学高年级越南留学生（包括研究生）完成。由于这些越南学生学习的班级和地点比较分散，所以笔者利用越南留学生会的关系分别跟在南京学习的越南高年级留学生进行联系，其中 17 位在南京大学、南京师范大学和南京农业大学学习的同学愿意提供帮助。2010 年 11 月下旬，我们分别请这些同学进行了测试。越南学生的第二部分语料由在越南河内军事外语大学学习汉语的 18 名四年级学生在 2010 年 12 月初协助完成。参加实验的越南学生共有 35 人，回收答卷 35 份，其中 5 份答卷回答不全，作为无效答卷排除，实际有 30 份答卷进入统计分析。

中国学生的语料收集分别于 2010 年 12 月 15 日和 23 日在课堂上集中完

成，共有 41 人参加实验，回收答卷 41 份，其中有 6 份答卷回答不全或者夹杂了一些英文，被作为无效答卷排除，实际共获得有效答卷 35 份。为了与越南学生组的实验人数保持一致，我们随机选取了其中的 30 份进入统计分析。

2.5 测量指标和统计工具

我们参考 Carroll（1979）、Wolfe-Quintero et al.（1998）和 Ellis & Barkhuizen（2005）等总结的已有研究中采用过的有效测量指标，并针对汉语的特点，确定本研究测量指标如下：

（1）流利性：每分钟汉字数和词汇数。

（2）准确性：包括句法和词汇准确性及汉字准确性，测量指标分别为：

A. 句法和词汇准确性：平均每 100 词里有多少个词汇和语法错误；

B. 汉字准确性：平均每 100 字里出现多少个汉字错误（包括错字、别字和用拼音代替的字）[①]；

（3）复杂性：包括句法复杂性、词汇复杂性和汉字复杂性，测量指标分别为：

A. 句法复杂性：平均句长（MLU）和 T 单位（T-Unit）长度[②]；

B. 词汇复杂性：高级水平词例（token）数与总词例数之比、高级

---

① 重复出现的错误都按照出现的次数累计。

② 早在 20 世纪 30 年代，美国心理语言学家 D. McCarthy 就提出了平均句长（MLU）的概念，作为测量儿童语言成熟度的尺度，得到了广泛的运用。不过，Hunt（1965）在研究中小学生书面语法结构时，认为平均句长这一指标不够客观，因为 McCarthy 并没有设定一个明确判断“句子”的标准，而由于学生对标点的不充分使用，他们对句子的判断并不可靠。随后，Hunt 提出一个更具操作性的句法单位——“T 单位”（Minimal Terminable Unit），用来测量儿童母语写作的语言发展。十多年后，Larsen-Freeman & Strom（1977）开始把它引入二语发展的测量，此后“T 单位”测量法逐渐在二语习得研究中广泛应用。Wolfe-Quintero et al.（1998：70）和 Foster et al.（2000）等对二语习得领域的相关实证研究所做的统计结果表明，T 单位是第二语言发展指数研究（developmental index studies）最常用的测量因子，T 单位长度是测量学习者语言复杂性的最主要指标之一。本研究将同时使用平均句长和 T 单位长度来测量复杂性。我们根据 Hunt（1965）对 T 单位的定义和汉语自身的特点，把 T 单位界定为：单句和带有关联连词或关联副词（如“也”“就”“才”等）的复句。对于不含任何关联性成分的流水句，如一些并列复句和承接复句等，每个分句都被视为一个 T 单位。

水平词型（type）数与总词型数之比[①]；

C. 汉字复杂性：高级水平汉字字例数与总字例数之比、高级水平字型数与总字型数之比。

（4）多样性：包括汉字多样性、词汇多样性和句法多样性，测量指标分别为：

A. 汉字多样性：字型数与字例数之比；

B. 词汇多样性：词型数与词例数之比；

C. 句法多样性：由于汉语全部句式的分类和统计目前还存在一些难以解决的困难，本文采取一项折中方案，通过抽取“是”字句、“有”字句、“把”字句和“被”字句这四种特殊句式的用例来分析其内部的多样性分布。

本研究收集的原始语料是写在方格纸上的手写材料，为了分析上的方便，笔者把这些材料都转写为电子文档，并根据上述测量指标进行标注，然后进行统计。字数、词数、字频和词频等先采用 Dimsum 软件进行初步的切分和统计，在此基础上，再进行人工检查、重新划分和统计。句子、句式及所有字、词、句错误的辨识和标注全部由两位作者人工完成并交叉核对。

三　统计结果

3.1　流利性统计结果（见表 1）

表 1　流利性统计数据

组别	总字数 *	篇平均字数	字产出流利性	总词数	篇平均词数	词产出流利性
中国学生组	11914	397.1	8.8 字 / 分钟	8569	285.6	6.3 词 / 分钟
越南学生组	10913	363.8	8.1 字 / 分钟	7490	249.7	5.6 词 / 分钟

* 只计算汉字总数，不包括标点符号。

① 本研究根据《汉语水平词汇与汉字等级大纲》（修订本）（2001）甲乙丙丁四级的划分，把丙级词、丁级词和超纲词作为高级水平词汇，汉字的划分与此相同。

3.2 准确性统计结果（见表 2）

表 2 准确性统计数据

组别	汉字错误总数	总字数	每 100 字汉字错误数	词汇和语法错误总数	总词数	每 100 词词汇和语法错误数
中国学生组	188	11914	1.6	182	8569	2.1
越南学生组	195	10913	1.8	412	7490	5.5

3.3 复杂性统计结果（见表 3、表 4 和表 5）

表 3 汉字复杂性统计数据

组别	高级水平字例数	总字例数	占比	高级水平字型数	总字型数	占比
中国学生组	3593	11914	30.2%	450	1082	41.6%
越南学生组	3185	10913	29.2%	450	1035	43.5%

表 4 词汇复杂性统计数据

组别	高级水平词例数	总词例数	占比	高级水平词型数	总词型数	占比
中国学生组	2048	8569	23.9%	602	1626	37.0%
越南学生组	1842	7490	24.6%	605	1603	37.7%

表 5 句法复杂性统计数据

组别	总字数	总句数	平均句长（字）	T 单位总数	T 单位长度（字）
中国学生组	11914	529	22.5	923	12.9
越南学生组	10913	467	23.4	592	18.4

3.4 多样性统计结果

3.4.1 汉字和词汇多样性（见表 6）

表 6　汉字和词汇多样性统计数据

组别	字型数	总字数	字型数 / 总字数	词型数	总词数	词型数 / 总词数
中国学生组	1082	11914	0.091	1626	8569	0.190
越南学生组	1035	10913	0.095	1603	7490	0.214

3.4.2 四种特殊句式的使用情况

（1）使用 9 类“是”字句[①]的情况（见表 7）

表 7　使用 9 类“是”字句的统计数据

分类	越南学生组 总句数：148		中国学生组 总句数：78	
1. 表示等同和归类	14	9.5%	5	6.5%
2. 宾语从某一个方面对主语加以说明	56	37.8%	36	46.8%
3. 用于说明、解释原因等，有时有申辩的意味	33	22.3%	15	19.5%
4. 表示存在	3	2.0%	2	2.6%
5. 表示肯定	40	27.0%	19	24.8%
6.“是”的前后用相同的词汇	2	1.4%	0	0%
7. 表示无例外	0	0%	0	0%
8. 用来表示应答	0	0%	0	0%
9. 表示“合适、正好”的意思	0	0%	0	0%

（2）使用 7 类“有”字句[②]的情况（见表 8）

表 8　使用 7 类“有”字句的统计数据

分类	越南学生组 总句数：108		中国学生组 总句数：72	
1. 表示“领有”“具有”	43	39.8%	26	36.1%

---

① “是”字句的分类参照刘月华等（2001：679—687）。

② “有”字句的分类参照刘月华等（2001：692—711）。

续表

分类	越南学生组 总句数：108		中国学生组 总句数：72	
2. 表示“存在”	51	47.2%	42	58.3%
3. 表示“发生和出现”	5	4.6%	3	4.2%
4. 表示“包括”	2	1.9%	1	1.4%
5. 表示“达到”	0	0%	0	0%
6. 前一个动词为“有（没有）”的连动句	1	0.9%	0	0%
7. 第一个动词是“有（没有）”的兼语句	6	5.6%	0	0%

（3）使用6类“把”字句[①]的情况（见表9）

表9 使用6类“把”字句的统计数据

分类	越南学生组 总句数：28		中国学生组 总句数：32	
1. 带宾语	3	10.7%	1	3.1%
2. 带补语	22	78.6%	29	90.6%
3. 带状语	2	7.1%	1	3.1%
4. 带“了、着、过”	1	3.6%	1	3.1%
5. 动词重叠	0	0%	0	0%
6. 双音节动词	0	0%	0	0%

（4）使用4类“被”字句[②]的情况（见表10）

表10 使用4类“被”字句的统计数据

分类	越南学生组 总句数：6		中国学生组 总句数：9	
1. 带补语	2	33.3%	8	88.9%

① “把”字句的分类参照邵敬敏主编（2007：209）对“把”字句谓语的分类。
② “被”字句的分类参照邵敬敏主编（2007：211）对“被”字句谓语的分类。

续表

分类	越南学生组 总句数：6		中国学生组 总句数：9	
2. 带宾语	2	33.3%	0	0%
3. 带“了、着、过”	1	16.7%	1	11.1%
4. 双音节动词	1	16.7%	0	0%

四　分析和讨论

为了检查两组被试的汉语书面表现在流利性、准确性、复杂性和多样性指标方面是否存在显著差异，我们使用 SPSS 软件，采用独立样本 T 检验的方法，对上述数据进行统计分析，其结果见表 11。

4.1　流利性统计结果分析

从统计结果来看，中国学生组的字产出流利性和词产出流利性分别为 8.8 字 / 分钟和 6.3 词 / 分钟，越南学生组的字产出流利性和词产出流利性分别为 8.1 字 / 分钟和 5.6 词 / 分钟。独立样本 T 检验结果显示，在字产出和词产出流利性两项指标方面，两组之间存在统计意义上的显著差异，中国学生组的流利性显著高于越南学生组。

4.2　准确性统计结果分析

从统计结果来看，在汉字错误总数方面，越南学生组“每 100 字汉字错误数”为 1.8，中国学生组为 1.6，越南学生组的汉字错误率比中国学生组略高；而在词汇和语法错误总数方面，越南学生组每 100 词词汇和语法错误数为 5.5，中国学生组为 2.1，越南学生组的词汇和语法错误率是中国学生组的 2.6 倍。独立样本 T 检验结果显示，在汉字错误率方面，两组之间差异不明显；而在词汇和语法错误率方面，两组之间则存在统计意义上的显著差异，中国学生组的词汇和语法准确性显著高于越南学生组。

表 11 两组被试书面语言表现测量结果的独立样本 T 检验

各项指标	方差齐性检验			均值 T 检验						
检验方法	方差齐性检验结果	F	Sig.	t	df	Sig. (2-tailed)	Mean Diff.	Std. Error Diff.	95% 置信区间	
									Lower	Upper
字产出流利性	方差齐性	2.398	.127	2.980	58	.004	.7033	.2360	.2310	1.1757
词产出流利性	方差齐性	3.252	.077	4.188	58	.000	.6900	.1647	.3602	1.0198
每 100 字汉字错误	方差齐性	.267	.607	-.761	58	.450	-.1433	.1884	-.5205	.2338
每 100 词词汇和语法错误	方差齐性	.001	.981	-15.059	58	.000	-3.3933	.2253	-3.8444	-2.9423
高级水平字例数与总字例数之比	方差齐性	.009	.927	1.167	58	.248	.009700	.008314	-.006941	.026341
高级水平字型数与总字型数之比	方差齐性	2.815	.099	-1.793	58	.078	-.019500	.010876	-.041272	.002272
高级水平词例数与总词例数之比	方差齐性	.096	.758	-.697	58	.489	-.004833	.006935	-.018716	.009050
高级水平词型数与总词型数之比	方差齐性	1.525	.222	-.783	58	.437	-.007500	.009576	-.026669	.011669
平均句长	方差齐性	.006	.938	-1.858	58	.068	-.9033	.4863	-1.8768	.0701
T 单位长度	方差齐性	.222	.639	-14.105	58	.000	-5.5433	.3930	-6.3300	-4.7566
字型数与总字数之比	方差齐性	1.606	.210	-1.248	58	.217	-.003867	.003098	-.010069	.002335
词型数与总词数之比	方差齐性	.165	.686	-4.006	58	.000	-.024267	.006058	-.036393	-.012140

4.3 复杂性统计结果分析

从统计结果来看，在汉字复杂性指标方面，越南学生组的高级水平汉字字例数与总字例数之比、高级水平字型数与总字型数之比分别为 29.2% 和 43.5%，中国学生组这两项数据分别为 30.2% 和 41.6%；在词汇复杂性指标方面，越南学生组的高级水平词例数与总词例数之比、高级水平词型数与总词型数之比分别为 24.6% 和 37.7%，中国学生组这两项数据分别为 23.9% 和 37.0%。独立样本 T 检验结果显示，两组被试在汉字和词汇复杂性上差异不显著。在句法复杂性方面，以平均句长来测量，中国学生组平均每句 22.5 字，越南学生组平均每句 23.4 字；但以 T 单位长度来测量，中国学生组的 T 单位平均长度为 12.9 字，越南学生组的 T 单位平均长度为 18.4 字。独立样本 T 检验结果显示，两组在平均句长上的差异不显著，而在 T 单位平均长度上则存在统计意义上的显著差异。

4.4 多样性统计结果分析

从统计结果来看，汉字多样性的测量指标——字型数与总字数之比，中国学生组和越南学生组分别为 0.091 和 0.095；词汇多样性的测量指标——词型数与总词数之比，中国学生组与越南学生组分别为 0.190 和 0.214。独立样本 T 检验结果显示，在前一项数据上，两组之间的差异不显著，而在后一项数据上，越南学生组显著高于中国学生组。在四种特殊句式的使用方面，越南学生组“是”字句和“有”字句的使用频率明显高于中国学生组，而“把”字句和“被”字句的用例数则少于中国学生组。不过从每一种句式内部句型的使用分布来看，越南学生组总体上稍微多样和均衡一些，显示出越南学生组的句法多样性略高于中国学生组。

4.5 统计结果总结和讨论

通过上述测量、统计和分析，中国学生组和越南学生组在完成汉语同题作文任务时的书面语言表现测量结果总结如下：中国学生组的流利性和准确性各项指标均高于越南学生组，尤其在流利性及词汇与句法准确性方面，两组之间存在统计意义上的显著差异；在复杂性方面，两组被试的汉字和词汇复杂性测量数据差别不明显，但越南学生组在以 T 单位长度为指标的句法复杂性方面显著高于中国学生组；在多样性方面，越南学生组的各项指标均高于中国学生组，不过两组之间只在词汇多样性方面存在显著差异。

上述结果表明，尽管中国学生和越南学生的汉语书面语学习时间大体相当，但在完成同题作文的实验任务中，其书面表现的各项测量数据却显示了较大的差异，从中可以发现汉语母语和二语书面表达能力发展的不同规律和特点。中国学生组的流利性指标均显著高于越南学生组，显示出作为母语学习者相对于二语学习者的优势。这种母语优势也反映在准确性指标方面，特别是词汇和语法准确性的测量数据，越南学生组与中国学生组存在统计意义上的显著差异。这说明尽管经过多年的汉语学习，但与汉语母语者相比，高年级越南学生的汉语书面表达在使用准确度方面仍存在较大的发展空间，不过由于越南学生具有一定的汉字背景，在汉字准确性上跟中国学生组的差异并不显著。

在汉字和词汇复杂性指标上，两组被试的书面表现测量数据大致相同。不过，在平均句长和 T 单位长度两项句法复杂性指标上，越南学生组均高于中国学生组，特别是 T 单位长度的测量数据，两组间存在统计意义上的显著差异。我们对比两组语料分析其中的原因，发现越南学生使用的外显句法结构和关联成分明显多于中国学生，而中国学生使用外显句法标记较少的流水句更多，使得越南学生的 T 单位总数明显高于中国学生。考虑到采用较多、较复杂的修饰成分和连接成分是汉语正式书面表达的特点，我们赞同采用 T 单位长度来测量学习者书面语言发展的复杂性。越南学生的汉语书面表达倾向于使用较多的显性复杂句法成分，一方面可能是受到汉语二语教学的影响，比较重视显性句法结构的学习和运用；另一方面越南学生都是成人，大脑中已经形成了比较复杂和多样的概念系统，这不但会影响语言表达的复杂性，也会对语言表达的多样性产生影响。本实验中的多样性测量数据显示，越南学生组的各项指标均高于中国学生组，特别是在词汇多样性方面，两组之间存在显著差异，这显示出在书面表达方面，成人二语学习相对于儿童母语学习的优势：成人在学习二语时，大脑中已有的丰富的概念系统会对第二语言表达的多样性，尤其是词汇表达多样性的发展产生积极的迁移作用。

∷ 参考文献 ∷

曹贤文（2009）汉语作为第二语言习得研究中的学习者语言分析方法述评，《汉语学习》第6期。

Carroll, J. B.（1979）《儿童语言的发展》，曾越麟译，《语言学动态》第4期。

戴维·克里斯特尔（David Crystal）编（2000）《现代语言学词典》，沈家煊译，北京：商务印书馆。

国家汉语水平考试委员会办公室考试中心（2001）《汉语水平词汇与汉字等级大纲》（修订本），北京：经济科学出版社。

孔令达等（2004）《汉族儿童实词习得研究》，合肥：安徽大学出版社。

李宇明（1995）《儿童语言的发展》，武汉：华中师范大学出版社。

李宇明、陈前瑞（1998）《语言的理解与发生》，武汉：华中师范大学出版社。

李宇明、唐志东（1991）《汉族儿童问句系统习得探微》，武汉：华中师范大学出版社。

刘　珣（2000）《对外汉语教育学引论》，北京：北京语言文化大学出版社。

刘月华、潘文娱、故　韡（2001）《实用现代汉语语法》（增订本），北京：商务印书馆。

Richards, J. C., J. Platt & H. Platt（2000）《朗文语言教学及应用语言学辞典（英英·英汉双解）》，管燕红译，北京：外语教学与研究出版社。

邵敬敏主编（2007）《现代汉语通论》（第2版），上海：上海教育出版社。

王建勤主编（2009）《第二语言习得研究》，北京：商务印书馆。

文秋芳、胡　健（2010）《中国大学生英语口语能力发展的规律与特点》，北京：外语教学与研究出版社。

周国光（1997）《汉语句法结构习得研究》，合肥：安徽大学出版社。

周国光、王葆华（2001）《儿童句式发展研究和语言习得理论》，北京：北京语言文化大学出版社。

朱曼殊主编（1986）《儿童语言发展研究》，武汉：华东师范大学出版社。

Brown, H. D. (2007) *Principles of Language Learning and Teaching* (5th edition). New York: Pearson Longman.

Ellis, R. (2008) *The Study of Second Language Acquisition* (2nd edition). Oxford: Oxford University Press.

Ellis, R. & G. Barkhuizen (2005) *Analysing Learner Language*. Oxford: Oxford University Press.

Foster, P., A. Tonkyn & G. Wigglesworth (2000) Measuring spoken language: A unit for all reasons. *Applied Linguistics*, 21(3): 354-375.

Housen, A. & F. Kuiken (2009) Complexity, accuracy and fluency in second language acquisition. *Applied Linguistics*, 30(4): 461-473.

Hunt, K. W. (1965) *Grammatical Structures Written at Three Grade Levels (NCTE Research Report No. 3)*. Urbana, IL: National Council of Teachers of English.

Larsen-Freeman, D. & V. Strom (1977) The construction of a second language acquisition index of development. *Language Learning*, 27(1): 123-134.

Skehan, P. (1998) *A Cognitive Approach to Language Learning*. Oxford: Oxford University Press.

Skehan, P. (2009) Modelling second language performance: Integrating complexity, accuracy, fluency, and lexis. *Applied Linguistics*, 30(4): 510-532.

Wolfe-Quintero, K., S. Inagaki & H-Y. Kim (1998) *Second Language Development in Writing: Measures of Fluency, Accuracy, and Complexity*. Honolulu, HI: University of Hawai'i, Second Language Teaching & Curriculum Center.

（本文原题为《汉语母语和二语书面表现的对比分析——以小学高年级中国学生和大学高年级越南学生的同题汉语作文为例》，原载于《华文教学与研究》2012 年第 2 期，作者曹贤文、邓素娟）

二语习得研究与汉语学习者语料库建设 *

摘　要　二语习得研究与学习者语料库建设具有密切的互动关系。一方面，利用学习者语料库提供的大规模语料有助于揭示二语发展规律，促进二语习得研究；另一方面，二语习得理论为设计高质量的学习者语料库提供了有力支撑，二语习得研究的需要大大推动了学习者语料库的建设力度，二语习得研究方法的发展则对学习者语料库的建设水平提出了更高的要求。本文尝试从当前二语习得研究“需求侧”视角出发，分析汉语学习者语料库建设与二语习得研究的互动发展趋势，探讨如何加强汉语学习者语料库建设，以更好满足二语习得研究的需要。

关键词　汉语中介语语料库；二语习得研究；“需求侧”视角；互动发展

近年来，基于大规模真实文本的、定量与定性分析相结合的研究方法正逐渐成为汉语教学与习得研究的一种主要方法，学习者语料库[①]的基础平台作用日益受到重视。除了语言教学、辞书编纂和语言处理等方面的需要以外，二语习得研究也对建设高质量的学习者语料库提出了迫切需求。在语料库语言学研究中，有“语料库指引”（corpus-informed）、“基于语料库”

---

* 本研究得到北京语言大学语言资源高精尖创新中心项目“汉语中介语语料库建设创新工程”（KYD17004）、教育部哲学社会科学研究重大课题攻关项目“全球汉语中介语语料库建设和研究”（12JZD018）、国家社科基金项目“动态系统理论视角下汉语二语发展中的变异研究”（14BYY088）资助。

① 本文采用 Granger et al.（2015：1）的定义，学习者语料库即中介语语料库，学习者语言即中介语，对两种表述不做区分。

（corpus-based）、“语料库驱动”（corpus-driven）等研究路径（梁茂成、李文中、许家金，2010；Callies，2015），这些研究路径可视为根据语料库之于语言与语言教学研究的作用，从语料库资源平台的“供给侧”视角所做的分析。本文则尝试从当前二语习得研究“需求侧”视角出发，分析汉语学习者语料库建设与二语习得研究的互动发展趋势，探讨如何加强汉语学习者语料库建设，以更好满足二语习得研究的需要。

一 学习者语料库建设与二语习得研究的互动发展趋势

1.1 学习者语料库建设与二语习得研究的互动关系

学习者产出的书面和口头数据一向是二语习得研究的关键资源。Myles & Mitchell（2004）认为：“二语习得研究除了清晰的理论框架以外，最宝贵的资源是可使用的高质量数据。”崔希亮、张宝林（2011）也指出，汉语中介语语料库在对外汉语教学相关研究中发挥了巨大作用，作为基于大规模真实文本分析方法所依托的基础工程，作为国际汉语教学研究的基础性平台，高质量的汉语中介语语料库的建设需求日益凸显。

国际上学习者语料库著名专家 Granger et al.（2015：1）主编的《剑桥学习者语料库研究手册》中，将学习者语料库定义为“按照明确的设计标准收集汇编的，由外语或二语学习者产出的自然数据或近乎自然数据的电子集合”。书中总结了利用学习者语料库进行研究的两大优点：第一，这些数据库通常非常大，包含了大量学习者，无疑比只涉及有限学习者的少量数据样本更有代表性；第二，语料库为电子数据格式，可使用软件工具提取和分析，不但可提供以往需要花费大量人力物力进行大规模调查才能获得的数据，而且大大提高了分析和研究的效率。

二语习得研究与学习者语料库建设存在密切的互动关系。一方面，学习者语料库的出现大大便利了二语习得研究，利用学习者语料库提供的大规模语料有助于深入揭示二语发展规律，建设学习者语料库可有效促进二语习得研究；另一方面，二语习得理论为设计高质量的学习者语料库提供了有力支撑，二语习得研究的需求大大提升了学习者语料库的建设力度，二语习得研究方法的发展则对学习者语料库的建设水平提出了更高的要求。例如，在学习者语料库建设的早期阶段，主要关注的是描写而非解释，这一阶段的学习者语料库基本上是相对简单的共时语料集合。不过这种状况已逐渐发生变化，近年来，学习者语料库建设开始重视以二语习得理论作为设计的基础，并在建设目标中更自觉地追求能有效服务于二语习得研究的目标。

施春宏、张瑞朋（2013）认为："就目前建库实践而言，中介语语料库的建设基本上都是研究目标驱动的。"针对汉语学习者语料库建设的现状，郑艳群（2018）呼吁："应重视基于教学或学习理论研究的语料库建设，这类语料库目前尚属空白。"因此，有必要从二语习得研究"需求侧"视角系统地思考汉语学习者语料库建设，以二语习得研究前沿理论和方法为指引，以更好地满足二语习得研究实践需要为目标，建设能有效服务于二语习得主要研究范式的高质量汉语学习者语料库。

1.2 汉语中介语语料库建设与汉语二语习得研究

早在20世纪90年代，北京语言大学首开先河，建成了首个真正意义上的汉语中介语语料库——"汉语中介语语料库系统"。近年来，不少大学或研究机构已经建成或者正在建设一批不同类型的汉语中介语语料库。例如：北京语言大学的HSK动态作文语料库和全球汉语中介语语料库、南京师范大学的外国留学生偏误信息语料库、鲁东大学的多层偏误标注的汉语中介语语料库、中山大学的汉字偏误中介语语料库、暨南大学的留学生中介语语料库、香港中文大学的语言习得汉语口语语料库、南京大学的汉语中介语口语语料库，等等。

通过汉语中介语语料库建设实践的锻炼，以及围绕各项研究课题所需研究团队的组建、专业学术研讨会的定期召开、相关学术刊物给予的支持，汉语中介语语料库建设和研究逐渐形成了一支比较稳定的专业学术队伍，成为了一个充满活力的学术领域。例如，为了共同探讨汉语中介语口语语料库的建设、应用和研究，促进海内外相关领域专家、学者之间的交流与合作，进一步推动汉语中介语语料库建设与基于语料库的汉语教学研究的发展，北京语言大学、南京师范大学、南京大学、福建师范大学、扬州大学和美国莱斯大学等高校已经联合召开了五届“汉语中介语语料库建设与应用国际学术讨论会”，以及三届“汉语中介语口语语料库建设与应用国际研讨会”。通过这些有组织的定期学术研讨，学界在汉语中介语语料库的建库目标、语料采集、语料标注、检索使用等方面取得了一定的共识，为推动语料库建设及共建共享奠定了重要基础。

由于得到了汉语中介语语料库的有力支撑，最近一二十年来，基于汉语中介语语料库的研究得到了较快发展，取得了不少代表性成果。例如，第一届至第四届《汉语中介语语料库建设与应用国际学术讨论会论文选集》已正式出版，集中展示了汉语中介语语料库建设与应用研究的最新成果。同时，《语言文字应用》《世界汉语教学》《语言教学与研究》等核心刊物相继发表了一批本领域的高质量论文；另外，一批基于汉语中介语语料库的二语习得研究著作也陆续出版。

施春宏、张瑞朋（2013）指出：“不同的语料库自然体现出不同的研究理论和研究方法，或者说不同的语料库必须满足不同的研究理念和研究方法。”从已有的汉语中介语语料库所体现的二语习得理论和方法来看，或者从基于汉语中介语语料库的过往习得研究来看，主要采用了以下几种学习者语言分析理论和方法。

（1）偏误分析

偏误分析是由英国爱丁堡大学教授 Corder（1967）最早提出的理论和方法，是对学生学习第二语言过程中所犯的偏误进行分析，总结偏误的类型和偏误产生的原因，从而发现第二语言学习者产生偏误的规律。20 世纪 80 年代，鲁健骥（1984）首先把偏误分析方法和中介语理论引入汉语二语习得研究，30 多年来，偏误分析在对外汉语教学界受到了普遍重视，产生了一大批研究成果，涵盖了语音、词汇、语法、语篇、语用和汉字等各个领域。汉语二语习得研究中偏误分析的研究成果数量最多，不过，其缺点也显而易见：只分析学习者语言错误的部分，对学习者语言正确的部分则弃置不谈。“偏误分析的最大弱点在于只研究中介语的偏误部分，而且是横切面式的静态分析，并未研究中介语的正确部分。其结果，只能了解学习者未掌握的部分，而不能了解学习者已掌握的部分。这就割裂了中介语体系，看不到中介语的全貌及其动态的发展轨迹。”（刘珣，2000：202）

（2）频率分析

频率分析是研究中介语表现的一种主要方法，与偏误分析只研究语言偏误不同，频率分析关注学习者语言中各种特征的使用频率，既研究中介语的错误部分，也研究正确部分，是研究学习者语言表现、习得顺序和发展过程的常用分析方法[①]。频率分析法通过对学习者语言特征的正误情况进行统计和分析，来描述和解释语言表现、习得顺序和习得过程，与只关注中介语偏误情况的偏误分析相比，这是一种进步。不过频率分析仍是一种比较简单的中介语表现分析方法，由于其测量指标比较单一，仍不足以全面地描述中介语的特征和规律。

（3）中介语对比分析

中介语对比分析是比利时鲁汶大学教授 Granger 提出的一种基于学习者语料库的中介语分析方法。根据 Granger（1996）的中介语对比分析模型，这种分析方法包括两个方面的比较：一是中介语与目标语的比较，以揭示二者之间的异同，反映中介语的多用、少用和误用等使用特征，这是中介语对比分析的核心部分；二是不同母语背景中介语语料的比较，以反映不同母语背景学习者的语言输出情况，揭示不同学习者群体的中介语使用特征。在提出上述分析理论和方法的同时，Granger 率先创建了“英语学习者国际语料库”（International Corpus of Learner English），开启了相关实践研究。近年来，这种方法开始进入汉语二语习得研究领域，并取得了一些研究成果（邢红兵、辛鑫，2013）。不过，作为早期的中介语对比分析法，这种方法也存在一些缺陷。对此，Granger（2015）进行了反思和总结：既未考虑到由于功能变量和地域变量对参照语多样性的影响，也未能考虑任务变量、学习者个体变量等对中介语变体的影响。针对中介语对比分析的缺陷，Granger（2015）提出了中介语对比分析 2.0 模型，详见下文。

---

① 例如，在汉语二语习得顺序研究中常用的“正确使用相对频率法”和“蕴含量表法”都是以频率分析法为基础的。

二 二语习得研究和中介语分析方法发展趋势

上文所述的三种分析方法是已有的汉语中介语语料库作为建库研究目标的主要理论和方法，也是目前基于汉语中介语语料库的习得研究所采用的主要方法。近年来，随着二语习得理论的发展，二语习得研究和中介语分析方法不断进步，下面是目前国际上分析学习者语言研究中采用较多或正在发展的一些分析方法，可供汉语中介语语料库建设时借鉴和参考。

（1）中介语多元对比分析（CIA 2.0）

在 Granger 提出的早期中介语对比分析模型里，主要进行的是中介语与目标语的比较、不同母语背景下中介语之间的比较。之后，学界在此基础上继续探索，中介语对比进一步扩展到相同母语背景下不同水平中介语的比较，学习者母语与中介语的比较，学习者母语、中介语和目标语三者之间的比较，不同任务条件下的中介语比较，相同学习者不同纵向发展阶段的中介语比较，学习者口语与书面语语料比较，双语或多语环境下学习者母语或传承语（heritage language）与第二语言发展的比较，等等。中介语对比分析发展为多因素、多层面、多角度的多元比较分析。

由于中介语是一个高变量，受到多种多样的语言、情境和个体因素的影响，所以中介语的变异性非常突出。为了弥补早期中介语对比分析的缺陷，Granger（2015）提出了中介语对比分析 2.0 模型（见图 1），突出强调中介语和参照语（reference language）的变异性，以及该模型的多元互动对比特征，是中介语对比分析的新发展。我们将它称为“中介语多元对比分析”。

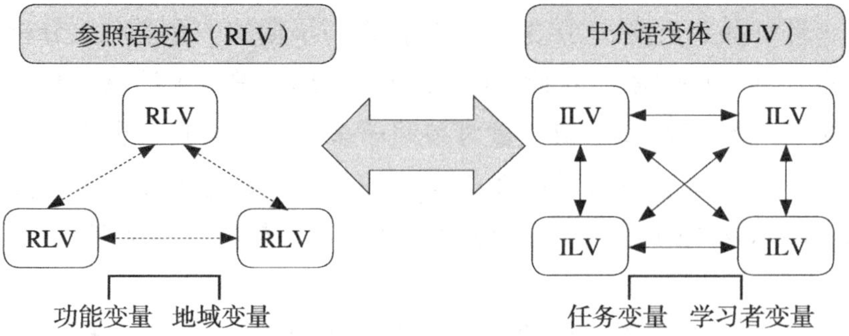

图 1 中介语对比分析 2.0 模型

（2）二语多维表现分析

二语多维表现分析，也叫“三性分析”或“四性分析”。根据国外学者的研究（Wolfe-Quintero et al.，1998 等），测量学习者语言发展的综合表现通常包括三个维度：复杂性（complexity）、准确性（accuracy）和流利性（fluency），简称为“三性分析”（CAF analysis）。20 世纪 90 年代以来，该分析方法逐渐发展出一套针对学习者语言表现的测量指标，并形成了相对可靠实用的操作框架。在此基础上，一些学者就如何完善多维表现分析法提出了补充思考。例如，文秋芳、胡健（2010）提出在“三性”的基础上，需增加一项多样性，与复杂性、准确性和流利性一起组成“四性分析”。多维表现分析采用综合测量框架，可以更全面地展现学习者语言的面貌，并有利于揭示中介语系统多维互动发展的规律。目前汉语二语习得研究中单维表现分析较多，多维表现分析较少。由于建库时设计目标的局限，迄今已建成的汉语中介语语料库仍难以全面支持多维表现分析。

（3）二语动态发展分析

传统的二语习得研究或多或少地把学习者语言发展视为连续渐变的线性发展过程，而新兴的动态系统理论（Larsen-Freeman，1997；van Geert，2008；Ellis & Larsen-Freeman，2009）认为，学习者语言是一个复杂、动态的发展过程，充满了非线性的变异和变化现象。二语动态发展分析将学习者的语言发展变化作为核心内容，追踪学习者语言发展的非线性动态轨迹，描述发展中的各种变异特征。二语动态发展研究基本上都采用纵向历时设计，采用“移动极值图表”（moving min-max graph）、“相变”（phase transition）等方法来描述学习者语言的发展变化，该分析方法对于揭示二语发展的非线性变化过程和变异特征具有很强的解释力。不过，要广泛运用这种历时动态发展分析方法，需要大量中介语纵向发展语料的支持。

（4）学习者个体因素与语言表现的相关分析

学习者的语言系统是一个动态发展系统，其发展从来都不是一种孤立的语言现象，发展过程受到各种内外因素的影响。只有通过分析语言变量与各种内外因素之间的复杂互动，才能比较全面真实地揭示汉语二语习得特征和发展规律。为了研究学习者语言表现与影响因素的互动规律，除了需要得到大规模中介语语料的支撑，也需要获得影响中介语发展的各种变量的信息。在采集中介语语料的同时，除了补充学习者的性别、年龄、国籍、母语背景、汉语水平等常用的学习者元数据以外，在条件允许的情况下，还可以选择一些重要的学习者个体因素变量，分门别类地进行问卷或实验采集，如学习动机、学习信念、学习策略、语言学能、认知风格、身份认同、情感焦虑等。通过学习者个体因素与语言表现的相关分析，可深入研究学习者个体因素对中介语形成和发展的影响。

（5）各种社会语言学因素与语言表现的互动分析

二语习得研究的首要目标是描述和解释哪些因素影响学习者语言的发展及其变异和变化，以便据此制定有效的教学和学习策略，提供最好的帮助来促进语言学习，从而改善语言表现，提高语言水平。除了要加强学习者个体因素与语言表现的相关分析以外，也要重视各种社会语言学因素与语言表现（特别是中介语的变异性）的互动分析。在采集中介语语料的同时，可以选择一些重要的社会交际因素，如交际参与者、交际情境、交际目的、表达方式、文本类型、输入频率、任务类型、反馈方式等，进行定向采集。通过社会交际因素与语言表现的相关分析，可深入研究学习者语言变异表现及其影响因素之间的发展规律。

（6）多模态二语话语分析或互动分析

模态是指“人类通过感官（如视觉、听觉、触觉等）跟外部环境（如人、机器、物件、动物等）之间的互动方式”（顾曰国，2013）。人类与外界的交互是多模态的，学习者语言能力是在多模态交互中建构和发展的。多模态分析可探讨二语发展与非语言要素之间的互动关系。例如，利用多模态视频语料，包含经过转写、处理与标注的语言文本及与文本紧密关联的音视频数据，分析二语表达过程中学习者的手势、姿势、目光、表情及场景等非语言符号与二语之间的互动关系。此外，从文本、声音、图像等多模态视角分析二语人机互动以及二语语音识别、手势识别、情感识别等方面的应用研究也日益受到重视。

（7）双语或多语发展分析

我们生活在一个多语世界，双语或多语存在于同一个国家的情景很普遍，世界上有大量人口在多语言家庭、社区和社会中生活和学习，很多国家的教育都发生在多语背景下，双语或多语人是未来社会的发展趋势。描述和解释双语环境中的语言互动规律、个人双语或多语能力的发展，以及超语言技能（translanguaging）的培养，日益成为学界关注的焦点。由于缺少多语环境下的多语发展语料，个人多语能力的发展、多语的产生和理解、多语与认知的关系等方面的研究还很不够。以往二语习得领域有较多研究分析过一语对二语的迁移，而二语对一语的反向迁移则研究很少，二语、三语等非母语之间互相产生的语际影响研究也十分缺乏。此外，海外华裔汉语学习者的华语传承语（heritage language）与所在地区主导语言或其他语言之间多语能力的互动发展状况和规律也亟须加强研究。

（8）学习者网络二语交际能力及其发展分析

随着宽带无线移动通信技术的进一步发展和Web应用技术的不断创新，我们正处在一个全新的信息时代，网络世界日益与现实世界交互重叠在一起，人们的生产方式、生活方式和学习方式正在发生深刻的变化。为了适应网络时代的学习和生活，学习者网络二语能力及其发展开始受到关注。可利用学习者网络交际语料，如通过网络聊天室、微信、QQ、博客、多人在线游戏、MOOCs课程等收集到的学习者语料，分析学习者网络二语交际能力及其发展，或分析线上线下二语互动发展规律。

三　适应二语习得研究新需求的汉语学习者语料库建设展望

以上是近年来兴起的分析学习者语言的一些重要方法，代表了基于学习者语料库的二语习得研究的发展趋势。本文总结这些研究方法，并非期望所有的二语习得研究数据都由学习者语料库提供，而是希望在建设学习者语料库时，能够确立先进的建库理念和研究目标，能够多考虑如何为二语习得研究提供所需的数据支持。施春宏、张瑞朋（2013）指出："基于不同的研究观念和方法，自然会建立不同特征的语料库。"因此，汉语中介语语料库建设应关注二语习得研究的理论、方法和使用需求，从而提高语料库的价值和使用效率。为了更好地满足未来二语习得研究的发展需要，我们认为，可从以下几个方面加强学习者语料库建设方法论的思考和相关建设实践工作。

（1）建设好“全球汉语中介语语料库”

与国外同类研究相比，基于汉语学习者语料库的中介语对比分析研究发展得不够充分。目前的研究主要集中在中介语与本族语语料、不同水平等级中介语语料之间的比较，至于不同母语背景的学习者语料、相同学习者不同任务条件下的语料、不同纵向发展阶段的语料、学习者口语与书面语语料等方面的比较研究则很薄弱。另外，已有研究中，中介语对比分析的维度较为单一，大都只是针对某个语法项目的使用频率、正确率或错误率进行对比，而中介语其他发展维度（如复杂性、流利性等）的综合比较则很缺乏。究其原因，很大程度上是由于已有的汉语中介语语料库规模较小，语料不够全面，各语料库之间缺少统一的建设标准，功能比较单一，且大都未能实现共享，因而难以提供足够的、可以从不同层面和维度进行对比分析的丰富语料。

目前由北京语言大学牵头、国内外多家单位参与共建的“全球汉语中介语语料库”正在推进中，该语料库得到教育部重大攻关项目和北京语言大学语言资源高精尖创新中心的大力支持，秉承共建共享、整合开放的理念，有效克服了现有语料库规模小、语料不全面、标注内容不丰富、背景信息简单等不足。目前“全球汉语中介语语料库”已经完成了语料收集、书面语语料录入、口语和视频语料转写、标注规范研制，以及语料库建设与应用综合平台开发等工作。建设一个“语料样本多、规模大、来源广、阶段全、背景信息完备、标注内容全面”（崔希亮、张宝林，2011）的“全球汉语学习者语料库”是一项极具挑战性的任务，我们期待该语料库建成后能够更好地为汉语二语习得研究服务，能够满足中介语多种分析方法的需要。

（2）加强汉语中介语多维语料库建设

现有汉语中介语语料库基本上是单模态的，其标注也基本是以偏误标注为核心的单维标注，通常只能提供基于偏误或正确性的单维分析，难以进行复杂性、流利性、多样性等维度的多维分析。多维语料库与多模态语料库不同，多模态语料库指语料由文本、声音、图像等不同模态构成，而多维语料库主要强调从语料的准确性、流利性和复杂性等不同维度来呈现语言表现。从目前语言表现多维指标的标注和检索来看，流利性指标可望通过计时软件自动实现，准确性指标可通过偏误标注反向呈现，复杂性和多样性指标在现行语料库基础标注的基础上增加相应内容也可以实现。目前，国内汉语中介语多维语料库还没有完成建设，现有语料库远远不能满足中介语多维表现分析所需数据的要求。“多维度语料库从某种程度上打破了单模态和多模态语料库的界线，可以说是语料库从一维到多维再到立体的建设发展的必然趋势。”（周文华，2015）今后需要加强中介语多维表现分析所需数据的采集、标注和检索平台的设计等工作，积极推进汉语中介语多维语料库建设。

（3）建设好汉语中介语动态发展语料库

在二语习得理论的发展历史中，早期的个案追踪及其纵向发展研究发挥了重要作用（Ellis，2008）。近年来，二语发展的动态系统理论成为热点之后（van Geert，2008；Ellis & Larsen-Freeman，2009），采集纵向发展语料，开展动态发展研究受到学界关注。目前汉语中介语语料库基本都是共时截面语料库，历时纵向语料库十分缺乏。一些学者提出，可利用不同语言水平等级语料构建类历时语料库（quasilongitudinal corpus），以解决纵向语料缺乏的问题（Granger，2002；颜明、肖奚强，2017）。不过，Gass & Selinker（2008：56）把这类数据称为“伪纵向数据”（pseudolongitudinal data），认为用分层截面数据来取代纵向数据，其有效性充满争议。类历时语料库有一个基本假设：二语是线性发展的，习得过程是线性渐增的。然而二语发展并非总是连续上升的过程，学习者的进步模式除了线性上升或下降以外，也包括 N 形、Ω 形、V 形、U 形等不同模式（文秋芳、胡健，2010），非线性过程是二语发展的常态。

客观地说，类历时语料和真正的历时语料都是需要的，各有其效用。“对于研究汉语二语习得过程，既需要截面数据，也需要纵向数据，纵向追踪语料库起着共时语料库难以替代的作用。”（曹贤文，2013）因此，需要花大力气采集中介语发展过程中的多波纵向数据，通过加强汉语中介语动态发展语料库建设，来支撑相关二语习得研究，尤其是深入考察中介语在时间轴上的变异和变化表现，可以对学习者中介语系统的动态发展轨迹做出比较完整的描述和解释。

（4）建设好中介语及其影响变量联动数据库

中介语的发展从来都不是一种孤立的语言现象，其发展过程受到各种内外因素的影响。只有通过分析语言变量与各种内外因素之间的复杂互动，才能比较全面真实地揭示汉语二语习得特征和发展规律。施春宏、张瑞朋（2013）指出：“无论是社会语言学，还是中介语理论 / 语言习得理论，最重要的目标就是描写和解释语言变异现象。而建立相应的语料库，必然要对制约语言变异的因素做出合理而充分的说明。”因此，要加强中介语与多种影响变量之间的联动数据收集和整理工作，建设中介语及其影响变量联动数据库。影响中介语发展的变量数据主要包括三类：学习者元数据、个体差异数据和各种任务情景数据。学习者元数据包括学习者的性别、年龄、国籍、母语背景、汉语学习时间、汉语水平等基本信息。个体差异数据包括学习动机、学习信念、学习策略、语言学能、认知风格、身份认同、情感焦虑等学习者认知心理方面的变量数据。任务情景数据包括交际情境、表达方式、文本类型、输入频率、任务类型、反馈方式等社会互动方面的数据。已有的汉语中介语语料库，一般都或多或少包含着学习者的一些元数据，但缺少影响学习者语言其他变量的数据，因而无法使用相关语料和数据进行更深入的分析和研究，今后需要重视将中介语语料与多种影响变量的联动数据分批打包收集和整理。

（5）建设好汉语学习者多模态语料库

黄伟（2015）认为：“开展汉语中介语多模态语料库建设与研究工作不仅是汉语学习者语料库建设的有益补充，更能够在汉语作为第二语言的教学与习得研究领域发挥作用。”建设好汉语学习者多模态语料库，不但可以为分析二语表达过程中学习者的手势、姿势、目光、表情及场景与二语之间的互动关系提供丰富的数据，还可以提供犹豫、不流畅等副语言现象和情感状态方面的信息，甚至是皮肤电阻、心率、呼吸等生理信号方面的信息。由于多模态语料库包含着非常丰富的非语言数据，国外多模态语料库一般不采用传统的“语料库”（corpus）命名，而是使用“数据库”（database）的称谓。与传统语料库相比，建设汉语学习者多模态语料库是一次观念和技术的突破，在多模态数据的收集、多模态图像与视频分析软件的研发、多模态数据的标注以及检索平台的设计等方面都带来了全新的挑战。正因为如此，多模态语料库将可以为汉语二语习得研究提供前所未有的丰富信息。

（6）建设学习者多语发展语料库

广义的多语语料库是含有两种及以上语言的语料库，是“任何系统收集的实证性语言数据，其收集的目的是为了让语言研究者能够对多语个体、多语社会以及多语交际进行分析”（Schmidt & Wörner，2012：XI）。全球话语已进入多语时代，多语制（multilingualism）将成为一种生活方式，个人多语言能力是融入世界的重要技能。建设汉语学习者多语发展语料库，将可以为分析学习者的多语能力发展和多语交际规律提供必要的语料。尤其是海外华裔传承语学习者的汉语与当地主导语言的双语或多语发展语料，对于研究华语传承语的特点、传承语习得规律以及与主导语言之间的互动消长关系将会起到非常重要的支撑作用。

（7）建设汉语学习者网络交际语料库

网络为我们提供了新的交际方式，也提供了新的话语平台。随着互联网和信息技术的飞速发展及日益普及，网上交流已经成为人们学习、生活及参与社会活动的重要方式。虚拟化的网络交际与传统的现实交际愈来愈融合在一起，为研究二语学习者的语言发展带来了全新的课题。通过收集学习者在网络聊天室、微信、QQ、博客、多人在线游戏、MOOCs课程等平台中产生的汉语语料，建设汉语学习者网络交际语料库，将可以为研究学习者网络二语交际能力及其发展过程，以及分析线上线下二语互动发展规律提供有力的数据支持。

（8）其他

除了加强上述汉语学习者语料库的建设以外，还应继续建设一些聚焦汉语特征的专门语料库，如汉语学习者语音语料库、汉语学习者汉字语料库等，以重点支持与汉语的独特性有关的习得研究。由于二语习得理论和研究方法日益多元，着眼于满足其研究需求的汉语学习者语料库的建设可以两条路径并行发展，以适应不同的研究需要：第一，采取共建共享的方式，联合学界力量建设通用型的大型语料库，适应常规分析方法，满足一般性研究需求；第二，鼓励建设个性化、专门化的小型语料库，作为支持新理论、新方法的探索，如果该研究范式逐渐由边缘成为主流，则这种专门化的小型语料库可进一步发展为大型语料库。

汉语中介语语料库建设的根本目的是为教学与研究服务，不过“由于建库实践中存在的随意，现有的语料库尚不能完全满足汉语教学与研究的使用需求……目前，汉语中介语语料库建设中存在的随意性，已经成为制约语料库建设发展的关键问题”（张宝林、崔希亮，2015）。本文根据二语习得研究和中介语分析方法的发展趋势，结合汉语学习者语料库的建设实践，分析“需求侧”视角下汉语学习者语料库建设的相关问题，目的是想减少汉语中介语语料库建设的随意性，强化以应用为导向的语料库建设和研究，以便根据新的形势和发展需要，以前瞻性的构想和设计，加强合作，共建共享，提高汉语中介语语料库的建设水平，在静态、单一维度语料库的基础上进一步建设动态、多维、多模态、多语、网络交际语料库，推动各种类型语料库的建设和发展，尽可能满足汉语中介语分析理论和方法的需要，更好地服务于语言习得研究和汉语国际教育事业。

∷ 参考文献 ∷

曹贤文（2013）留学生汉语中介语纵向语料库建设的若干问题，《语言文字应用》第2期。

崔希亮、张宝林（2011）全球汉语学习者语料库建设方案，《语言文字应用》第2期。

顾曰国（2013）论言思情貌整一原则与鲜活话语研究——多模态语料库语

言学方法，《当代修辞学》第 6 期。

黄　伟（2015）多模态汉语中介语语料库建设刍议，《国际汉语教学研究》第 3 期。

梁茂成、李文中、许家金（2010）《语料库应用教程》，北京：外语教学与研究出版社。

刘　珣（2000）《对外汉语教育学引论》，北京：北京语言文化大学出版社。

鲁健骥（1984）中介语理论与外国人学习汉语的语音偏误分析，《语言教学与研究》第 3 期。

施春宏、张瑞朋（2013）论中介语语料库的平衡性问题，《语言文字应用》第 2 期。

文秋芳、胡　健（2010）《中国大学生英语口语能力发展的规律与特点》，北京：外语教学与研究出版社。

邢红兵、辛　鑫（2013）第二语言词汇习得的中介语对比分析方法，《华文教学与研究》第 2 期。

颜　明、肖奚强（2017）论汉语中介语语料库建设的基本问题，《语言文字应用》第 1 期。

张宝林、崔希亮（2015）谈汉语中介语语料库的建设标准，《语言文字应用》第 2 期。

郑艳群（2018）汉语教学资源研究的新进展与新认识，《语言文字应用》第 3 期。

周文华（2015）汉语中介语语料库建设的多样性和层次性，《汉语学习》第 6 期。

Callies, M. (2015) Learner corpus methodology. In Granger, S., G. Gilquin & F. Meunier (eds.), *The Cambridge Handbook of Learner Corpus Research*. Cambridge: Cambridge University Press.

Corder, S. P. (1967) The significance of learner's errors. *International Review of Applied Linguistics*, 5(4): 161-170.

Ellis, N. C. & D. Larsen-Freeman (eds.) (2009) *Language as a Complex Adaptive System*. Chichester, West Sussex: Wiley-Blackwell.

Ellis, R. (2008) *The Study of Second Language Acquisition* (2nd edition). Oxford: Oxford University Press.

Gass, S. M. & L. Selinker (2008) *Second Language Acquisition: An Introductory Course* (3rd edition). New York, NY: Routledge/Taylor & Francis.

Granger, S. (1996) From CA to CIA and back: An integrated approach to computerized bilingual and learner corpora. In K. Aijmer, B. Altenberg & M. Johansson (eds.), *Languages in Contrast: Papers from a Symposium on Text-based Cross-linguistic Studies*. Lund: Lund University Press.

Granger, S. (2002) A bird's-eye view of computer learner corpus research. In S. Granger, J. Hung & S. Petch-Tyson (eds.), *Computer Learner Corpora, Second Language Acquisition and Foreign Language Teaching*. Amsterdam & Philadelphia: Benjamins.

Granger, S. (2015) Contrastive interlanguage analysis: A reappraisal. *International Journal of Learner Corpus Research*, 1(1): 7-24.

Granger, S., G. Gilquin & F. Meunier (2015) *The Cambridge Handbook of Learner Corpus Research*. Cambridge: Cambridge University Press.

Larsen-Freeman, D. (1997) Chaos/Complexity science and second language acquisition. *Applied Linguistics*, 18(2): 141-165.

Myles, F. (2008) Investigating learner language development with electronic longitudinal corpora: Theoretical and methodological issues. In L. Ortega & H. Byrnes (eds.), *The Longitudinal Study of Advanced L2 Capacities*. New York: Routledge.

Myles, F. & R. Mitchell (2004) Using information technology to support empirical SLA research. *Journal of Applied Linguistics*, 1(2): 169-196.

Schmidt, T. & K. Wörner (eds.) (2012) *Multilingual Corpora and Multilingual Corpus Analysis*. Amsterdam & Philadelphia: Benjamins.

van Geert, P. (2008) The dynamic systems approach in the study of L1 and L2 acquisition: An introduction. *The Modern Language Journal*, 92(2): 179-199.

Wolfe-Quintero, K., S. Inagaki & H-Y. Kim (1998) *Second Language Development in Writing: Measures of Fluency, Accuracy, and Complexity*. Honolulu, HI: University of Hawai'i, Second Language Teaching & Curriculum Center.

（本文原题为《二语习得研究"需求侧"视角下的汉语学习者语料库建设》，原载于《华文教学与研究》2020年第1期）

汉语作为外语教学

国际中文教师有效教学行为评价的调查研究

摘　要　本文调查了国际中文教师和欧美留学生对多媒体技术运用、语法教学、学习评估、文化教学、错误纠正、目的语使用、交际性语言教学策略等七类 24 项“有效教师行为”的评价。调查结果显示，教师组和学生组在 24 项评价中有 13 项表现出显著性差异。本文分析了这些差异的表现形式和原因，并根据调查结果对汉语教师反思自己的教学行为、弥合师生观念的差异、提高教学的有效性提出了建议。

关键词　教师行为；有效教学；有效外语教学行为；显著性差异

一　引　言

有效教学（effective teaching）研究是国内外课堂教学研究的重要课题。有效教学指的是“符合教学规律、有效果、有效益、有效率的教学”（姚利民，2005），是“为了提高教师的工作效益、强化过程评价和目标管理的一种现代教学理念”（崔允漷，2001）。它研究的核心问题是对教学效益的探究，即：什么样的教学是有效的？是高效、低效还是无效的？教学的有效性通常涉及三个方面的因素：教师的教、学生的学和师生之间的互动。其中，教师的教学行为是影响并决定学生学习效果和教学质量的重要因素，因此，有效教学研究格外重视研究教师的课堂教学行为，研究教师教学行为的有效性是有效教学和“有效教师”（effective teacher）研究的主要方式

（姚利民，2005）。

在对外汉语教学界，针对课堂教学及其有效性进行研究也受到了越来越多的重视。孙德坤（1992）很早就提出要重视开展课堂教学活动的专门研究，认为“要首先调查课堂上教师和学生的实际表现，这些表现的前因和后果，以便确定哪些因素对教学效果产生影响以及产生什么样的影响，从而帮助我们去控制这些因素”。李泉（2003）从宏观上归纳了课堂教学和教师研究的三个角度，即“实际如何如何”的实然性调查研究、“应该如何如何”的应然性研究和“不该如何如何”的否然性研究。崔永华（2004）强调了行动研究在对外汉语课堂教学研究中的重要作用，认为“教师行动研究是提高对外汉语教学的教学水平和教师业务水平的一条重要途径”。杨惠元（2004）指出，跟教学质量直接相关的因素是教师的“课堂教学意识”和“教学行为”，对外汉语教师“研究课堂教学主要是研究自己如何教——明确教学意识，规范教学行为”。这些注重研究课堂教学中的实际问题从而提高教学效果的主张不但加深了我们对对外汉语课堂教学研究的理论认识，也推动了以对外汉语教师和课堂教学活动为调查对象的一系列实证研究的开展。其中比较突出的有丁安琪（2006a、2006b、2007）和徐彩华等（徐彩华、程伟民，2007；徐彩华，2009）的系列实证研究。丁文调查了对外汉语教师和留学生对16种课堂活动有效性的看法，并分析了个体差异因素对评价课堂活动有效性的影响；徐文则调查了专家型和新手型对外汉语教师对教学效能感的自我评价，并考察了对外汉语教师教学效能感的特点。

丁、徐两项系列研究分别以课堂活动的有效性和教师的教学效能感为研究对象，其调查结果和研究结论对我们深入理解有效教学在对外汉语课堂教学中的表现、作用和评价很有启发。如前所述，在有效教学研究中，教师行为的有效性是重要的研究内容。在丁安琪（2006a、2006b、2007），徐彩华、程伟民（2007），徐彩华（2009）等研究中，虽然课堂活动的有效性和教师的教学效能感与教师行为的有效性之间在内容上存在部分交叉之处，但由于研究对象和研究焦点的不同，教师行为的有效性问题未曾得到专门的讨论。到目前为止，我们也没有看到专门以对外汉语教师行为的有效性作为调查对象的实证研究成果。

研究教师行为的有效性可以采取各种方法，其中最有效、最常见的办法是调查教学的直接参与者教师和学生的评价。关于这方面的研究，国外第二语言教学界已经有了一些重要的进展。例如，Bell（2005）根据第二语言教学的研究成果，归纳了 80 项“有效外语教师”的行为和态度，然后调查了 457 位外语教师对这 80 项行为和态度的看法，并根据调查结果分析了这些行为和态度能否得到专业教师普遍认可的具体情况。Bell 的调查加深了我们对“有效外语教师行为”的了解，不过他只是从单一角度调查教师的评价，学生的评价如何则不得而知。为了更加全面地反映教学过程中师生双方的看法，Brown（2009）从教师和学生两个角度做了一个更为平衡的调查。Brown 的这项调查以外语教师和学生对“有效外语教师行为”的评价为主要内容，通过对调查结果的分析，发现教师和学生喜欢的教师行为并不一致，尤其在“目的语使用”“错误纠正”和“团体学习”等部分的评价存在明显差异，因此 Brown 提出，外语教师和学生应该互相沟通对教师行为有效性的看法，以增进彼此间的了解。

Bell（2005）和 Brown（2009）的研究是针对国外外语教学的情况进行的，我们认为在对外汉语教学研究中也有必要展开类似的调查，通过实证研究了解对外汉语教师和留学生对“有效教师行为”的看法，并通过对调查结果的分析，了解教师和学生的评价是否存在差异，如果有差异，具体表现在哪些方面？教师和学生的评价对我们改进教学有哪些启发？为了回答这些问题，我们打算针对对外汉语教师和外国留学生对“有效教师行为”的评价做一次专门的调查。

二　研究方法

2.1　调查目的

本次调查的目的在于了解对外汉语教师和留学生对多媒体技术运用、语法教学、学习评估、文化教学、错误纠正、目的语使用、交际性语言教学策略等七类 24 项教师行为的有效性评价，考察教师和学生评价的实际情况，分析两组评价是否存在差异，并与 Brown（2009）的调查结果进行对比，尝试对得出的结果进行分析并提出相应的教学建议。

2.2 调查对象

本次调查对象为南京大学海外教育学院 2009 年 10 月在校的留学生和本院教师。为了使本调查与 Brown（2009）的调查保持较强的可比性，本次调查的留学生只限于欧美学生，其他国家和地区的留学生今后将另外调查。问卷发放后，共回收留学生问卷 66 份，其中有效问卷 63 份，男生 32 人，女生 31 人。从年龄构成来看，15 至 20 岁之间的学习者共 27 人，21 至 25 岁之间的学习者共 27 人，25 岁以上的学习者 9 人，接受调查的学生以青年人为主。回收教师问卷 32 份，其中有效问卷 31 份，填写问卷的教师包括学校事业编制专职对外汉语教师 17 人，院聘教师 14 人，基本上反映了目前国内高校对外汉语教师的构成情况。

2.3 调查手段

本次调查的问卷分为学生版和教师版两套，学生版为中英双语对照，教师版为中文。每套问卷分为两个部分：第一部分是关于被调查者的基本信息，包括国籍、年龄、性别、学习（或教学）时间等；第二部分是根据 Brown（2009）中的调查表进行适当修改调整后设计的“有效对外汉语教师行为”调查表，共包括 24 个问题（参见表 1）。

表 1 “有效对外汉语教师行为”调查表

序号	内容	序号	内容
Q1	在对外汉语教学中经常使用多媒体技术	Q13	通过马上解释学生回答不正确的原因来处理错误
Q2	学生的成绩至少有一部分是根据完成指定小组任务的情况来评定的	Q14	从上课的第一天起就要求学生在课堂上说汉语
Q3	在文化教学上花费的时间不少于语言教学	Q15	完成课堂活动时不是主要采用小组或结对练习的方式

续表

序号	内容	序号	内容
Q4	要求学生在课堂外使用汉语同别人交流	Q16	上课大多采用练习特定语法点的活动，而不是采用仅仅是为了交换信息的活动
Q5	当学生说话出现错误时，不立即纠正	Q17	只有当学生感到已经做好准备时，才要求他们开始说汉语
Q6	允许学生使用母语而非汉语来回答听力与阅读测试题	Q18	介绍某个语法点时，需要说明该语法结构在具体、真实的情境中的运用情况
Q7	不在对外汉语课堂上使用留学生的母语	Q19	（母语非汉语的汉语教师）说汉语时在语法和口音上都应控制得像汉语母语者一样
Q8	当学生说话出现错误时，只是间接而非直接地纠正学生的错误（例如，向他们重复正确的说法而不是直接指出他们的错误）	Q20	教授语法时，在解释语法规则前，应先提供关于这种语法结构的例句
Q9	不只汉语掌握得很好，而且中国文化知识渊博	Q21	在教授语言和文化时主要使用真实的生活材料（比如音乐、图片、食物、衣服等）而非课本
Q10	不把语法的准确性作为评价学生语言产出（比如说话、写作）水平的主要依据	Q22	不简化或改变说法，以便使学生能听懂所说的每一个词语
Q11	主要通过让学生完成具体任务的方式（例如，找出房间的价格和酒店的费用）而不是做聚焦于语法的练习来教语言	Q23	评定学生的成绩至少有一部分是依据他们在课堂上用汉语跟同学成功互动的能力
Q12	用汉语发出指令，让学生用身体动作做出反应（例如“起立”“把书捡起来”等）	Q24	在采用的活动中让学生必须用汉语从同学那里发现未知的信息

根据内容上的联系和考察的目的，问卷中的24项教师行为总体上可以划分为七类，其中有些教师行为同属于两种或多种类型，具体情况见表2。

表2 调查表中24项教师行为的分类

考察的类型	问题
多媒体技术运用	Q1
语法教学	Q10, Q16, Q18, Q20

续表

考察的类型	问题
学习评估	Q2, Q6, Q10, Q23
文化教学	Q3, Q9, Q21
错误纠正	Q5, Q8, Q13
目的语使用	Q7, Q14, Q17, Q19, Q22, Q23
交际性语言教学策略	Q2, Q4, Q11, Q12, Q15, Q21, Q23, Q24

问卷要求被试根据自己的认识，对这些教师行为的有效性做出评价。评价量表采用李克特五度量表（Likert scale），答案从“非常同意”到“很不同意”分为五个等级，依次对应从 5 到 1 五种分值。调查结束后，我们使用 SPSS17.0 对问卷结果进行了统计和分析，对于问卷中个别漏答的题目采用缺省值进行计算。

三　结果与分析

3.1　欧美留学生和对外汉语教师对“有效教师行为”的评价结果

根据调查结果，我们首先对教师组和学生组在 24 个问题上的平均分进行了统计。为了进一步考察学生组和教师组对每一项教师行为的评价是否存在统计意义上的显著差异，我们运用独立样本 t 检验的方法对两组的均值进行检验，结果见表 3。

表 3　教师组和学生组评价 24 项“有效教师行为”的平均分及其显著性差异检验

题号	身份	均值	Sig.（双侧）	题号	身份	均值	Sig.（双侧）	题号	身份	均值	Sig.（双侧）
Q1	学生	3.40	.004	Q9	学生	3.79	.000	Q17	学生	1.87	.000
	教师	4.06			教师	4.52			教师	2.65	

续表

题号	身份	均值	Sig.（双侧）	题号	身份	均值	Sig.（双侧）	题号	身份	均值	Sig.（双侧）
Q2	学生	3.37	.000	Q10	学生	2.81	.006	Q18	学生	4.13	.046
	教师	4.23			教师	3.39			教师	4.58	
Q3	学生	3.38	.561	Q11	学生	3.35	.400	Q19	学生	4.24	.000
	教师	3.52			教师	3.55			教师	3.24	
Q4	学生	4.40	.721	Q12	学生	3.92	.392	Q20	学生	3.31	.000
	教师	4.45			教师	3.74			教师	4.39	
Q5	学生	2.43	.000	Q13	学生	4.08	.000	Q21	学生	3.63	.603
	教师	3.45			教师	3.32			教师	3.74	
Q6	学生	2.19	.772	Q14	学生	3.90	.323	Q22	学生	3.35	.000
	教师	2.13			教师	3.68			教师	2.42	
Q7	学生	3.78	.117	Q15	学生	2.51	.757	Q23	学生	3.65	.000
	教师	3.39			教师	2.58			教师	4.32	
Q8	学生	3.49	.814	Q16	学生	3.30	.253	Q24	学生	4.08	.005
	教师	3.55			教师	3.07			教师	3.60	

3.2 对统计结果的分析

3.2.1 教师组和学生组对“有效教师行为”评价的比较

统计结果显示，在 24 个题目中，两组评价的均分都高于 3 的共 18 个题目；两组均分都低于 3 的有 3 个题目：Q6、Q15 和 Q17；另有 3 个题目：Q5、Q10 和 Q22，学生组和教师组一组均分高于 3，一组低于 3。根据运用独立样本 t 检验的方法对两组均值进行检验的结果，在 24 个问题中，教师组和学生组在 Q1、Q2、Q5、Q9、Q10、Q13、Q17、Q18、Q19、Q20、Q22、Q23、Q24 等 13 个题目的评价上表现出显著性差异。教师组在 Q1、Q2、Q5、Q9、Q10、Q17、Q18、Q20、Q23 等 9 个问题的评价上明显高于学生组，学生组则在 Q13、Q19、Q22、Q24 等 4 个问题的评价上明显高于教师组。综合起来看，学生更加重视学习地道的汉语，期待教师对他们要求更加严格并能及时为他们的学习提供可靠的帮助；教师则倾向采用更多交际性的教学方法，比较能容忍学生的语法错误。这些差异表明师生双方对“有效教师行为”的认识存在很多不一致的地方，这就提醒教师应该主动了解学生的看法，并有必要跟学生就教学行为和教学策略以及它们所体现的教学理念进行简要的讨论，以增进彼此的了解，并对自己的教学行为进行必要的调整，提高教学的有效性。

3.2.2 有效性评价最高和最低的教师行为

教师评价最高的五种有效行为是：Q18（M=4.58）、Q9（M=4.52）、Q4（M=4.45）、Q20（M=4.39）、Q23（M=4.32）；学生评价最高的五种有效行为 是：Q4（M=4.40）、Q19（M=4.24）、Q18（M=4.13）、Q13（M=4.08）、Q24（M=4.08）。比较师生双方的评价，Q4 和 Q18 是教师和学生都认同的有效性最高的两项教师行为。教师和学生对 Q4 有效性的评价很高说明他们非常重视课外使用目的语进行交际的作用，对 Q18 有效性的评价很高说明他们赞同语法结构结合真实情境教学的方法。

教师评价最低的五种行为是：Q6（M=2.13）、Q22（M=2.42）、Q15（M=2.58）、Q17（M=2.65）、Q16（M=3.07）；学生评价最低的五种行为是：Q17（M=1.87）、Q6（M=2.19）、Q5（M=2.43）、Q15（M=2.51）、Q10（M=2.81）。比较师生双方的评价，Q6、Q17 和 Q15 是教师和学生都认同的有效性最低的三项教师行为。Q6 和 Q17 的评价表明，无论是教师还是学生都认为在对外汉语课堂教学中应该尽量避免使用学生的母语，尽可能多使用汉语。根据我们的了解，尤其在国外，有些教师认为如果学生还没有准备好就要求他们说目的语，会挫伤学生的信心，他们主张不必很早就“强迫”学生说目的语，而且认为在进行输入性、理解性练习的时候可以让学生用母语来回答。从本调查结果来看，至少在中国的教师和成人留学生普遍不认同这样的观点。Q15 的有效性很低则从相反的角度表明教师和学生赞同课堂活动采用小组或结对练习的方式。

3.2.3 七类教师行为的评价结果分析

下面我们根据统计结果对上文划分的七类教师行为进行分析，对于其中同属于两种或两种以上类型的教师行为，根据它的主要内容放在其中一类里面讨论。

3.2.3.1 多媒体技术运用

Q1 反映了教师和学生对教学中运用多媒体技术的看法，教师组均值 4.06，学生组均值 3.40；由此可以发现，尽管教师和学生均倾向于赞同在教学过程中使用多媒体技术，但在程度上差异显著，教师组均值大大高于学生组。选择非常同意（45.2%）、同意（32.3%）的教师占到全部教师的 77.5%，明显高于学生的 47.6%（非常同意 12.7%、同意 34.9%）。近年来，多媒体技术在教学中的使用受到了较多的关注，毫无疑问，如果能根据教学的需要适当采用多媒体技术进行辅助教学将会提高教学效率。不过对教学中使用多媒体的评价，教师组的热情明显高于学生组，也许是由于教师做判断时更多是受到新技术教育舆论导向的影响，而学生则更多是基于实际教学的需要，或者说，他们的看法反映了目前教学中多媒体实际使用的情况，因而对这个问题的评价学生显得比较冷静。

3.2.3.2 语法教学

在涉及语法教学的四道题中，Q16、Q18、Q20 三题学生组和教师组的评价均分都高于 3，Q16、Q18 教师组和学生组的评价差别不明显，不过 Q20 两组表现出统计意义上的显著差异。通过对 Q18、Q20 评价结果的分析，我们可以发现，学生大都赞同在介绍语法点时应该说明其在具体语境中的使用情况，但在学习过程中，他们并不强烈要求在讲解前先给出例句。由此可以推论，在面向欧美留学生的教学中，举出实例是必要的，但实例与语法解释出现的顺序不必是固定的，可采取“先举实例后解释规则”的方式，也可采取“先解释规则后举实例”的方式，两种方式都是学生赞同的教学行为，教师可以根据实际教学需要决定教学顺序，不必拘泥于定式。至于 Q10，将在下文中讨论。

3.2.3.3 学习评估

在与学习评估有关的四个题目中，教师组和学生组对 Q2、Q10、Q23 三个问题的评价表现出显著性差异，表明教师和学生在这一类问题上的看法差别较大。Q2、Q23 教师组和学生组都给予了较高的评价，说明教师和学生都认同配对或小组互动的教学方式，不过两组的评价仍存在显著差异，教师组的评价明显高于学生组，显示出教师对这两种行为的偏爱。Q10 学生组的评价均分低于 3，说明在成绩评定中，学生比教师更加重视语法准确性所占的分量。

3.2.3.4 文化教学

涉及文化教学的 Q3、Q9、Q21 的有效性都获得了较高的评价，表明文化教学受到了教师和学生的共同重视。我们进一步比较教师组和学生组有关文化教学三个题目的均分，发现教师组对每一题的评价都高于学生组，说明教师对文化教学的重视程度比学生高。

3.2.3.5 错误纠正

Q5、Q8、Q13 三个题目属于错误纠正一类，在评价 Q8 纠正学生说话错误的方式时，教师组和学生组比较一致地倾向于赞同间接纠错方式；但两组对 Q5、Q13 的评价存在显著性差异，调查结果表明，在口头表达出现错误时，学生更加期望教师立即纠正，并马上指出错误的原因，而相对来说，教师在采取这样的教学行为时会有所保留。

3.2.3.6 目的语使用

总体来看，欧美留学生对在课堂上使用汉语评价较高，不过我们也发现，初学者（特别是学习时间在 6 个月以下的）对使用目的语的评价明显低于学习时间较长、已经具有一定汉语基础的学习者。调查结果显示，随着学习时间的增长和汉语水平的提高，留学生对课堂上使用目的语的评价也越来越高。Q17、Q19、Q22、Q23 教师组和学生组的评价存在显著性差异，通过分析学生对这几项教师行为的评价，我们不难发现，欧美留学生具有强烈的学习和使用标准汉语的意愿，而且希望教师采取更多强制措施“逼迫”他们学习和使用。

3.2.3.7 交际性语言教学策略

在调查表中，涉及交际性语言教学策略的“有效教师行为”最多，一共 8 项。总体上看，教师组和学生组对这些行为都给予了较高的评价（Q15 的评价很低，但它可以被视为交际性语言策略的一道反向题），说明采用交际性语言教学策略的行为得到了教师和学生的一致认可。根据调查结果，我们可以看出教师和学生都很重视汉语在日常交际中的使用，在教学过程中，采取增加交际练习的行为和策略受到欢迎，在课堂上多采用配对练习或小组活动，要求学生在课内与课外使用汉语与别人进行互动交流是为大家普遍接受的“有效行为”。

3.2.4 本调查结果与 Brown（2009）的比较

由于 Brown（2009）的研究中只给出了教师组和学生组具有显著性差异的题项的平均分，因此我们只能就这一部分进行比较。总的来看，本次调查结果表面分值普遍高于 Brown 的调查，原因是本调查采用的是五度量表，而 Brown 采用的是四度量表。我们把本次调查的均值除以 5，把 Brown 的均值除以 4，然后比较二者的“商值差”，发现在 5 项教师行为的有效性评价上，二者的“商值差”大于 10%，即大于 0.1（见表 4）。

表 4　本调查结果与 Brown（2009）的比较

题号	身份	本调查均值（/5）	Brown 调查均值（/4）	商值差（本—Brown）
Q3	学生	3.38（0.6760）	2.74（0.6850）	-0.0090
	教师	3.52（0.7040）	3.24（0.8100）	-0.1060
Q4	学生	4.40（0.8800）	2.69（0.6725）	0.2075
	教师	4.45（0.8900）	3.15（0.7875）	0.1025
Q14	学生	3.90（0.7800）	2.55（0.6375）	0.1425
	教师	3.68（0.7360）	3.14（0.7850）	-0.0490
Q15	学生	2.51（0.5020）	2.12（0.5300）	-0.0280
	教师	2.58（0.5160）	1.63（0.4075）	0.1085
Q24	学生	4.08（0.8160）	3.05（0.7625）	0.0535
	教师	3.60（0.7200）	3.51（0.8775）	-0.1575

观察上表中的数据，Q3 教师的有效性评价，Brown 的调查结果高于本调查，表明国外教师比国内教师更加重视文化教学。但值得注意的是，由于学生背景相似，两份调查结果显示学生的评价基本一致，差异很小。Q4 学生和教师的有效性评价，本调查明显高于 Brown 的调查。在本调查中，教师和学生的评价相似；但在 Brown 的调查中，师生的评价存在显著差异，

教师的评价明显高于学生。其原因是，Brown 的调查针对的是非目的语环境中的外语教学，而本调查针对的是目的语环境中的二语教学，因此“要求学生在课外使用汉语同别人交流”在国内的目的语教学情境中更容易获得教师和留学生的认同；而在国外，尽管老师认为这也是必要的，但由于语言环境的限制，实施起来不太容易，所以学生的评价较低。Q14 学生的有效性评价，本调查明显高于 Brown 的调查，两次调查中教师的评价差异较小。这一结果与上文对 Q4 的分析保持了一致，即在目的语环境中学习的学生运用该语言的动机更强。Q15 教师的有效性评价，本调查高于 Brown 的调查，表明国外教师更喜欢运用交际性语言教学策略。Q24 教师的有效性评价，Brown 的调查明显高于本调查，这体现了国外外语教师更加热衷于采用查找“信息差”（information gap）的教学方法，这一点也印证了我们对 Q15 的分析。

另外，Brown（2009）通过对调查结果的分析，认为教师和学生尤其在“目的语使用”“错误纠正”和“团体学习”等部分的评价存在明显的差异，本次调查则发现教师和学生除了同样在这些部分的评价上存在明显差异外，在“语法教学”和“学习评估”这些部分的评价上差异也很显著。统计结果显示，在本次调查中，教师组和学生组共在 13 个题目的评价上存在显著性差异（Q1、Q2、Q5、Q9、Q10、Q13、Q17、Q18、Q19、Q20、Q22、Q23、Q24）；而 Brown 的调查中，师生评价存在显著性差异的题目为 12 个（Q1、Q2、Q3、Q4、Q5、Q9、Q11、Q13、Q14、Q15、Q16、Q24），数量大致相当，但具体的题目并不一致。对于本次调查结果上文已经进行过讨论，现专门针对 Brown（2009）师生评价存在显著性差异的 12 个题目进行分析。Brown 调查中的 Q1、Q2、Q5、Q9、Q13、Q24 师生评价的显著性差异与本次调查相同，不再讨论。Q3、Q4、Q14、Q15 与本调查不同的原因本节也已经做过讨论，剩下只有 Q11 和 Q16 两题与本调查的结果不一致，我们认为国外师生对这两题的评价存在显著性差异的原因是学生比教师更加重视语法教学，而国内的对外汉语教学素来就有重视语法教学的传统，在这一点上教师跟学生的认识和评价基本一致，因此本调查中师生对 Q11、Q16 的有效性评价无明显差异。

四 余论

本文以问卷调查的方式对比了对外汉语教师和欧美留学生对七类 24 项“有效教师行为”的评价。调查结果显示，教师组和学生组对 24 项教师行为的评价中有 13 项表现出显著性差异。这些差异显示学生更重视学习地道的汉语，期待教师对他们更加严格要求并能及时为他们的学习提供可靠的帮助；而教师对学生的语法错误则表现出较强的容忍性，更倾向采用交际性的教学方法。有关研究（Kern，1995；海春花等，2005）指出，师生双方教学观念上的差异会对师生关系和学生的学习产生负面影响。为了弥合观念上的差异，使师生双方的认识尽可能一致，从而减少对学习的负面影响，对外汉语教师和留学生之间有必要就“有效教师行为”进行沟通和讨论。特别是教师，应该主动了解学生的想法，对于师生双方评价高的有效行为应该努力实施；对于有效性评价低的无效或低效行为，则应该分析原因并在教学中尽量减少或避免采用。我们也希望本调查结果能够为对外汉语教师提供一些参照，让老师们可以对照本调查的结果，反思自己的教学行为，改进教学方式，从而提高教学的有效性，并促进自身专业的发展。

本研究调查的对象只限于欧美留学生和对外汉语教师，因此只能反映欧美留学生与对外汉语教师对“有效教师行为”的评价。如果要了解更多语种、更多国别的留学生的看法，还需要进行范围更加广泛的调查，以便得出更加全面的结论。另外，对外汉语教师在教学过程中如何进行决策，如何决定何时何地针对何人应该采取什么样的教学行为、不应该采取什么样的教学行为，也需要进行更加深入的调查和分析。对这些问题的进一步探讨将是我们今后努力的方向。

∷ 参考文献 ∷

崔永华（2004）教师行动研究和对外汉语教学，《世界汉语教学》第 3 期。
崔允漷（2001）有效教学：理念与策略（上），《人民教育》第 6 期。

丁安琪（2006a）专职对外汉语教师对课堂活动看法的调查——对外汉语课堂活动系列调查之一，《语言教学与研究》第6期。

丁安琪（2006b）欧美留学生对课堂活动有效性评价的分析——对外汉语课堂活动系列调查之三，《汉语学习》第5期。

丁安琪（2007）关于日本本科留学生对汉语课堂活动有效性评价的分析——对外汉语课堂活动系列调查之四，《世界汉语教学》第1期。

海春花、张怀斌、杨达复（2005）教学观念与师生关系，《外语教学》第4期。

李　泉（2003）对外汉语教学理论和实践的若干问题，载赵金铭主编《对外汉语教学的跨学科探索——汉语学习与认知国际学术研讨会论文集》，北京：北京语言大学出版社。

孙德坤（1992）关于开展课堂教学活动研究的一些设想，《世界汉语教学》第2期。

徐彩华（2009）对外汉语教师教学效能感的特点，《语言教学与研究》第3期。

徐彩华、程伟民（2007）对外汉语教师自我教学效能感研究初探，《汉语学习》第2期。

杨惠元（2004）试论课堂教学研究，《语言教学与研究》第3期。

姚利民（2005）国外有效教学研究述评，《外国中小学教育》第8期。

Bell, T. R. (2005) Behaviors and attitudes of effective foreign language teachers: Results of a questionnaire study. *Foreign Language Annals,* 38(2): 259-270.

Brown, A. (2009) Students' and teachers' perceptions of effective foreign language teaching: A comparison of ideals. *The Modern Language Journal*, 93(1): 46-60.

Kern, R. G. (1995) Students' and teachers' beliefs about language learning. *Foreign Language Annals*, 28(1): 71-92.

（本文原题为《对外汉语教师与欧美留学生对“有效教师行为”的评价》，原载于《语言教学与研究》2010年第6期，作者曹贤文、王智）

明德模式与中国大陆高校基础汉语教学常规模式之比较

摘　要　本文着重从实践层面对美国汉语教学的知名模式——明德模式与中国大陆高校基础汉语教学的常规模式进行比较，并附带论及汉语教学的精英模式与大众模式的差异和互补，以期对进一步把握对外汉语教学模式有所裨益。

关键词　对外汉语教学模式；基础汉语教学模式；明德模式；精英模式；大众模式

近年来，不少学者提出要重视对外汉语教学的模式和模式化研究（参见崔永华，1999；马箭飞，2004；赵金铭，2005 等），并从理论上进行了较为深入的总结和阐发。本文则根据笔者十余年在中国高校和近些年在美国明德暑校、CET 和 CIEE 的教学经历，主要从实践层面对明德模式和中国大陆高校基础汉语教学常规模式进行粗略的比较，并附带论及汉语教学的精英模式与大众模式的差异和互补，以期对进一步把握对外汉语教学模式有所裨益。

一　明德暑校与明德模式

明德暑校是美国外语教学的重镇，也是同行公认最负盛名的暑期语言学校，它隶属于美国一所著名的私立博雅学院（Liberal Arts College）——明德学院，全称为明德学院暑期语言学校。虽然明德暑校只是明德学院的一个部分，但它的名气却远远大于明德学院。暑校创办于 1915 年第一次世界大战期间，最初只有德文学校，现在已发展为包括德文、法文、西班牙文、意大利文、俄文、中文、日文、阿拉伯文和葡萄牙文在内的 9 所语言学校[①]。暑校主要从事相当于本科课程的外语教学，1927 年又设立了文科硕士（Master of Arts）学位和现代语言博士（Doctor of Modern Languages）学位[②]。明德中文暑校创立至今已逾 40 年，2006 年中文暑校正式招收第一届中文教学硕士，恰巧跟中国国务院学位办批准设立汉语国际教育硕士专业不约而同都选在了同一个时间点上。

明德模式是明德暑校采用的一套独特的全浸式外语教学法，已为美国外语教学界广泛采用,也是许多美国在华中文项目所遵从的圭臬[③]。关于明德模式的介绍可参见施仲谋（1994），张和生（1997），崔永华（1999），张喜荣、田德新（2004），张美青（2004），汝淑媛（2006），汲传波（2006）等。

二　中国大陆高校基础汉语教学常规模式

对外汉语教学界从 20 世纪 50 年代初就开始了教学模式的探索，就基础汉语教学而言，先后得到广泛采用的教学模式主要有以下三种：“讲练—复练”模式、“讲练—复练 + 小四门”模式和“分技能教学”模式（参见吕

---

① 后又增加了希伯来文、韩文和阿布纳基文 3 所语言学校，现共有 12 所语言学校。——2021 年补注。

② 现在明德暑校的教学主要包括两种学制：一种是本科程度的外语教学（教学时间又分成两类：法文、德文、意大利文、西班牙文、葡萄牙文和希伯来文等与英文比较接近的语言，教学时间是 7 周；而中文、日文、阿拉伯文和俄文等难度较大的语言，教学时间是 9 周）；另一种是研究生教学（主要是硕士和博士学历教学，也有少数的非学历研究生课程班，其教学时间一般都是 6 周）。明德大学的常规学制是四年制的本科教育，而它的暑期学校——明德暑校却拥有硕士和博士程度的研究生教育，这在世界上大概是独一无二的，这也是明德暑校（子体）的名气超过明德学院（母体）的原因之一。

③ 据笔者所知，美国在华的知名中文项目，如 CET、PIB、IUP、HAB、ACC 等都采用跟明德模式同出一辙的全浸式外语教学法，而且在学术和师资等方面也跟明德暑校曾经或现在有着这样那样的联系。

必松，1990；崔永华，1999；赵金铭，2005)。“讲练—复练”模式定型于60年代，70年代后期为了适应新的需要，开始在“讲练—复练”模式的基础上开设少量的口语、听力、阅读和写作课，逐步形成了“讲练—复练+小四门”的模式。从80年代中后期开始，针对听说读写技能的“分技能教学”模式正式确立并开始在全国范围内推广，从此它一直在国内各种类型的基础汉语教学中占据主导地位。

三　模式比较

3.1　模式的选择

明德模式以沉浸法为内核，并在发展中逐步加入了听说法、功能法和任务法的合理元素，是一种典型的强化教学模式。课堂教学基本采用“大班讲练—小班操练—一对一谈话”范式，同时针对不同年级，适当加上一些分技能课型。从总体上看，明德模式比较接近国内的“讲练—复练+小四门”模式。几十年来，明德模式的理论基础和基本格局一直没有大的变动，不但在美国赢得了很高的声誉，而且在世界上产生了广泛的影响。

如前所述，国内的基础汉语教学经历了从“讲练—复练”模式到“讲练—复练+小四门”模式，再到“分技能教学”模式的更迭，目前普遍采用“分技能教学”模式。从第二语言教学理论上讲，“分技能教学”模式的确有它的合理之处，不过令人感兴趣的是，促使国内大多数教学单位放弃“讲练—复练+小四门”模式，转而采用“分技能教学”模式最直接的原因却并不是教学理论发展的必然结果，而主要是为了节省教师的工作时间，减轻行政管理的负担。对此，任远（1988）总结道：“(在‘讲练—复练’模式中)为了搞好配合，双方都需拿出相当的时间和精力用于共同的协调磋商……分技能设课首先有利于发挥每个教师课堂教学的积极性、创造性。……（分技能设课）在课程安排调度等方面，也趋于简化、单一，从而可以提高（管理）效率。”钟梫（1979/1993）在对新中国15年对外汉语教学进行总结时认为:“短期实践外语教学采取分科的好，还是综合的好，这个问题在国内国外都有争论……主张分科的意见从未占过优势。”显然，放弃“讲练—复练+小四门”模式转而选择“分技能教学”模式，更多是出于现实便利的需要，可增加教师的自由度，并减轻教学管理上的负担。这样的改变当然会受到教师和教学管理人员的欢迎，因此很快在全国高校中推广开来。

美国在华项目则一部分采用明德模式，一部分采用“分技能教学”模式。我们把美国在华项目大致分为两类：一类如 CET、PIB、IUP、HAB、ACC 等项目，虽然名义上是跟中国的某个大学合办，但招生、财务、课程设置、教师聘任等实际权力都由美方掌握，中方高校不过是一个租借教学场地的角色而已，我们称之为“美方主导型”项目；另一类如 CIEE 和很大一部分美国高校组织的本校学生来华学习项目，一般由美方负责招生，然后按照中方学校的标准缴纳学费，课程设置和教师聘任基本上由中方安排，我们称之为“中美合作型”项目。有趣的是，“美方主导型”项目基本上都采用明德模式，而“中美合作型”项目基本上都采用国内的“分技能教学”模式。

3.2 实施步骤和操作程序

明德模式有一套严格的实施步骤和操作程序。每天、每课都有非常明确的目标，教师每一节课教什么、怎么讲解、怎么操练、怎么展开任务，上课的每一个环节包括操练的例句，备课时都计划得非常仔细；学生学什么、跟老师谈什么、做什么练习、每天的小考考什么、每周的大考笔试和口试分别考什么，课表和每天的讲义上都写得清清楚楚。教师有精心设计的操作程序可以遵循，学生每天、每节课都有成就感。明德模式对操练程序也有一套严格的规定，操练时焦点明确，程序清晰，从“领唱”到“跟唱”，从“独唱”到“合唱”，从梯形合唱到替换练习，从句型转换到完成句子，从半开放问答到有控制的开放问答，从半真实的任务交际到师生的真实互动交际，上课以前每一步都设计得很清楚，具有相当可控的操作性。在明德暑校，如何提高学生的语言学习效率是一切工作服务的中心，只要有益于这个主要目标的实现，教师和管理人员就可以为此付出更多的时间和努力。每个星期大班、小班和个别谈话都要重新编班、编组和排序，每周都要换一次课表，学生每周在不同的大班和小班里学习，老师每天轮流在不同的小班面对不同的学生上课。教师教学采用团体合作制，除了每天都要互相沟通教学情况以外，每周还至少专门安排两个半天的时间集体备课，用集体智慧讨论出的教学方案和统一进度授课。

而国内的教学为了节省教师的工作时间，常常把保持教师的个性和创造性放在重要位置，很多学校不但同班级的授课教师之间缺少对教学内容和教学方式等方面的沟通，同年级、同水平等级、同课型的教师之间也缺少必要的交流，更遑论集体备课。由于缺少或不能遵循一套严格的教学操作程序，上课时教师随意的知识讲解所占比例较高。虽然我们很早就提出了“精讲多练”的教学原则，甚至有学者提出三七开、二八开一类的比例，但实际教学中讲授所占比重太大，常常是一种“水漫式”的输入，无形中“练”就退居到了次要位置。另外，“精讲多练”也只是一个教学原则，在实际教学中怎么精讲、怎么多练，缺少一套严格的操作程序，随意性很大。

3.3 评价系统

明德暑校实行严格的师生评估与考核制度。在入学和学期结束时，所有的学生都要参加计算机自适阅读能力考试（CARPT）和口语能力考试（OPI），这两种考试属于语言能力水平考试，首尾两次考试成绩可为学生分班、项目评估和学习者本人的比较提供必备的参考。学习成绩测试则有每天的小考、每周的口试和笔试、期中和期末大考等。另外，在第3、6、9周还分别给学生做三次综合评量报告，暑校结束的时候要根据每位学生的学习表现做出书面评语，并根据学生的历次作业、日考、周考、期中期末大考、上课出勤和表现等统计出最终成绩。除了教师对学生的评定，学生也要对每一位教师和整个项目进行期中和期末两次书面评估，各个暑校的校长也要跟该校每个学生逐一面谈一到两次，亲自听取学生们对教学和管理的意见。学校办公室则把评估的结果和征询的意见汇集起来，及时反馈给老师和管理人员。学生的评估和建议是暑校改进暑期教学和聘请教师及管理人员的重要参考。

国内的高校大多数在留学生汉语学习这一块缺少严格的教学评估体系，教师给学生的分数主观性较强，学生对学校管理和教学的评估常常束之高阁，即使有，也不起什么实质性的作用。

除了上述几个方面的差异以外，两种模式在生源、师资、语言环境、学习效率、后勤保障和投入等方面也存在一定的差异。因篇幅所限，本文暂不展开。单以投入为例，明德暑校的教学时间非常集中，教师投入精力特别多，工作强度很大，但因为学费高，师生比可以维持在1∶4左右的水平。与之相对照的是，国内高校的学费普遍偏低，以低廉的学费，要维持像明德暑校那样高的师生比，并且让教师和管理人员付出那样高强度的劳动是不可想象的。而从另一方面看，美国在华的许多项目，如CET、PIB、IUP、HAB和ACC等却都能采用明德模式，我们认为除了学术上的渊源以外，充裕的学费是必不可少的经济基础。任何科学可行的教学模式，设计者在放眼远望的同时，还必须保持一只眼睛盯着脚下。

四　基础汉语教学精英模式与大众模式的互补

通过上述比较，从操作程序、项目管理和语言学习效率几个重要方面来看，明德模式相较于国内常规教学模式具有自己的一些优势。那么这是否意味着我们都应当放弃国内常规教学模式，转而采用明德模式呢？答案是否定的。明德模式是语言学习精英模式的代表，精英模式的特点是：学习动力非常强的高质量学习者，富有合作精神的高度专业化的教师队伍，小班化、个性化的教学方式，精致的教学实施程序，严密的自我评估系统，以及高投入的运行成本，等等。由此可见，精英模式对各方面的条件要求都很高，不易于推广。目前“汉语热”在全球迅速升温，汉语学习人数大幅增加，采用高成本的精英模式不能满足如此庞大的学习需求，而大众模式对内外条件的要求相对较低，易于实施。再从另一个方面看，社会需求是多样的，学生个性是多样的，学校规格是多样的，教学单位的师资和物质条件也是多样的，这些都决定了教学模式的多样化，也说明汉语教学的大众模式和精英模式是可以互补的。我们应当鼓励少数各方面条件较好的学校采用精英模式，而大多数学校应当立足现实，继续使用并逐步完善大众模式。因此，探索出一种或几种在投入偏低的情况下仍能高效运行的汉语教学大众模式是汉语国际推广工作亟待解决的课题。

∷ 参考文献 ∷

崔永华（1999）基础汉语教学模式的改革，《世界汉语教学》第1期。

汲传波（2006）论对外汉语教学模式的构建——由美国明德大学汉语教学谈起，《汉语学习》第4期。

吕必松（1990）《对外汉语教学发展概要》，北京：北京语言学院出版社。

马箭飞（2004）汉语教学的模式化研究初论，《语言教学与研究》第1期。

任　远（1988）70年代以来北京语言学院对外汉语教学法之发展，载《第二届国际汉语教学讨论会论文选》，北京：北京语言学院出版社。

汝淑媛（2006）美国明德中文暑校的教学理念特点与教学策略评介，《国际汉语教学动态与研究》第2期。

施仲谋（1994）明德中文暑校经验的启示，《世界汉语教学》第1期。

张和生（1997）美国明德大学的汉语教学，《中国高等教育》第1期。

张美青（2004）短期中文强化教学的运作模式及它与日常循序教学的衔接，《国际汉语教学动态》第2期。

张喜荣、田德新（2004）美国明德学院的中文教学，《世界汉语教学》第1期。

赵金铭（2005）《汉语与对外汉语研究文录》，北京：外语教学与研究出版社。

钟　梫（1979）15年汉语教学总结，《语言教学与研究》（试刊）第四集，又载盛炎、沙砾编《对外汉语教学论文选评（第一集）1949—1990》，北京：北京语言学院出版社，1993。

（本文原题为《明德模式与中国大陆高校基础汉语教学常规模式之比较
——兼谈汉语教学的精英模式与大众模式的差异和互补》，
原载于《暨南大学华文学院学报》2007年第4期）

语言项目视角下国际汉语有效教学模式研究

摘　要　国际汉语教学模式可分为两个层面：教学法层面和语言项目层面。二者之间存在包含关系，前者只是课堂教学局部的设计和实施，而后者体现的是整个教学项目系统的设计和运作。本文在对国际汉语教学模式进行层级区分的基础上，从语言教学项目视角探讨了国际汉语教学模式的系统运行及其有效性问题。

关键词　国际汉语教学模式；教学法；语言项目

国际汉语教学的效果如何，跟教学模式有着密不可分的关系。对教学模式的研究显示，每一种教学模式的产生都有其时代背景与现实诉求，并指向特定的教学目标。没有一种教学模式是放之四海而皆准的唯一有效样板，设计和实施何种教学模式，必须考虑到特定的教学对象、教学情境和教学目标。对外汉语教学模式研究向来受到学界的重视，几十年来涌现出了许多各具特色的教学模式。近年来，随着国际汉语教育事业重心从国内向国外的转移，教学模式研究表现出以下趋势：从单一教学模式向多样化教学模式发展，从以“教”为主向重视以“学”为主发展，从关注课堂教学向关注整个语言项目系统发展，从重视教学模式的理论设计向重视教学模式的实效运行发展。本研究打算从语言项目[①]视角探讨国际汉语教学模式的系统运行和有效性问题。

---

① “语言项目”为国际二语教学界通用术语“language program”的直译，相当于汉语中的“语言教学/学习项目”，为保持简洁，本文仍直接采用“语言项目”这一名称。

一 国际汉语教学模式的基本要素与模式层级

美国学者乔伊斯（Bruce Joyce）和威尔（Marsha Weil）合著的《教学模式》于1972年出版，该书通常被视为教学模式理论研究的起始标志。其实，外语教学界早在19世纪就已经开始了类似教学模式的教学法研究。几十年来，教学模式研究受到了广泛关注，不过学界对教学模式的定义并不完全一致。乔伊斯等认为教学模式是“构成课程、选择教材、指导在教室和其他环境中教学活动的一种计划或范型”（Joyce et al.，2009）。目前国内比较有代表性的看法是，教学模式是“在一定教学思想或教学理论指导下建立起来的、较为稳定的教学活动结构框架和活动程序。它是教学理论的具体化，又是教学经验的一种系统的概括。它既可以直接从丰富的教学实践经验中通过理论概括而形成，也可以在一定的理论指导下提出一种假设，经过多次实验后形成”（黄甫全、王本陆主编，2003）。一个完整的教学模式应包含五个基本要素：理论基础、教学目标、操作程序、实现条件和评价（马箭飞，2004）。

在对外汉语教学界，对教学模式的讨论大多侧重于理论基础、教学设计和操作方法等方面。例如，崔永华（1999）把教学模式概括为“课程的设置方式和教学的基本方法”。马箭飞（2004）认为，所谓对外汉语教学模式“就是从汉语独特的语言特点和语言应用特点出发，结合第二语言教学的一般性理论和对外汉语教学理论，在汉语教学中形成或提出的教学（学习）范式”。赵金铭（2008）指出，对外汉语教学模式“是从汉语、汉字及汉语应用的特点出发，结合汉语作为第二语言教学理论，遵循大纲的要求，提出一个全面的教学规划和实施方案，使教学得到最优化的组合，产生最好的教学效果”。吴勇毅（2014）把教学模式总结为“在一定的教学和学习理论指导下，以实现教学各基本要素（教学目标、教学大纲、教学内容、教材、教学技术 / 手段、教学方法 / 策略、师生角色、教学活动和教学环境等）之间组合为最优化方案的系统，优化组合的结果体现为一种可以拷贝的标准样式”。上述认识符合乔伊斯等人关于教学模式的一般定义，而且结合了汉语及汉语运用的特点，很有启发意义。

不过，从过往对外汉语教学模式研究来看，学者们比较关注教学模式中的理论依据、教学目标和操作程序，已有研究多从理论基础和教学设计等方面讨论教学模式的优劣，而对实现条件、支撑系统等教学模式赖以存在的语言项目运行条件讨论较少。这可能是由于我们过去对语言教学模式和教学法之间的关系认识得不够清晰。就外语教学学科的发展历程来看，过去一百多年外语教学的历史，其基本特征是探索更加有效的外语教学方法。针对语言教学的种种问题，学界一直在尝试构建各种各样的理想教学法，一百多年来，各种教学法层出不穷。重视教学法研究是外语教学学科的特点，相对于宏观教学理念和微观教学技巧，教学法处于关键的中观层面（曹贤文，2014）。同样，教学模式也处在中观层面，“教学模式是向上沟通着教学理论，向下沟通着教学方法和教学策略的重要中介。教学模式总是某种教学理论在特定条件下的一种表现形式，因此它比教学理论的层次要低，但又比教学经验的层次要高”（万伟，2015）。由于教学模式与教学法都属于中观研究领域，马箭飞（2004）认为:“或者教学法本身就是一种教学模式，或者教学法由先后多个教学模式组成。”由此推知，如果教学模式研究只重视理论基础、教学设计和操作程序，而缺少对实现条件和项目管理等因素的关注，外语教学模式就几乎等同于外语教学法。例如，在孔子学院总部/国家汉办2014年修订的新版《国际汉语教学通用课程大纲》中，就特别列举了四种常用的汉语综合教学模式：常规模式、任务模式、主题模式和跨学科内容模式。这些教学模式跟听说法、交际法、沉浸法等外语教学法处于同一层次。因此，如果把这些教学法作为教学模式的话，不妨称之为教学法层面的教学模式。

近年来，随着研究的不断深入，国际汉语教学模式的实现条件和运行管理等因素逐渐受到重视，学者们开始把教学模式的管理和语言项目的运行等因素纳入整体视角来探讨教学模式及其有效性问题。例如，汲传波（2006）将整体性作为教学模式的首要基本特征，认为这一点跟教学法明显不同，教学法一般是指课堂教学中所使用的方法，不涉及入学测试、课外活动评估等环节，而任何教学模式本身都有一套比较完整的结构和机制。

曹贤文（2007）在对明德模式与中国大陆高校常规汉语教学模式进行比较时，讨论了两种教学模式在管理和实施方面的差异，以及由此带来的不同教学效果。谷陵（2013）明确提出应该把实施条件和管理因素纳入教学模式研究范围，从学生管理、教师管理和教学环境管理这三个方面分析了精英式强化教学模式的管理体系，认为管理体系应该被视为教学模式整体不可或缺的一部分。刘颂浩（2014）也明确指出，创建优秀教学模式需要重视管理机制的问题，认为"教学模式体现的不只是教学理论研究和实际教学水平，更是人才和资源管理水平……教学模式和教学有关，但更和管理密不可分"。汲传波（2014）从另一个角度提出了教学模式的管理问题，认为可以把教学模式的构成要件简化为理论层面与实践层面，前者包括教学理念和教学目标，后者包括教学程序和管理体系。

综合已有研究成果，笔者认为国际汉语教学模式可分为两个层面：教学法层面和语言项目层面①。从教学法层面来看，涉及的因素相对简单，主要是以课堂教学为中心的教学设计和操作程序。从语言项目层面来看，涉及的因素较多，除了课堂教学以外，还包括项目系统中的课程设置、学时安排、教学环境、师生员工、项目管理、经费支撑、测试评估等相关因素以及项目效益等目标因素。根据以上认识，我们把国际汉语教学模式分为两个层级：教学法层面的国际汉语教学模式和语言项目层面的国际汉语教学模式，亦可简称为汉语教学法模式和汉语教学项目模式。语言教学法模式可依据教学法来命名，比较典型的如前文所述的任务模式、主题模式、跨学科内容模式等。语言教学项目模式可用语言项目来命名，比较典型的

① 笔者非常认同刘颂浩（2014）、汲传波（2014）等所论教学管理在构建对外汉语教学模式中的重要作用。由于以往对外汉语教学模式研究缺少对管理问题的关注，如果在狭义的教学模式之外，另外提出与之并立的教学管理模式，从理论上说未尝不可。不过本文要强调的是语言项目模式与教学法模式（以及教学管理模式）是一种上下位关系，在语言项目系统中包含教学和管理等多方面的因素，它们类似"一树两枝"或"一树多枝"的关系，"一树"就是语言项目，"两枝"分别是教学和管理。同时从坚持教学中心论的角度来说，笔者不希望抛开教学来讨论独立的管理模式，最好能把教学和管理有机结合起来，从语言项目系统来考虑管理问题。因此，本文只从教学法和语言项目两个方面来分析教学模式，不单独讨论管理模式。

如明德模式[①]、IUP模式、国内高校常规汉语教学模式等。语言教学法模式的实施一般不需要过多考虑课堂教学之外的其他因素，而语言教学项目模式则要考虑到整个语言项目系统中的各种因素。因此，二者之间存在上下位关系，前者只是课堂教学局部的设计和实施，而后者体现的是整个教学项目系统的设计和运作，可见语言项目层面的教学模式比教学法层面的教学模式更值得重视和研究。

二 语言项目视角下国际汉语教学模式案例剖析

语言教学项目是一个复杂的系统，从这个角度来分析国际汉语教学模式将更加全面。崔永华（2008）对汉语教学项目做过界定，认为“汉语教学项目是指一个在特定教学条件下、具有特定教学目标的汉语教学实体”，并列出了教学项目的特征：（1）有相对稳定的教学对象；（2）有明确的教学目的，并体现在课程计划、课程设置、教学原则、教学方法和组织形式之中；（3）有稳定的教学管理机构和相关管理规章制度；（4）有稳定的教师和教学管理人员；（5）有固定的教学地点和相应的教学硬软件条件。顾百里等（2006）从汉语知识、外语等级划分、学习理论、教学方法、课程设计、项目管理、测试评估、学生、教职员工、教学环境和支持系统等方面详细分析了在海外设立基础中文项目时需要考虑的种种复杂因素。从语言项目视角来看，教学模式是一个系统性的模式，涉及的因素很多，需要从整体上考虑系统内的各个要素及它们之间的互动。下面我们以明德模式为例，从语言项目视角对国际汉语教学模式做一个案例剖析。

优秀的教学模式应该有自己的核心理念并能采取有效措施贯彻实施。根据笔者多年在明德暑校工作的亲身经历及对该校历史的研究，明德暑校在项目设计上最核心的教学理念是沉浸式外语教学理论。对全浸式（total immersion）目的语环境的精心构建和有效利用，是明德模式一直引以为傲

① 目前学界所论的明德模式实际上包括两个层面，一是着眼于教学层面的教学法模式，一是关于整个项目运作的项目模式，本文所论的明德模式属于后者。

的最大特色。在一个非目的语大环境中采用全浸式强化语言学习方式，明德模式首要的实现条件是精心构建起目的语校区小环境，并通过严格执行语言誓约来保证全浸式教学理念得以贯彻实施，这是支撑整个项目运行的重要基础。实施语言誓约意味着不管是课堂上还是课外的学习和生活中，都只能使用所学目的语作为唯一的交际语言。明德暑校要求每一位来此学习的学生都必须在入学之初宣誓立约，一旦踏入暑校的门槛，就不得在此地使用包括英语在内的任何非目的语语言。由于暑校实行集训式的管理方式，所有的学生跟老师同吃同住，全体教师和学生每个人均有义务互相帮助和监督，因此语言誓约在这里总是能得到全面的、不折不扣的执行。为了突出语言誓约的地位，强调并保护自己的教学特色，明德大学已经成功申请了“The Language Pledge®”（语言誓约）作为注册商标，为明德模式增添了无形的知识资产。

任何成功的语言项目都需要一批高素质的教师队伍，教师除了业务水平高以外，最重要的是团队合作精神和对教学工作的热情。因此，成功的语言教学项目都非常重视教师聘任和培训。明德暑校聘任的教师“必须经过严格筛选，每年存优汰劣，同时保持相对稳定”（张和生，1997）。每年教师聘用由各语言学校校长提出名单，由明德大学分管副校长代表学校亲自签署聘用合同，学校相关部门据此办理聘用手续，非常慎重和认真。为了贯彻语言项目的教学理念，凝聚教师的共识，加强团队合作，提高教学水平，成功的语言项目需要在项目开始前和进行中组织教师培训。明德暑校对教师培训极为重视，每次开学前，所有教师都必须参加整整两天的培训会，开学后每周固定召开两次集体备课会，并不定期召开培训会和随时听课。通过采取“岗前培训及在岗督导合并的培训模式”（张曼荪，2006），让教师对本项目开展有效教学所需的教学理念、方法、课程运作及各种规定和制度有一个整体的了解，并通过共同参与的实况教学示范，增强教师的实训体验，提高教学能力。语言项目不是个人行为，只有形成坚强的团队，时刻密切配合，教学工作才能顺利进行。如果没有对项目教学理念、教学程序的深刻把握，没有明确的分工合作，没有高度的敬业态度和团队精神，再好的教学计划、再周全的教学安排都不可能实现。“许多在明德暑校任教过的老师都特别怀念及珍惜这种由强烈使命感形成的团队精神及暑期过后老师之间培养出的深厚友谊”（张曼荪，2006），这就是优秀教学模式能够实施所需要的教师团队文化。

除了高素质的教师队伍以外，成功的语言项目非常重视教学和行政管理。明德暑校的课堂操练方法和教学管理可参见娄开阳、吕妍醒（2011）和王学松（2007）等论述，此处不赘。在行政管理上，明德模式也别具特色。有不少人以为明德模式只是明德中文暑校的教学和管理方式，实际上从更广的范围来说，也是整个明德暑校的教学和管理方式。2015 年是明德暑校建校 100 周年，自 1915 年建立第一所暑期学校——德文学校到 2015 年新建立的韩文学校，明德暑校已经建立了包括德文学校、法文学校、西班牙文学校、意大利文学校、俄文学校、中文学校、日文学校、阿拉伯文学校、葡萄牙文学校、希伯来文学校和韩文学校（按照项目设立的先后顺序排列）共 11 所暑期语言学校[①]。整个大语言学校设立一个总办公室，负责大语言学校的整体运作和协调工作，大语言学校的校长一般由明德大学专门负责暑校项目的副校长担任，他直接领导和配合下辖各语言学校校长的工作。各语言学校又有很强的独立性，各自设立独立的办公室。每个语言学校除了校长负责全面的学术和行政工作以外，一般还要聘请校长助理和双语助理若干人，校长助理主要协助校长开展教学和学术方面的工作，双语助理的工作是负责后勤保障和课外活动。各校校长、校长助理和双语助理都是暑期职位，从明德大学以外聘请。另外，每个学校还有一名专职协调员，协调员是明德大学的常年职位，主要负责协调所在语言学校内外的各项事务，包括招生注册、食宿安排、教室安排、书籍订购、来往函件和各种联络等。

开学之前，大语言学校办公室、明德大学各部门及各语言学校办公室要协调做好学生招生、教师聘任、宿舍食堂教室安排等各项工作。为了保证暑校全沉浸式教学的实施，需要让不同语言学校分楼而居、分食堂而食，

① 后又增加了阿布纳基文语言学校，现共有 12 所语言学校。——2021 年补注。

为每个语言学校构建一个完整的目的语社区环境，让各语言学校成为所教目的语的独立王国，以防止受到其他语言的“污染”，因此在安排宿舍食堂时暑校每每费尽心力。例如，虽然明德大学在校园总体规划时建设了好几处餐厅，但要同时解决各暑期语言学校独立就餐问题的话，餐厅的数量仍然不够，因此学校统一规划让两个或三个语言学校共用一个餐厅，但把就餐时间错开，并对上课时间进行相应调整。比如俄文学校和中文学校共用一个餐厅，俄文学校上午 8 点开始上课，中午 12 点就餐，而中文学校上午 9 点开始上课，中午 1 点就餐。类似这样在管理上的精心安排随处可见，真正体现了管理为教学服务的理念。总之，大语言学校和各语言学校既分工明确又充分协作，共同构建起了一个有机统一、运行高效的管理体系，保证了明德模式的顺利实施。

成功的语言项目非常重视课外学习的设计和管理。除了高密度的课堂教学以外，明德暑校非常重视课外学习。以不同的语言学校为单位，各语言学校就是独立的语言王国，学生跟本校老师在同一栋宿舍楼里比邻而居，在各校的食堂里同餐共饮，这样朝夕相处的师生互动为课堂教学内容的持续强化和目的语的自然习得创造了最佳机会。各个语言学校还开设了许多浸润着目的语文化的课外活动课。以中文学校为例，通常开设的课外活动课有汉语广播、学唱中文歌、中国民族舞、学做中国饭、古诗诵读、书法、象棋、麻将、太极、足球、排球、爬山等等。这些课外活动课融语言和文化于一体，集学习和娱乐于一身，深受学生欢迎。另外，每个语言学校每周放映所教目的语电影，并组织讲座、圆桌讨论、展览、音乐会和表演等各种各样的文化活动。语言学校之间也常常进行诸如足球、排球等体育比赛。每当两个学校举行这样的赛事时，彼此都会派出阵容强大的啦啦队，吹号打鼓声中此起彼伏的是两种语言的叫喊助阵，宛如操两种不同语言的国家之间进行隆重的国际大赛。

成功的语言项目实施严格的评估措施并能实现学术和经济双重效益。明德暑校实行严格的师生评估与考核制度。对学生的测试和评估可参见曹贤文（2007），此处不赘。除了教师和项目管理者对学生的评定以外，学生也对教师和管理人员以及整个项目的教学和管理进行期中和期末两次书面评估，各个暑校的校长也要跟学生和教师面谈，亲自征询他们对教学和管理方面的意见。学校办公室则把评估的结果和征询的意见汇集起来，及时反馈到相关人员手中。学生的评估和建议作为暑校改进教学和聘请教师及管理人员的重要参考。除了内部评估以外，暑校还聘请同行专家和相关人员进行定期和不定期的外部评估，严格的评估措施是语言项目不断改进和完善的重要保障。作为独立的语言项目，明德暑校在学术和财务管理上拥有独立的地位，并追求实现暑校自身的项目目标。明德暑校成立100年来，由于优质的教学和管理服务，规模不断扩展，除了传统的面向成人学习者的暑期项目，现在也发展出针对高中生的暑期语言项目，在外语教育界赢得了良好的办学信誉，并实现了学术和经济双重效益。

成功的教学模式和语言项目最重要的是赢得学习者发自内心的支持和认同。来明德学习的学生首先要认同全浸式外语学习方式，对高强度的语言学习有心理准备，才能自觉自愿遵守语言誓约，才能在这种具有挑战性、能磨炼意志的高压力强化学习中坚持下去。为了让学生充分了解如何在该项目最有效地学习，明德暑校有非常完善的学生入学指导。每年开学之初，暑校要用整整一天时间来进行入学指导教育，内容主要包括校长和管理人员介绍项目理念、项目规章、语言誓约等一般要求，特邀嘉宾演讲亲身体验的中文学习策略，学生当场宣誓和签署语言誓约，以及各个年级的详细学习指导，等等。这些入学指导非常具体实用，为学生尽快融入项目学习起到了非常大的帮助作用。明德暑校善待每一位来此学习的学生，决不因为是暑期学习而另眼相看。每年暑校开学时，大语言学校校长要分别为所有8周（原为9周）和7周的暑校学生主持两次大型的统一入学仪式，举行仪式之前，礼堂上的大钟早早敲响，提醒人们将有重大的庆典活动。傍晚时分，学生们在悠扬的钟声里鱼贯而入，各语言学校的校长则团坐在前台。在大语言学校校长简短致辞后，各校校长再分别用不同的语言进行简短介绍，观众席上各语言学校的学生则欢声呼应，现场气氛极其热烈。按照统一的安排，时间为8周的暑校最先开学，然后是7周的暑校开学，最后结束的时间相同。暑校结束时，除了各语言学校要举办毕业晚会和晚宴以外，大语言学校还要举行一个统一的毕业典礼，授予硕士、博士学位[①]并表彰各校优秀学生。在严格的语言誓约下，独特的学习经历、高效的教学方式和人性化的管理大大激发了学生强烈的认同感，这种认同感也同样发生在教师身上。凡是在此学习过的学生和工作过的教师，无不把在明德暑校的生活当作人生中最难忘的一段经历，对明德的喜爱常常溢于言表，这种沁入内心的眷恋和认同就是“明德精神”（陈彤主编，2013）。任何语言项目或教学模式一旦有了这种“精神”就是成功实施的最高境界。

三　语言项目视角下国际汉语教学模式的有效运行与改革

从教学法视角来看，教学模式是根据某种教学理论，从教学目标和教学程序等方面所做的普适性、理想化设计。然而从语言项目视角来看，任何教学模式都是根据特定的项目条件设计的，只有满足了相应的条件，教学模式才能有效实施。一种教学模式在某种项目条件下是好的，能够充分发挥作用，但换到另一种项目环境中就未必能够充分发挥作用。因此，在选用语言教学模式时应注意项目系统需要满足的各种条件。适用于任何教学情境的万能的有效教学模式是不存在的，语言项目中任何一个要素发生变化，教学模式的适应性就会发生改变。由此可见，从语言项目视角考察教学模式的有效性，不能只看教学模式在理论上设计得多么先进，更重要的是看哪一种教学模式最适合特定语言项目的师生和具体教学情境。单纯从教学理论上讨论教学模式设计的先进性，忽视模式的支撑系统、管理系统和实际运行的实效性，只能是一种乌托邦式的理想。

作为一种中观研究，教学模式在一定程度上是去情境化的，虽然一些

---

① 明德暑校的教学主要包括两种学制：一种是本科程度的外语教学，另一种是研究生教学。明德大学的常规学制是四年制的本科教育，而它的暑期学校——明德暑校却拥有硕士和博士程度的研究生教育，这在世界上大概是独一无二的，这也是在外语教学界明德暑校（子体）的名气超过明德大学（母体）的原因之一。

学者提出了需将管理纳入教学模式，但教学形态不同、教学情境不同，管理方式必然有所差异。如何结合教学来进行管理，教学法层面的教学模式无法解答。只有从教学项目层面考察，将管理作为项目系统中浑然一体的因素来研究，才能解答不同教学形态下的管理问题。例如，刘颂浩（2014）构想的中国高校对外汉语“教学管理模式”着重讨论了管理问题，不过该管理模式大概是以北京大学对外汉语教育学院的常规汉语教学作为典型对象的，换句话说，这一管理模式不可能适合国内所有的对外汉语教学形态。那么它到底适合什么样的教学形态，适合在什么样的教学项目中实施，如何与教学形式和项目系统中的其他因素相融合，仍需做出进一步的回答。所以，尽管我们已经把国际汉语教学研究的视野从课堂教学扩展到了教学管理，但对教学与管理的分析仍然受限于条块分割的讨论，而从语言项目层面探索国际汉语教学模式则必须以整合的视角来获得系统的答案。

教学模式的设计体现的是一种理想化追求，如果没有这样的追求，教学模式的发展就会失去动力和方向，不过，任何一种教学模式是否有效都有待实践检验。从语言项目角度考察国际汉语教学模式，将有利于将课堂教学与不同的项目情境结合起来，从而避免仅从理想化而非实际可行的层面来研究教学模式，因为理想的教学模式和实际运行的教学模式常常存在差距。以国内大学普遍采用的“分技能教学模式”为例，这一模式在理论上要求各种课型相互关联（鲁健骥，2003），所以教学时各门课程需采取“捆绑式”合作教学方式，但现实中绝大多数学校并没有真正贯彻这一合作教学方式，而是“采取了大学里通用的专业课教学管理模式”（刘颂浩，2014），各任课教师独立负责自己所教课程，彼此之间缺少合作，教学基本上处于各自为政的状态。显而易见，理论设计和实际运行是两个层面的问题。目前的分技能教学模式饱受诟病，我们认为并非该模式缺乏理论依据，而是由于该模式在设计时没有从项目管理上严格界定实施的条件，或者说，在实际运行时要达到其理论要求存在种种障碍。

教学有效性是“有效教学”（effective teaching）理论研究的核心内容，我们还可以从有效教学理论视角来观察国际汉语教学模式的有效性。最近几十年来，有效教学理论作为一种世界性的教育改革诉求，在国内外引起了广泛关注，追求教学活动的效果、效率和效益日益成为教育工作者评价教学活动的时髦话语与大众术语，成为理想教学活动的时尚代名词。“有效果”“有效率”“有效益”是评价有效教学的三个核心标准。“有效果”侧重从质量维度对教学的有效性做出评价，“有效率”侧重从时间维度对教学的有效性进行评价，“有效益”侧重从价值维度对教学的有效性进行评价（曹贤文，2014）。就国际汉语教学来说，“有效果”强调具有积极的教学产出成果，能显著提高学习者的汉语综合运用能力。“有效率”指在短时间内取得尽可能高的教学产出成果，即“在尽可能短的时间里让外国学生尽快学好汉语”（陆俭明，1999）。“有效益”指教学产出符合社会和学习者个人的需求，不同主体对“效益”有不同的追求：对学习者来说，学习成果要能满足其学习、生活和工作等方面的需求；对社会来说，要培养能满足社会需要的具有汉语综合运用能力、跨文化交际能力和国际视野的语言人才；对教学项目来说，需要满足各个项目具体的教学目标和发展目标；等等。

一种教学模式能否顺利运行，除了要考虑教学效果和效率以外，还必须考虑到教学项目的运行效益。以前我们关注的只是从学习者的角度看待教学效果和效率，而忽视了教师和教学项目发展的效益要求。任何一种教学模式即使教学效果再好、效率再高，但如果从语言项目的角度来看是无效益的，或者与大多数教师的个人发展是相冲突的，那么这个语言项目终究是难以保持和顺畅运行下去的。这就是笔者尽管非常推崇明德模式，但却不认同把它直接移植到国内高校常规汉语教学项目中的原因。明德模式是语言学习精英模式的代表，精英模式的特点是：学习动力非常强的高质量学习者，富有合作精神的高度专业化的教师队伍，小班化、个性化的教学方式，精致的教学实施程序，严密的自我评估系统，有效的管理方式，以及高投入的运行成本，等等（曹贤文，2007）。明德模式对各方面的条件要求很高，因此并不适合国内高校的常规项目，当然，这不排斥对明德模式优点的积极借鉴。从教学效果和效率衡量，现行国内高校常规汉语教学模式尽管不能令人满意，但从成本效应、项目效益和教师工作量投入等方面考虑，分技能教学模式不失为现有条件下一种可行的教学模式，关键是如何从语言项目的角度在实施中进一步创造条件来贯彻其设计要求，以及如何根据不同项目条件加以调整和优化。

综上所述，从语言项目所代表的系统论角度来看，在中国高校现有教学和管理制度大环境不变的情况下，国际汉语教学常规模式的效果尽管难以令人满意，但仍不失为一种现实的选择。除非能彻底改革语言项目系统中的其他因素，比如中国高校现行人事聘用、评估和管理体制等，否则对包括明德模式在内的国外优秀教学模式的借鉴或者国内教学模式的改革，其效果都将事倍功半。我们认为，只有把语言项目作为一个系统来考察和研究，深入思考如何从整体上推进国际汉语教育工作的综合改革，才能为构建具有中国特色的优秀对外汉语教学模式提供必要的前提条件。例如，要想充分发挥高校对外汉语教学和管理人员的积极性，可以考虑将对外汉语教师分成教学科研岗和教学岗两类岗位。教学科研岗采用大学教授系列人员的聘用管理办法，教学岗采用讲师签约聘用管理办法[①]；教学科研岗主要从事国际汉语师资培养方面的教学工作和与学科相关的研究工作，教学岗主要从事针对国际学生的汉语二语/外语一线教学工作。管理人员则一律采用真正的签约聘用管理办法。只有进行这样的人事改革，才能减少教学模式创新与对外汉语教师职业发展等方面的各种矛盾和纠葛，做到人尽其责、人尽其能。刘颂浩（2014）指出："要想创建优秀的对外汉语教学模式，首先需要改变的，是管理机制。"诚哉斯言。教师聘用制度改革是推进教学和管理工作的核心动力，只有这方面的工作首先有了突破，才能具备实施汉语教学项目模式改革和创新所需的人才基础，而这一点恰恰是我们在借鉴国外优秀教学模式时常常忽视的方面。

四 结 语

从教学法角度来考察教学模式通常只是从学习者角度关注学生能够达成的语言学习目标；而从教学项目角度来考察教学模式，除了学生的学习目标

---

① 国外许多大学的外语教师都采用讲师聘用制，与教授系列的聘用制度分属不同的类型。这种制度可供国内高校借鉴。

以外，同时还要考虑项目中教师和管理者的职业目标，以及语言项目自身的发展目标。语言教学法模式关注的重点是课堂教学，一般由任课教师主导；语言教学项目模式关注的是整个项目的运行成效，需要对语言项目进行顶层设计，并协调各方力量整体实施。从教学法和教学项目两个层面来考察教学模式，不但能从理论上加深对教学模式的理解，也有利于从教学实践上科学把握语言项目整个系统的规划和运作。经过多年的努力，教学法层面的国际汉语教学模式研究已经结出了丰硕的果实，但从语言项目视角系统探讨国际汉语教学模式的成果仍相当缺乏。本文在谷陵（2013）、刘颂浩（2014）、汲传波（2014）等重视教学管理问题研究的基础上，进一步从语言项目系统的视角来分析教学模式的实效运行和有效性问题，将国际汉语教学模式研究从传统的语言教学法层面拓展到语言项目层面。我们希望这一新的视角能够拓宽国际汉语教学模式的研究范围，揭示出理想的国际汉语教学模式与实际运行的国际汉语教学模式之间的差异和互动，从而为探索可行的、有效的国际汉语教学模式提供一种新的思路。

:: 参考文献 ::

曹贤文（2007）明德模式与中国大陆高校基础汉语教学常规模式之比较——兼谈汉语教学的精英模式与大众模式的差异和互补，《暨南大学华文学院学报》第4期。

曹贤文（2014）《国际汉语有效教学研究》，北京：世界图书出版公司。

陈　彤主编（2013）《明德之路》，北京：北京语言大学出版社。

崔永华（1999）基础汉语教学模式的改革，《世界汉语教学》第1期。

崔永华（2008）《对外汉语教学设计导论》，北京：北京语言大学出版社。

谷　陵（2013）美国名校在华汉语强化教学模式研究——兼谈国际汉语教学模式研究理论与方法，中央民族大学博士学位论文。

黄甫全、王本陆主编（2003）《现代教学论学程》（修订版），北京：教育科学出版社。

汲传波（2006）论对外汉语教学模式的构建——由美国明德大学汉语教学谈起，《汉语学习》第4期。
汲传波（2014）再论对外汉语教学模式的构建，《华文教学与研究》第2期。
Joyce, B., M. Weil & E. Calhoun（2009）《教学模式》（第7版），荆建华等译，北京：中国轻工业出版社。
刘颂浩（2014）中国对外汉语教学模式的创建问题，《华文教学与研究》第2期。
娄开阳、吕妍醒（2011）美国明德汉语教学模式课堂操练方法的类型及其理据，《语言教学与研究》第5期。
鲁健骥（2003）口笔语分科 精泛读并举——对外汉语教学改进模式构想，《世界汉语教学》第2期。
陆俭明（1999）卷首语，《语言文字应用》第1期。
马箭飞（2004）汉语教学的模式化研究初论，《语言教学与研究》第1期。
万　伟（2015）三十年来教学模式研究的现状、问题与发展趋势，《中国教育学刊》第1期。
王学松（2007）“明德模式”研究述评，《语言文字应用》第S1期。
吴勇毅（2014）关于汉语教学模式创建之管见，《华文教学与研究》第2期。
张和生（1997）美国明德大学的汉语教学，《中国高等教育》第1期。
张曼荪（2006）明德中文暑校2006年师资培训纪实与评述，《国际汉语教学动态与研究》第4期。
赵金铭（2008）汉语作为第二语言教学：理念与模式，《世界汉语教学》第1期。
Cornelius, C. K.（顾百里等）（2006）*NFLC Guide for Basic Chinese Language Programs* (2nd edition). Columbus, Ohio: Ohio State University, National East Asian Languages Resource Center.

（本文原题为《试论语言项目视角下国际汉语有效教学模式研究》，原载于《华文教学与研究》2016年第1期）

再谈语言项目视角下的国际汉语有效教学模式

摘　要　本文首先分析了语言项目模式的优秀代表——明德模式所具有的一系列特点，然后就明德模式的普适性问题进行讨论，认为从外语教学项目视角来思考，明德模式并非唯一的样板，明德模式也存在进一步完善的空间。接着以南京领航项目作为新的个案，讨论国际汉语教学项目如何根据项目目标和自身条件，因地制宜地发展适合自己的教学模式。

关键词　国际汉语教学模式；明德模式；南京领航模式；语言项目；因地制宜

国际汉语教学的效果如何，跟教学模式的设计和选用具有密不可分的关系。国际中文教育界一向重视汉语教学模式的研究，在长期的理论和实践探索中，涌现出了许多各具特色的汉语教学模式。各种教学模式的优缺点、可行性和有效性也引起了学界的广泛讨论。例如，《华文教学与研究》曾于2014年和2016年推出两组专栏文章，从不同角度对国际汉语教学模式进行探索。《国际汉语教学研究》也于2018年先后推出两组专栏文章，专门针对北京语言大学对外汉语教学模式进行聚焦剖析。此外，商务印书馆于2006年和2019年推出的两套对外汉语教学专题研究书系，辑录了《对外汉语课程大纲与教学模式研究》和《汉语作为第二语言教学的教学模式研究》专册，尝试对近20年来国际汉语教学模式研究的相关成果进行系统的梳理和总结。这些研究和讨论无疑大大加深了对国际汉语教学模式的理解，研究的视角也从单纯的教学层面逐渐转向管理层面（谷陵，2013；

刘颂浩，2014；汲传波，2014），再到融合教学和管理的语言教学项目层面（曹贤文，2016）。

我们认为，国际汉语教学模式分为两个层级：教学法层面的教学模式与语言项目层面的教学模式，亦可简称为汉语教学法模式和汉语教学项目模式。从教学法层面来看，涉及的因素相对简单，主要是以课堂教学为中心的教学设计和操作程序。从语言项目层面来看，涉及的因素较多，除了课堂教学以外，还包括项目系统中的课程设置、学时安排、教学环境、师生员工、项目管理、经费支撑、测试评估等相关因素以及项目效益等目标因素（曹贤文，2016）。从语言项目视角来看，明德模式无疑是声誉卓著的优秀代表，在国内外语言教学界产生了巨大的影响。

一　语言教学项目模式的优秀代表：明德模式

作为语言教学项目的优秀代表，明德模式具有如下特点：首先，明德模式在项目设计上具有既能体现自身特色，又符合外语学习规律的核心理念。明德模式最核心的理念是沉浸式外语教学理论。在非目的语大环境下，精心构建起一个全浸式（total immersion）目的语校园小环境并善加利用，一直是明德模式引以为傲的最大特色。为了强化目的语环境的“法律”意识和效力，明德暑校要求每一位来此学习的学生在入学之初都必须签署“语言誓约”，并郑重宣誓：“签此语言誓约，我同意在明德暑校，只用汉语作为唯一的交际语言。我懂得若违反此约，将被开除，既无学分，亦无退款。”围绕“语言誓约”所采取的一系列有效的执行措施，确保了对精心建构起来的目的语校园环境的充分利用。

其次，优秀的教学模式需要一批高素质的专业教师队伍，明德暑校十分重视从世界各地选聘优秀教师，来暑校任教的教师“必须经过严格筛选，每年存优汰劣，同时保持相对稳定”（张和生，1997）。同时，明德暑校极为重视教师培训，每次开学前，不管资历有多深，所有教师都必须参加整整两天的项目教学培训会。开学后每周都要固定召开两次集体备课会，并不定期召开培训会和随时接受听课。这样的集体研修活动促进了教师对项目教学理念、教学内容、教学方法和教学对象的深度了解和把握，培养了团队合作精神，激发了教师对教学工作的热情。语言项目不是个人单打独斗，如果没有高度的敬业态度和团队精神，再好的教学设计、再周全的教学安排都难以实现。在团队精神和团队认同的基础上，可以进一步形成优秀的团队文化和项目文化，而优秀的项目文化正是保证教学项目成功实施的灵魂。“许多在明德暑校任教过的老师都特别怀念及珍惜这种由强烈使命感形成的团队精神及暑期过后老师之间培养出的深厚友谊。”（张曼荪，2006）作为曾经在明德暑校工作过的一员，最让笔者怀念的就是这种项目文化。

再次，明德模式的成功还应归功于其高效的行政管理。明德暑校是包括中文暑校在内的由十多个语言学校组成的整体。整个大语言学校设立一个总办公室，负责明德暑校的整体运作和协调工作。每个语言学校有自己独立的宿舍、教学场所和办公室，除了校长全面负责学术和行政工作以外，一般还要聘请校长助理和双语助理若干人，校长助理协助校长开展教学和学术工作，双语助理负责后勤保障和课外活动。开学前，明德大学各部门、大语言学校办公室及各语言学校办公室协调做好招生、教师聘任、教室宿舍食堂安排等各项工作。为了保证全沉浸式教学项目的实施，需要为每一个语言学校构建一个完整的目的语社区环境，因此在教室、宿舍、食堂等教学生活场所和设施的安排方面，每每费尽心力，这些精心安排真正体现了管理为教学服务的理念。正是由于大语言学校和各语言学校既分工明确又充分协作，构建起了一个有机统一、运行高效的管理系统，才有力地保证了明德模式的顺利实施。

另外，优秀的教学模式具有科学系统的课内课外教学设计。明德模式有一套严密的外语强化教学体系，并规定了严格的实施步骤和操作程序。其课堂教学采用“大班讲练—小班操练——对一谈话”的基本范式，同时针对不同年级，适当加上一些分技能课型。明德暑校的教学遵循一套严密的操作程序，每天、每课都有非常明确的目标，教师每一节课教什么、怎么讲解、怎么操练、怎么展开任务，上课的每一个环节，包括操练的例句，备课时都计划得非常仔细。除了高密度的课堂教学以外，明德暑校也非常重视课外学习的设计和管理，各个语言学校开设了许多浸润着目的语文化的课外活动课。例如，中文项目开设了烹饪、品茶、太极拳、象棋、麻将、书法、民歌、民族舞、广播、足球，等等。每个语言学校每周放映所教目的语电影，并组织讲座、圆桌讨论、展览、音乐会和表演等各种各样的文化活动。同时，充分利用构建起来的目的语环境促进语言的自然习得，学生跟老师在同一栋宿舍楼里比邻而居，在食堂里同餐共饮。这样朝夕相处的师生互动为课堂教学内容的持续强化和目的语的自然习得创造了极佳的条件。

此外，优秀的教学模式通过严格的评估等措施保障教学质量，明德暑校实行严格的师生评估与考核制度。学习成绩测试有每天的小考、每周的口试和笔试、期中和期末大考等。在期初、期中和期末还分别给每名学生做三次综合评量报告。学期开始和结束时，所有的学生都要参加计算机自适阅读能力考试（CARPT）和口语能力考试（OPI）。除了对学生的评定以外，学生也对教师和管理人员以及整个项目的教学和管理进行期中和期末两次书面评估，评估结果作为改进教学和管理以及下一年人员聘用的参考，暑校校长也要跟学生和教师面谈，亲自征询他们对教学和管理方面的意见。除了内部评估以外，暑校还有定期和不定期的外部评估，严格的评估措施是语言项目不断改进和完善的重要保障。

优秀的教学模式最重要的是能赢得学习者的支持和认同。来明德学习的学生只有认同全浸式外语学习方式，对高强度的语言学习做好心理准备，才能自觉自愿遵守语言誓约，才能在这种具有挑战性、能磨炼意志的高压力强化学习环境中坚持下去。为了让学生充分了解如何在该项目最有效地学习，明德暑校有非常完善的学生入学指导。明德暑校善待每一位来此学习的学生，充分实施人性化管理。暑校开学时，大语言学校校长主持统一的入学仪式；暑校结束时，除了各语言学校要举办毕业晚会和晚宴以外，大语言学校还要举行一个统一的毕业典礼，祝贺毕业并表彰优秀学生。在严格的语言誓约下，独特的学习经历、高效的教学措施和人性化的管理大大激发了学生强烈的认同感，塑造了令人称羡的“明德精神”（陈彤主编，2013）。

二 关于明德模式的普适性讨论

通过上述分析可以看出，明德模式是一种设计科学、成功有效的外语教学项目模式。对该项目的全方位考察显示，该模式涉及的因素远远超出传统教学模式的范畴，是一种典型的教学项目模式，其成功的经验和运作方式值得国际中文教育界学习和借鉴。不过，关于明德模式，仍有两个问题需要进一步回答：第一，明德模式是否是一个普适性的最佳外语教学模式？第二，在以明德模式为样板的语言教学项目中，能否最大程度地满足每一位学生的语言学习需求？

从教学法视角来看，教学模式是根据某种教学理论，从教学目标和教学程序等方面所做的普适性、理想化设计。不过，从语言教学项目视角来看，任何模式都是根据特定项目条件设计的，只有满足了相应的条件，该模式才能有效实施。一种教学模式在某种项目条件下能够充分发挥作用，换到另一种项目环境中却未必能够同样有效。因此，从语言项目视角考察教学模式的有效性，不能只看教学模式在理论上设计得多么先进，更重要的是看哪一种教学模式最适合特定语言项目的师生和具体的教学情境，在选用语言教学模式时要注意项目运行需满足的各种条件。

明德模式是语言学习精英模式的代表，精英模式的特点是：学习动力非常强的高质量学习者，富有合作精神的高度专业化的教师队伍，小班化、个性化的教学方式，精致的教学实施程序，严密的自我评估系统，有效的管理方式，以及高投入的运行成本，等等（曹贤文，2007）。中国高校现行汉语教学常规模式常被批评效率不高，不过从语言项目所代表的系统论角度来看，由于该模式具有成本低、运行条件不高等优点，在中国高校现有教学和管理制度大环境不变的情况下，国内高校汉语教学常规模式的效果尽管难以令人满意，但仍不失为一种基于现实考量的有效选择。由此可见，目前国内高校仍普遍采用的汉语教学常规模式实有合理之处，只是一味批评或贸然推倒并不可取，更需要做的是如何从语言教学项目的角度出发，在实施中进一步创造条件贯彻其设计要求，以及如何根据不同项目条件加以调整和优化。

以前单纯从课堂教学模式的角度来分析时，关注的只是从学习者的角度看待教学效果和效率，而忽视了教师和教学项目发展的效益要求。从教学项目的角度来看，一种教学模式能否顺利运行，除了要考虑教学效果和效率以外，还必须考虑教学项目的运行效益。任何一种教学模式，即使教学效果再好、效率再高，但如果从语言项目的角度来看是无效益的，那么这个语言项目终究是无法保持和运行下去的。由此可见，适用于任何教学情境的万能的有效教学项目模式是不存在的，语言项目中任何一个要素发生变化，教学模式的适应性就会发生改变。因此，尽管笔者非常推崇明德模式，但从来都不提倡把明德模式作为唯一的普适性的参考样板，盲目推广到所有的教学项目之中。恰恰相反，我们应该鼓励不同语言教学项目根据自身条件和项目目标，利用本地资源优化项目设计，因地制宜地发展出最适合自己的教学和管理模式。

关于第二个问题，在以明德模式为样板的语言教学项目中，能否最大程度地满足每一个学生的语言学习需求？要回答这个问题，最重要的是确定该项目能否及如何针对某个学生或某一群学生的需求和特点进行有效教学。从当前国际中文教育的实际情况来看，教学对象主要分为两大群体：华裔学习者与非华裔学习者，或者更准确地说，分为汉语传承语学习者与外语学习者两大群体。针对这两大群体的教学，可以分别称为“汉语作为传承语教学”（teaching Chinese as a heritage language）与“汉语作为外语教学”（teaching Chinese as a foreign language）。

关于上述两类学习者和两种类型的汉语教学的特征与差异，吴星云（2010）、曹贤文（2014、2017）等做过详细的分析，此处不赘。概括地讲，汉语传承语学习者与外语学习者的差异主要表现在以下几个方面：入学时的汉语水平不同，汉语听说读写各语言技能和汉字、语音、词汇、语法等语言要素的发展程度不平衡，对中国文化知识的了解和背景不同，学习动机和学习目的不同，交际需要与身份认知和认同的需要有差异，以及学习结果不同——与普通外语学习者相比，传承语学习者经过大学四年专业训练，可以成为高水平语言人才，达到前者难以企及的水平。

随着传承语教育研究的发展，传承语教育理论和方法日益为学界所重视。然而，在以明德模式为代表的经典外语教学模式中，其课堂教学是为典型的外语学习者设计的，学生是作为一个外人（outsider）来学习某种语言和文化的。那么，这种汉语作为外语的经典教学方法是否适合传承语学习者？关于主流学校的经典中文教学方法，吴星云（2010）总结了三点：（1）非常注重发音及声调的训练，并贯穿初级、中级至高级阶段教学的始终；（2）注重基本句式句型的反复操练，讲求句子的精准，尤为注意培养学生说完整句子和写完整句子的习惯和能力；（3）在教学法的选择上偏重比较注重基础的听说法，力图通过大量的听说训练达到学生正确发音、正确造句的目的。此外，在重视语言教学的基础上，也重视能够体现中国文化特色的文化教学。

明德模式目前仍然采用这种经典的外语教学方法，以整齐划一的步伐和操作程序推进教学运行。这种极度重视语言正确性和规范性、以操练为中心的经典外语教学方法，自明德中文暑校建校以来，一直没有变化。例如，明德中文暑校首任校长陈大端教授曾特别强调发音精准的重要性，他有一句名言：“一失音成千古恨，再回口已百年身”（陈大端，1994）。这种教学方式体现了明德模式的传统和特色，也是明德模式作为外语教学精英模式的优点，一向为学界所称道。然而，当主流学校的传承语学习者越来越多，而且我们对传承语，特别是传承语学习者与非传承语学习者具有非常不同的基础和特点的认识越来越深入时，在以明德模式为样板的语言教学项目中，能否最大程度地满足每一个学生的语言学习需求，特别是满足汉语传承语学习者的需求日益引起了人们的关注。显然，只要我们承认传承语学习者与一般外语学习者之间存在明显的差异，明德模式就需要重视主流学校中汉语传承语学习者日益增多的发展趋势，在其原有整齐划一的经典外语教学模式下思考如何回应上述两类学习者的差异所带来的挑战。因此，从语言教学项目模式的视角来思考，明德模式并非唯一的样板，明德模式也存在进一步完善的空间。下面我们以南京领航项目作为一个新的个案，分析在中国的语言教学项目如何根据自身条件和项目目标，因地制宜地发展适合自己的教学模式。

三 国际汉语教学项目模式的新案例：南京领航模式

南京领航项目是由美国 12 所承担领航项目任务的大学和美国国际教育学会与南京大学合作举办的汉语学习项目。目前美国共有 12 所综合性大学得到联邦政府的资助，设置了中文领航项目，南京领航项目中的学习者都是这 12 所大学中修读领航项目课程的学生。领航项目是目前最为系统、级别最高的美国“国家级”语言项目，在其总体教学设计中，最后一个阶段是为期一年的中文“顶石”（capstone）海外学习计划。南京领航项目即为实施这项中文“顶石”海外学年计划而设计的。来南京学习的所有领航学生都要经过比较严格的选拔，汉语水平至少达到美国针对政府公务员所设定的“跨部门语言圆桌标准”（ILR Scale）2 级以上，以及美国外语教学学会（ACTFL）2012 年制定的评估标准“高级水平”（Advanced）以上。在完成南京领航项目一年的学习之后，学生的汉语水平要达到“跨部门语言圆桌标准”ILR3 和美国外语教学学会 OPI 优级（Superior）水平。

参加南京领航项目学习的学生基本上都来自外语（中文）专业之外的不同学科背景，代表着“新一代的专业人才”。美国各高校的领航项目规定，领航学生要从领航项目毕业，必须参加为期一年的海外“顶石”项目，以期通过高水平的、系统的、严格的培训，以及在华机构的实习，达到中文领航项目的最终目标——优级水平的汉语运用能力和具备运用高级中文从事专业工作的能力。

南京领航项目整体教学设计分为两个阶段：前半年在南京大学集中学习一个学期，后半年进入在华机构用中文实习工作。针对学生特点和高级中文学习需求，第一学期在南京大学的学习设计为两大模块。第一个模块是高级中文课程模块，该模块包括以下课程：中国社会与传媒（4 学分）、高级汉语写作（4 学分）、中文优化（1 学分）、集体研修（2 学分）、热点讨论（2 学分）。中国社会与传媒、高级汉语写作和热点讨论三门课程都是从不同维度强化培养高级中文综合运用能力，中文优化课程则是针对学生的薄弱之处进行强化训练，集体研修课程主要是关于南京本地历史文化的学习、实地参观和研究。其中的重点课程，如中国社会与传媒和高级汉语写作等均采用主讲教师集体授课和助教一对一单班辅导教学两种方式。

以中国社会与传媒课程为例，课程紧紧围绕南京中心研修学生进入中国之后在学习、生活等方面的需求和感知，以“悉知中国、优化中文”为教学主导，设置“中国特色的个人感知”“中国社会的生态考察”和“中国社会的深广探析”三大单元板块，通过有关传媒信息、材料的学习研讨和社会实践调研，引导他们深入广泛地考察探究当下中国社会各方面的热点问题及其历史文化渊源，进而全面了解和深刻认识中国社会与文化的本质内涵，提升传媒学术素养，熟练自如地掌握中国传媒应用技能；与此同时，全力强化与其相关的汉语听、说、读、写等方面的实用能力，达到优级中文水平。在课程集体授课和一对一辅导教学中，按照中文领航项目研修学生的语言能力培训目标，结合有关专题内容的研讨，致力于学生多听、多读、多说、多写的中文输入和输出操练，采用先阅读、视听，再思考、书写，继而集体研讨，最后单班口述等常态练习方式，注重描述、叙述、比较、界定、说理、评论、辩论、假设、解决实际问题及感言致辞等语言表达技能的锻炼。

在南京大学学习的第二个模块是与学生自身专业内容相关的课程。南京领航项目充分利用南京大学的教学资源，要求每位同学根据自己的专业，至少修读两门南京大学为本科生和研究生开设的用中文教授的专业课程，完全沉浸其中，跟中国同学一起学习专业课，并获得所学课程学分。在南京大学修读完全用中文教授的专业课程，把专业内容学习和高级中文学习融合在一起，既学习了专业内容，又培养了高级中文能力，也让学生获得了在中国大学进行专业学习的亲身体验，体现了内容教学法的精髓（曹贤文，2005）。

南京领航项目海外学年的第二阶段是进入在华相关单位实习，一方面通过实习积累工作经验，另一方面在实践中提高中文运用能力，特别是熟悉中国的职场文化以及社会习俗和社会规范，提升中文环境中的社交能力。实习工作是根据学生的专业，由领航项目指导学生在中国找到实习的接收单位。实习要求是全日制，学生在全国范围内寻找适合自己专业的实习点，进行 4 — 6 个月的全职在岗实习。实习工作一般跟学生的专业和兴趣相关，重要的是要有比较好的运用中文进行交流的环境。

为了加强实习期间的中文学习，南京领航项目在实习阶段专门安排了综合高级汉语培训课程。该课程在网上远程进行，由主讲教师与助教针对 16 个专题开展 32 次培训。专题内容结合学生实习工作和专业内容展开，主要包括：专业研修与教育培养，兴趣爱好及动作描述，实际问题解决和感言致辞，中文书籍和艺术作品赏析，（来到中国特别是南京之后）难忘的人与事，新媒体发展与互联网信息安全，电子商务与人工智能，新时代中国政治新气象，新时代中国经济新发展，生态文明与美丽中国建设，当下中国社会诸问题，中美人际交往和文化、宗教、哲学比较，实习工作体验与总结，构建人类命运共同体与中美关系，OPI 模拟考试及评析等专题。设置该课程的目的是通过个性化教学方式，继续巩固和提升每一位学员在中国实习期间的汉语听说读写综合能力，特别是在其专业研究和工作领域里的中文应用能力，力争达到 ILR3 级或者 OPI 优级所描述的高级专业人士听说读写能力标准。项目结束时，学生都要参加 OPI 考试以及美国国际教育协会的听力和阅读考试。只有通过这些考试，达到了上述高级中文能力标准，学生才可以获得领航项目的毕业证书。

尽管与明德模式存在很大差异，但南京领航项目能够根据项目培养目标和教学对象的需求以及各种内外条件，充分利用项目所在地的资源，统筹安排发展出自己的特色，逐渐摸索出高级中文学习与专业内容学习并进的新型国际中文教育模式。“它在培养目标、教学大纲的设置、教学法和项目管理、测试和检验学习成效的方式、毕业生的标准等各个方面都有创新，开创了一条培养全球化专业人士的新路，使美国和世界的中文教学进入了一个新的阶段。”（何文潮，2015）多年的实践证明，南京领航项目是一种成功的高级中文教学模式，该项目的成功实施得到了中外合作方的充分肯定和大力支持。南京领航项目的探索，对于如何立足自身特色，利用语言教学项目的各种条件实现项目目标，因地制宜，统筹各种资源建构具有自身特色的国际汉语有效教学模式，无疑具有积极的借鉴意义。

∷ 参考文献 ∷

曹贤文（2005）内容教学法的理论与实践，《云南师范大学学报（对外汉语教学与研究版）》第1期。

曹贤文（2007）明德模式与中国大陆高校基础汉语教学常规模式之比较——兼谈汉语教学的精英模式与大众模式的差异和互补，《暨南大学华文学院学报》第4期。

曹贤文（2014）“继承语”理论视角下的海外华文教学再考察，《华文教学与研究》第4期。

曹贤文（2016）试论语言项目视角下国际汉语有效教学模式研究，《华文教学与研究》第1期。

曹贤文（2017）海外传承语教育研究综述，《语言战略研究》第3期。

陈大端（1994）《中文入门（Chinese Primer）·前言》，Princeton, NJ: Princeton University Press。

陈　彤主编（2013）《明德之路》，北京：北京语言大学出版社。

谷　陵（2013）美国名校在华汉语强化教学模式研究——兼谈国际汉语教学模式研究理论与方法，中央民族大学博士学位论文。

何文潮（2015）从美国中文领航项目看高水平的中文教育项目，《对外汉语教学与研究》第1期。

汲传波（2014）再论对外汉语教学模式的构建，《华文教学与研究》第2期。

刘颂浩（2014）中国对外汉语教学模式的创建问题，《华文教学与研究》第2期。

吴星云（2010）美国大学华裔与非华裔学生中文习得差异及教学法探索，《华文教学与研究》第3期。

张和生（1997）美国明德大学的汉语教学，《中国高等教育》第1期。

张曼荪（2006）明德中文暑校2006年师资培训纪实与评述，《国际汉语教学动态与研究》第4期。

明末清初入华耶稣会传教团的汉语教学模式

摘　要　在明末清初西学东渐和中学西传的浪潮中，耶稣会传教士起到了重要的中介作用，他们做出的诸多贡献与其对中国语言、文化的深入学习和研究是分不开的。本文在相关史料基础上回顾了明末清初入华耶稣会传教士汉语学习的历史背景，对入华耶稣会传教团制定的教育大纲、教学模式和教学方法进行了分析，讨论了其教学模式对当今国际汉语教学的启发和借鉴意义。

关键词　耶稣会士；中文学习；教学模式；教育章程

一　引　言

由于相距遥远，加上高山、大漠阻隔，在漫长的古代和中世纪，西方与中国的直接交流一直都较为缺乏。直到明末清初之际，中西文化交流才掀起了第一次西学东渐和中学西传的大潮，在这次影响深远的交流和碰撞中，耶稣会传教士起到了重要的中介作用。关于耶稣会传教士对促进中西方文化交流的历史贡献，不少研究做过比较深入的探讨。

由于耶稣会传教士入华后要进行比较系统的中国语言和文化的学习，他们的中文学习经历、学习方法、教学材料和学习案例引起了学者们的关注（如董明，1996；张西平，2001、2008；高永安，2008；姚小平，2008等）。本文拟结合新的材料，特别是美国学者 Brockey（2007）等著作中关于《教育章程》和入华耶稣会汉语教学内容的记载，对入华耶稣会传教团的汉语教学模式进行总结，并讨论这些教学模式对当今国际汉语教学的启发和借鉴意义。

二 入华耶稣会士汉语学习的历史背景

明朝后期，耶稣会来中国传教有多方面的历史原因：一是受15世纪以来地理大发现的影响，新航路的开辟使各大陆之间的联系日益紧密；二是与欧洲新教改革后天主教遭遇的危机密切相关。在马丁·路德（Martin Luther，1483—1546）发起宗教改革运动后，面对新教迅猛发展的浪潮，天主教感受到了深刻危机，开始实施一系列改革，耶稣会由此应运而生。1534年8月15日，罗耀拉（Ignacio de Loyola，1491—1556）等人在法国巴黎成立耶稣会。创会伊始，耶稣会即“以反宗教改革为宗旨，将向外传教视为本会重要使命，期冀在海外扩大天主教的领地，从而弥补欧洲的‘失地’”（郑海娟，2015）。

耶稣会创会元老之一的沙勿略（Francis Xavier，1506—1552）积极履行耶稣会使命，率先远赴东亚传教，于1549年到达日本九州。1551年，沙勿略尝试进入中国，但以失败告终。当时为了遏制在中国沿海猖獗横行的海盗，明朝政府禁止外国人入境。1553年，葡萄牙人取得澳门的居住权以后，澳门成为耶稣会士进入中国内地及赴日本传教的重要城市与中西文化交流的桥梁。最初，沙勿略等传教士采取的是“葡萄牙化”的传教方式，“惟当时传教之方法，凡欲进教保守者，须葡萄牙化，学习葡国语言，取葡国名姓，度葡国生活，故不啻进教即成为葡国人也”（徐宗泽，2015：116），但这种传教方式一直无所成就。由于不通汉语，沙勿略只能通过雇佣翻译与中国人交流，因沟通不畅，传教活动以失败告终，沙勿略客死于广州外海的上川岛。

直到1579年，范礼安（Alessandro Valignano，1539—1606）担任耶稣会远东视察员到达澳门，先前的传教策略才开始改变。范礼安提出，“进入中国唯一可行的方法……就是调整我们的策略，采取一种与迄今为止我们在其他国家完全不同的方法”（转引自邓恩，2003：3），“要委派几个人学习中国语言和文学并做好准备利用可能出现的时机把福音传入这个新的世界”（利玛窦、金尼阁，2010：142—143）。范礼安鼓励传教士适应传教地的文化习俗，提出融入中国社会和文化是传教事业发展的必由之路。此后，耶稣会开始改变强迫中国教徒“葡化”的政策，转而让传教士学习和使用中国语言和文字，了解中国文化习俗，实施“中国化”策略（孙邦华，2006）。

1579年7月，耶稣会士罗明坚（Michele Ruggieri，1543—1607）乘船到达澳门，他遵照范礼安的指示，勤奋学习中国语言文字，熟悉中国礼仪和文化，迈出了融入中国社会的第一步。1587年，耶稣会总会长阿奎维瓦（Claudio Acquaviva，1543—1615）正式认可了范礼安“语言学习先于传教”的决策，他命令“所有的传教士都要学习语言”（柏理安，2017：266），为中西文化交流史上西人学习汉语的第一个高潮创造了条件。

三 入华前的学习和准备

耶稣会重视对传教士的教育培养，不但建设了罗马公学院等一批教会学校，还主张采取规范化的教学内容和方法培养使徒，并禁止传教士个人擅自决定教材、方法和学习时间。为此，总会由一批资深耶稣会士组成编纂委员会，制定了一份标准化的《耶稣会教育章程》（Ratio Studiorum），以纲要的形式确立耶稣会学校的教学法和管理规范。《耶稣会教育章程》的酝酿和编纂历时数十年，1569年第一部草案问世。此后编纂委员会吸纳各地耶稣会学校师生的大量意见和建议，不断修订和补充，于1586年和1591年先后颁布了两个临时草案。1599年，时任耶稣会会长阿奎维瓦正式颁布最终版本，并在天主教教会学校系统中推行。

《耶稣会教育章程》规定，耶稣会士要在耶稣会学院“在会学习文学两年，学习哲学三年，学习神学四年”（柏理安，2017：230）。耶稣会学院的学习课程十分丰富，包括诗歌、修辞学、逻辑、伦理、哲学、拉丁语、自然科学、数学等等。通过了这些课程的严格训练之后，才开始学习神学。

在长达九年的课程学习中，耶稣会教育的内容，除分析语言结构、进行逻辑辩论，以及处理抽象哲学和神学概念的能力外，还注重学习和思维方法方面的训练。例如，拉丁语课程教学采用分析词和短语的方式进行，学生在校必须使用拉丁语进行交流，学院经常举办拉丁语作文比赛，以促进学生获得真正的语言技能。学生们在课堂中还学习希腊语和希伯来语，分析语法结构、记忆词形变化，并花费大量时间进行语言训练，这些学习经历丰富了学生的语言学习方法和经验。

耶稣会还特别重视培养学生的辩才，教会学院每年都定期举办各层次学生参加的学术活动与竞赛，如语法班学生写作散文，修辞班学生写格言警句并发表口头演讲，哲学和神学班学生举办辩论会等。学院的教授和学生们模仿古代演说家，用拉丁语、古希腊语和希伯来语就文学、哲学和神学等论题进行演讲和辩论，向公众展示自己的才学和演讲技巧（王苏娜，2013）。通过这样的辩论和公共演讲，未来的传教士获得了许多宝贵的经验和演讲表达技能。

在通过耶稣会学院九年的学术训练之后，入华传教前，耶稣会士一般还要经历两年实习、两年及以上的教学实践训练。这些学术和实践历练为他们入华后的汉语学习、文化适应和传教工作打下了坚实的基础。

四 入华后的教育大纲

自罗明坚开始，以利玛窦（Matteo Ricci，1552—1610）为代表的耶稣会士来到中国后，第一要务就是全身心投入学习东道主的语言和文化。为了更好地学习“官话”和儒家思想，传教士们结合自身的学习体验，不断摸索和总结出一套有效的教学方法。大约在1622—1624年间，在中国传教区视察员李玛诺（Manuel Dias，1559—1639）的主持下，借鉴《耶稣会教育章程》的做法，制定了中国传教区《教育章程》，规定了入华耶稣会士系统学习汉语和儒家思想的详细计划。

《教育章程》规定，入华耶稣会士需经历长达四个学年、共分为三个阶段的正规培训。第一个阶段为期六个月，主要训练传教士怎样正确说官话；第二个阶段为期一年半，在耶稣会资深传教士的指导下，阅读和研习儒家经典；第三个阶段为期两年，由中国本土老师授课。该章程还规定，每学年分成几个学期，一周六天课，每天两节，上午一小时，下午四十五分钟，每天都要背诵课文（柏理安，2017：276—278）。

根据《教育章程》的规定，前两年由一位“说葡萄牙语的老师”（下文简称“‘葡萄牙’老师”）指导授课，老师通常由一位欧洲传教士或中国助理担任。李玛诺提醒老师，学生们来自不同行业，有音乐家、天文学家、医生、神学家，或通常已经是“高等学科的专家”，因此，不能像对待孩子一样对待他们，他们都是成熟的人，教师要友善地对待学生。

在课程学习的前六个月，即第一阶段，传教士学生先熟悉口语，再开始学习阅读和书写汉字。他们的第一项任务，就是背诵词汇表，词汇表对应列出中文词汇、葡语词汇和汉字的罗马字注音。《教育章程》规定学生应该利用《西字奇迹》《西儒耳目资》[①] 这些被认可的教学材料的词汇体系，他们被明令禁止自定词汇表，以防“出言不雅”。第一阶段的第二项任务，就是教学生流利地说“官话”，“官话”是当时文人学士的用语和官方通用语言。像欧洲教会学院要求学生互相说拉丁语一样，《教育章程》要求学生除了休息时间外要一直说汉语。《教育章程》建议给每个学生安排一个本地人，以便一有时间，他们就可以一起练习口语。李玛诺也建议学生“监管家务”，以迫使他们每天跟雇佣的中国侍从打交道，从而用汉语谈论各种各样有关打理家庭事务的话题。李玛诺特别强调，要注意“官话”声调的正确发音，这是学习口语的关键。他还鼓励学生每天大声朗读所学内容，以保证发音的正确。

在汉语口语训练初期，另一个非常重要的方面是讲授中国礼仪。一方面，教会住院负责人在公开场合的行为举止本身就是学习的范例，同时，

---

① 关于《西字奇迹》和《西儒耳目资》的内容，详见下文。

他们还循序渐进地教授学生与中国人说话、打交道的礼仪，学生也通过学习用汉语写的对话教材来学习礼仪，例如：

神父：您贵姓？
教徒：免贵姓“常”。
神父：您的教名是什么？
教徒：我的教名是“保罗”。
神父：您贵庚啊？
教徒：85岁。
神父：高寿啊！
教徒：太老了，不中用了。（柏理安，2017：281）

《教育章程》还建议让学生背诵复杂的中国人的称呼，再分角色表演，以便掌握这些称呼及不同人物身份之间的社会交往技巧。另外，还通过对话形式，教学生如何以传教士的身份应答中国人关于天主教教义的询问，以及关于旅行、食物或天气的寒暄和应答等。对比几百年后乃至当今的外语教学计划，尽管在具体教学内容方面有一些差异，但在教学方法方面有很多相似之处。

第一阶段的第三部分内容是汉字书写。在头六个月里，每天半个小时，“葡萄牙”老师教学生用毛笔按照正确的笔画顺序书写新学的汉字。《教育章程》也建议学生在周日或节假日花半个小时把学过的汉语课文翻译成葡萄牙语或拉丁语，以便测试是否已经正确理解了汉语课文的意思。

按照《教育章程》的计划，第一阶段学习完成之后，就开始进入第二阶段学习。第二阶段需要一年半时间，由“葡萄牙”老师教授儒家经典“四书”。通过学习这些课程，可以让学生了解中国的历史、哲学和法律基础，理解古典汉语（当时的书面汉语）的结构与口语官话的差异。《教育章程》清晰地指明，在中国使用的主要教学方法，跟其他教会学院教授拉丁文和希腊文所使用的方法类似，是所有传教士都熟悉的教学方法。《教育章程》选择儒家经典“四书”作为教材，表明耶稣会士们渴望与本土学术传统对接，精通标准的汉语学术作品、哲学箴言和文化语境。

根据《教育章程》规定，第三个阶段为期两年，教学目标是系统复习和练习前两年所学的知识和典籍。这两年不再由“葡萄牙”老师授课，而是由中国本土老师再一次教授前一阶段使用的作品和读本，从中国文人的角度对它们进行解读和练习。这样做的目的是从中国人的角度进行学习，以避免传教士教师对儒家典籍的可能误解延续给下一代传教士。正因为有此担心，《教育章程》规定，学生必须在非教徒的中国本土老师的教导下再学习两年。一方面，中国本土老师能从本地人的角度解读真正的本土文化；另一方面，他们可以比外国人更好地教授写作。第三阶段的授课安排与第一、二阶段类似，每天两个小时的课程，中国老师要解答学生理解过程中碰到的所有疑问，目的是让学生在儒家思想方面打下坚实的基础。中国老师也负责训练学生写典雅的文章，教学生写信，包括较短的便条和较长的书信。

五　汉语教学模式和经验总结

受耶稣会总部委派来华的传教士来华前都在欧洲的教会学院接受过系统的高等教育，也受过拉丁语、希腊语和希伯来语等语言课程的训练，积累了语言学习的丰富经验，掌握了分析语言结构的基本方法。面对复杂的汉语，传教士们决意攻克语言文字关，积极探寻有效的学习方法，努力克服学习一门全新语言所遇到的困难。例如，他们尝试用西文字母为汉字注音，借用拉丁语法的概念、范畴、框架来分析汉语的语法规则，草拟出框架性的语法体系（姚小平，2008）。传教士们非常重视汉语学习方法的总结和学习材料的编撰，随时随地把所学所得记录下来，加以整理归纳，有的还撰成书稿。

1579 年，罗明坚到澳门贯彻由范礼安开创的新传教方针时，努力地学习汉语书面语和口语，当利玛窦和巴范济（Francesco Pasio，1554—1612）于 1582 年来到澳门投入传教工作时，罗明坚不仅与他们分享自己的经历，还为他们解释汉语的基本语法和词汇，指导他们学习。1583 年 9 月，由利玛窦相伴，罗明坚居于肇庆，由此正式开启了耶稣会进入中国内地的学习和传教活动。为了帮助新来的传教士学习汉语，在居于肇庆期间，罗明坚与利玛窦用汉语撰写了《天主实录》，这是耶稣会士撰写的第一本汉语教理书。他们还合编了一本融合葡萄牙语、汉字和罗马语的《葡汉辞典》来解决词汇学习问题。这本辞典是传教士运用欧式教学工具，把汉语作为传教工作的共有资源，服务于新老传教士的初次系统尝试。

尽管传教士们经过艰苦努力，学会了不少汉字和词汇，但在他们学习的道路上，仍然有一个难以逾越的障碍——汉语的声调。直到 1594 年，通晓音律的传教士郭居静（Lazzaro Cattaneo，1560—1640）开始随利玛窦在韶州学习汉语时，利用他通晓音乐的能力，才发现了“汉语的奥妙”。郭居静“是一个优秀的音乐家，善于分辨各种细微的声韵变化，能很快辨明声调的不同”（利玛窦、金尼阁，2010：336）。得益于郭居静的贡献，传教士们总结出了一个辨识官话中不同声调，并用罗马拼音进行标示的学习体系，这一方法极大地促进了传教士学习汉语的效果。如后来熊三拔（Sabatino de Ursis，1575—1620）写信给利玛窦描述他的语言学习状况时说：“学习这些汉字和语言并没有想象的那么难，其实最难的就是多种声调的问题。”（转引自柏理安，2017：270）他表示，有了教友的钻研和成果，汉语学习才变得很容易，学一个音节就等于掌握了几十个不同的字词。掌握声调，对于这些不熟悉声调语言的传教士们学习汉语非常重要，后来耶稣会要求新传教士来中国前必须学点音乐基本知识，以便他们能更好地学习汉语。

在郭居静和中国学者钟鸣仁的帮助下，利玛窦于 1598 年领导编纂了《汉葡辞典》，初步构建起用罗马字转写汉字读音的体系，为入华传教士学习汉语和用母语书写有关中国的专有词语提供了便利。《利玛窦中国传教史》中关于《汉葡辞典》有这样一段记述：“这部辞典按照一定的规则和顺序，包括了和汉语有关的所有问题。因此，从现在起所有的人都可以毫不费力地学习汉语。”（转引自陈辉，2007）《耶稣会与天主教进入中国史》中也有类似描述，这部辞典“把汉语的词汇整理了出来，并进行规范。有了这份词汇表，以后再学汉语就可以事半功倍了。……神父们创立了一种方法，发明了五种标音符号和标注气息的符号，用这种方法可以把所有汉字的发音都用拉丁字母写出来，成为一种规范的方法。利玛窦神父叮嘱说，从此以后大家都要遵循这种方法，不得随意书写，以免造成现在这样的混乱”（利玛窦，2014：233—234）。

1605年，利玛窦采用《汉葡辞典》拟定的用罗马字给汉字注音的方案写了四篇文章，送给当时的制墨名家程大约，由程大约编入所著墨谱《程氏墨苑》。后来，耶稣会将这四篇文章的前三篇单独合成一卷，取名为《西字奇迹》。《汉葡辞典》和《西字奇迹》使用罗马字母和符号，为汉字的读音初步勾勒出了声母、韵母加平仄声调的拼音系统，形成了一套书写汉语语音的规范，对入华耶稣会士的汉语学习起到了极大的帮助作用。

沿着罗明坚、利玛窦、郭居静等人的足迹，1625年，耶稣会士金尼阁（Nicolas Trigault，1577—1628）进一步完善了这套汉字注音系统，编著了一部完整的罗马字注音专书《西儒耳目资》。该书共分为三个部分（三谱）：第一部分《译引首谱》为总论，第二部分《列音韵谱》是从拼音查汉字，第三部分《列边正谱》是从汉字查拼音。《西儒耳目资》的罗马字注音方案只使用25个字母（20个辅音字母、5个元音字母）和5个表示声调的符号，就可以拼出“官话”的全部音节。《西儒耳目资》的出版促进了耶稣会注音方案的推广和使用，该书启发了后来的音韵学者，并影响了后世汉语拼音方案的产生，是汉语拼音的重要基石性著作。除了辞书编纂、教材编写和汉字拼音系统的探索总结，1643年来华的卫匡国（Martino Martini，1614—1661）也用拉丁文撰写了第一部耶稣会汉语语法著作——《中国文法》，为汉语语法研究做出了开拓性贡献（姚小平，2008）。

总之，以利玛窦为代表的耶稣会士，入华后全身心地投入对汉语的系统学习和对中国文化的深入研究，形成了中西文化交流史上西人学习汉语的第一个高潮。他们不但善于从实践中积累关于学习汉语和中国文化的知识，摸索出一套西方人学习汉语的基本方法，也利用在欧洲教会学校学会的语言分析方法和技巧以及在实践中积累的知识，初步构建起汉语拼音系统、汉语词典学和语法学的基本框架并用于指导汉语学习。正如姚小平（2008）所指出的：“明末东来的传教士编撰了第一批兼具课本性质的汉语语法书和汉外字典，摸索出一种俾便实用的汉语学习模式，为后继者认识汉语开启了方便之门；同时也为欧洲学术界带去一种全新的语型，使得欧洲学人观察语言世界的视角发生质的转变。”

六 教学模式分析

入华耶稣会士的汉语教学从零开始，他们不畏艰难，逐渐摸索出了一套行之有效的教学模式和方法，培养了一大批深谙中国语言和文化的传教士。由于较好地掌握了汉语和中国思想知识体系，耶稣会快速融入了当时的中国社会。分析其汉语教学模式，笔者认为有以下几点值得重视。

其一，严格的训练过程和强烈的学习动机。

耶稣会有严格的入会程序和训练过程，它创办的耶稣会学院体现了当时欧洲学校教育的先进理念。由于其新式的制度和教育，耶稣会很快吸引了欧洲各国青年中的精英到它的学校学习。通过耶稣会学院的系统教育，耶稣会士掌握了较为完备的知识体系。不仅如此，如果耶稣会士要得到耶稣会的派遣，赴海外传教，还要再经历一个非常严格的选拔和考验过程，不但要考虑年龄、健康状况、入会时间、学术背景和传教经历等基本要求，还要考虑智力水平、判断力、谨慎性、实践经验、学术表现、心理状态等方面的评价（Brockey，2007：230—231）。只有以上各个方面都达到了标准，耶稣会总会长才可能批准申请者赴海外传教的请求。因此，入华耶稣会士都是经过精心挑选的，具有虔诚的信仰和强烈的动机。他们对传教事业的热情使他们对学习汉语和中国文化产生了强大的动力，他们希望通过勤学苦练尽快掌握汉语。正如罗明坚所言：“我希望不久对中国话能够运用自如，而后用中文撰写要理等书，这是为归化他们必须的步骤。”（利玛窦，1986：427）

其二，系统的教育培养和勤勉刻苦的学习。

根据《耶稣会教育章程》的培养规定，赴海外传教前，耶稣会士要在教会学院接受系统的教育，需要学习哲学、逻辑、修辞、神学等人文科目，天文、数学、物理、动植物等自然科目，以及拉丁语、希腊语，甚至希伯来语、阿拉伯语等语言科目。通过系统的教育培养，他们获得了突出的学术能力，并具备了丰富的语言学习经验和知识，以及娴熟的语言表达与辩论技巧。耶稣会士抵达中国后，还要按照中国传教区《教育章程》的规定，花费数年时间刻苦研习中国语言和文化。一旦耶稣会在中国某地建立了相对固定的传教场所，就会把它作为汉语学习中心或培训基地，采用《教育章程》规定的教育培养计划，培训新来的传教士系统学习汉语和中国文化。利玛窦（2014：103）曾对自己的勤奋学习经历做过这样的描述："神父们还总把一些精通汉语的优秀读书人请到家中，夜以继日地向他们刻苦学习中国的语言文字，为此神父们还购买了大量中文书籍，不遗余力地研读。见此情景，中国人都认为，神父们的学识在其本国已为人敬重，而还要来中国学习人文科学，只凭这一点，他们就是相当杰出的人物了。"

其三，融入中国文化和学以致用的本土化策略。

明末清初入华耶稣会能够叩开中国大门，范礼安的"中国化"决策起着至关重要的作用。在写给耶稣会会长的信中，范礼安说道："采用他们的服装、他们的语言、他们的习俗、他们的生活方式，总而言之，在一个欧洲人的可能范围之内竭力将自己改造成中国人"（利玛窦、金尼阁，2010：672—673）。罗明坚和利玛窦遵循范礼安"中国化"的指示，努力学习中国语言和文化，开创并践行了入乡随俗、学以致用的本土化"适应性政策"。罗明坚说过："为把中国基督化，我们已变得像中国人"（柯毅霖，1999），这句话充分表达了"适应性政策"的精髓。罗明坚、利玛窦等人对于东方文明的热忱和对异质文化包容的态度，奠定了明末清初近两个世纪西方传教士对待华夏文明的基调。虽然罗明坚、利玛窦开创的"适应性政策"受到一些耶稣会成员的怀疑和非难，并成为后来"礼仪之争"的焦点，但却是耶稣会在华传教活动取得进展的重要条件。

七 教学模式的启示

从教学效果来看，明末清初入华耶稣会传教团的教育理念和教学模式对于当前的汉语国际传播和国际汉语教学仍具有重要的启示和借鉴意义。

其一，加强对汉语学习意义的认识，激发汉语学习动机和能动性。

耶稣会传教士们能坚持学习中国的语言和文化，努力融入中国社会，强大的学习动机和目的是一个很重要的因素。因为他们肩负着传教使命，如果没有相当的汉语水平，就难以向中国人传教布道。对此，利玛窦有着清醒的认识："就我个人而言，我认为它（掌握中国语言和文化）比多发展一万名基督徒还更有价值，因为这是为整个帝国的全面归化在作准备的。"（利玛窦、金尼阁，2010：686—687）对传教布道的热情和对汉语学习意义的认识使明末清初的传教士们对学习汉语产生了强大的动力。一旦激发了学习汉语的动机，决意攻克语言文字关，学习者就能做到抓住一切机会随时随地学习。对于今天的汉语国际教育工作来说，加强对汉语学习意义的认识同样重要。对此，俞志强（2012）指出："问题的关键是学习汉语有什么意义，找到了这个关键才能找到推广汉语的真正动力……只有加强对中文价值的认识，不断提高中文的社会地位，并且在教学实践中不断想方设法让教学更有趣、更有效、更易懂，才能最终胜利跨越'汉语难学'这道坎儿。"

其二，以学生为中心，重视学习方法的总结，发挥本土教师的作用。

由于确立了培养掌握中国语言文化的传教士优先于传教活动的基本思想，在华耶稣会极为重视对新入华耶稣会成员的培养工作，并能做到真正以学习者为中心开展学习培训。一方面，传教士们通过对教学实践的总结，制定了中国传教区的《教育章程》，规范了培训新传教士的标准；同时，还采取以老带新的方式，由汉语已经学习得比较好的传教士专门抽出时间，对那些汉语水平比较低的传教士进行针对性教学。例如，利玛窦最初的汉语学习就是由罗明坚指导的，熊三拔和庞迪我（Diego de Pantoja，1571—1618）开始跟随利玛窦的时候，利玛窦经常给他们上课。由资深传教士教新传教士的一个好处是，他们都是学习汉语的外国人，可以交流自己的学习经验和体会，而且了解学习者的实际需求，从而开展针对性教学。为了事业的长远发展和培训学习的成功，传教士们还发挥集体智慧，把自己汉语学习的知识和经验规则化、条理化，不仅发明和改进了以罗马字母为汉语注音的方案，还编纂了多部字典辞书、教材和语法手册等，作为新来传教士学习汉语的课本和教学资料。这种以学生为中心、不断总结教学实践经验、充分发挥外国本土教师作用的做法，今天仍值得借鉴。

其三，贯彻“做中学”的教学原则，强调实际运用，随时随地学习和使用汉语。

语言学习的最佳方式就是“做中学”，在语言使用的生活中进行体验式的学习。一方面，传教士们的学习材料强调对真实交际情景的模拟，例如，来华耶稣会士的入门教材《拜客问答》，就是根据传教士繁忙的社交生活，模拟当地人提出的各种问题，然后有所针对地提供解答，以便传教士模仿练习，继而可以在真实的环境中有备无患、对答如流（郑海娟，2015）。通过这种模拟练习和真实汉语环境中的使用，学习者获得了亲身的语言体验和感受，从而建构起了汉语知识和能力体系。另一方面，传教士被要求与中国本地人生活在一起，完全浸入汉语环境，通过“刻苦观察各种各样的短语和各种话题的表达方法”来习得语言（柏理安，2017：274）。他们充分利用身边的语言环境，随时随地以中国人为师，学习者也相互为师，互教互学。全汉语环境和沉浸式学习方式不但可以更容易习得日常词汇，培养更地道的口语能力，而且能够提供实际运用语言的机会。语言学习是一个通过模拟学习和实践运用循序渐进逐步发展的过程，真正的语言能力只能在不断实践中获得，只能通过实际运用和体验来掌握，这一语言学习的基本原理古今皆然。

其四，语文同步，说写并重，听说读写全面发展。

传教士要在中国深入地进行传教活动，就必须具备口头和书面两种表达能力，二者缺一不可。一方面，他们要会听说汉语，以便在同中国人进行交流的过程中宣传教义，同时还要不断提高自己的表达技巧，熟练驾驭语言，成为雄辩的演说者而被信徒接受；另一方面，他们要会阅读中文材料并能用中文写作，以便研读中国典籍，了解中国的思想文化，撰写文章宣传教义，扩大自身影响。特别值得一提的是，传教士们在传教实践中逐渐认识到了书籍和汉字的独特传播能力，在中国这样一个方言众多、口语差异悬殊的大国，书面语言具有跨越方言的功能，而且汉字在当时的日本、朝鲜、越南等汉字文化圈国家通行，这种跨语言的功能更让传教士们喜出望外。利玛窦、金尼阁（2010：483）说道："除了能用中文写作其本身就是一项不平常的成就而外，任何以中文写成的书籍都肯定可以进入全国的十五个省份而有所获益。而且，日本人、朝鲜人、交趾支那的居民、琉球人以及甚至其他国家的人，都能像中国人一样阅读中文，也能看懂这些书。"由于深刻认识到书籍在中国和远东的巨大传播能力，耶稣会中国传教团确立了书籍传教的基本方针，将用中文写作和翻译的文献用于传教、交际等各种场合。书籍传教的成效鼓励传教士们克服用中文写作带来的困难和苦恼，刻苦学习汉字和汉语写作能力。这种语文同步、说写并重的教学方式，大大促进了传教士们汉语听说读写能力的全面发展。

其五，在语言学习的同时，加强对目的语文化的学习及"入乡随俗"的适应和认同。

入华耶稣会士对中国语言和文化的学习，源于范礼安开创的"适应性政策"。在践行"适应性政策"方面，利玛窦是一个成功的典范。为了赢得中国士大夫的信任，他将自己打扮成中国文人的形象，不但穿起了儒生服装，还像中国人一样蓄了长发和胡须，接受中国人的礼节和生活习惯，同时熟习中国语言文字和儒家哲学，以便赢得中国人的好感，为传教布道争取本土支持。对于通过研习中国语言和文化所获得的传教优势，利玛窦不无自豪地说道："我们会说这个国家本土的语言，亲身从事研究他们的习俗和法律，并且最后而又最为重要的是，我们还专心致志、日以继夜地攻读过他们的文献。这些优点当然是那些从未进入这个陌生世界的人们所缺乏的。"（利玛窦、金尼阁，2010：3）从利玛窦等传教士身上我们看到，语言习得不仅仅是语言能力的获得，而且会促进语言和文化的适应和认同。由于对儒家文化的偏好，利玛窦等耶稣会士不但反复使用"西儒""吾儒"之类的字眼来表述自己，甚至将自己定义为"西儒"，正式呈请耶稣会上司批准。对于在中国生活的适应，利玛窦（1986：316）曾写道："每天只吃大米，而无面包与葡萄酒，为此我并不十分痛苦，由于已习惯了这种生活多年，如让我更改此习，我还会感觉有些不便呢！"这种对中国社会和文化的适应，反过来也有利于汉语学习。语言习得领域社会文化学派的代表人物 Schumann 认为，文化适应是"学习者对目的语群体在社会和心理方面的整合”（Schumann，1978）。二语习得是文化适应的一个方面，学习者的二语水平会受到对目的语社团文化适应程度的制约，如果学习者与目的语社团之间的社会和心理距离愈近，那么外语学习就会愈成功。

明末清初之际，以利玛窦为代表的入华耶稣会士克服各种困难，认真研习中国语言和文化，努力融入中国社会，为中外文化交流做出了杰出贡献。文化的沟通源自语言的学习，如果学习者没有真正的语言能力，就不能对该文化有深切的了解。无论是汉语水平还是对中国文化的掌握，明末清初的入华耶稣会传教士们都达到了令人称羡的程度。尽管他们的目的是为了在华传教，但从在华学习和活动的实际成效来看，最终成就了中西文化第一次深度交流，并产生了深远的历史影响。语言水平的高低和对异质文化的包容深刻影响着中外文化交流的广度和深度，回顾耶稣会传教士的入华学习历程，分析耶稣会中国传教团制定的教育大纲和相关教学实践，总结其汉语教学模式和方法，不但有益于我们深入了解支撑第一次中西文化交流浪潮的语言和文化基础，而且对于做好今天的国际汉语传播工作也具有重要的启发和借鉴意义。

:: 参考文献 ::

柏理安（2017）《东方之旅——1579—1724 耶稣会传教团在中国》，毛瑞方译，南京：江苏人民出版社。

陈　辉（2007）耶稣会士对汉字的解析与认知，《浙江大学学报（人文社会科学版）》第 4 期。

邓　恩（2003）《从利玛窦到汤若望——晚明的耶稣会传教士》，余三乐、石蓉译，上海：上海古籍出版社。

董　明（1996）明代来华传教士的汉语学习及其影响，《北京师范大学学报（社会科学版）》第 6 期。

高永安（2008）明末西方人学习中文的理念和方法探析，《语言教学与研究》第 2 期。

柯毅霖（1999）本土化：晚明来华耶稣会士的传教方法，《浙江大学学报（人文社会科学版）》第1期。

利玛窦（1986）《利玛窦书信集》，罗渔译，台北：光启出版社。

利玛窦（2014）《耶稣会与天主教进入中国史》，文铮译，北京：商务印书馆。

利玛窦、金尼阁（2010）《利玛窦中国札记》，何高济、王遵仲、李申译，北京：中华书局。

孙邦华（2006）“入乡随俗”：明清耶稣会士的文化适应政策及其现代意义，《东南学术》第6期。

王苏娜（2013）利玛窦的家庭教育及耶稣会人文主义教育背景，《北京行政学院学报》第1期。

徐宗泽（2015）《中国天主教传教史概论》，北京：商务印书馆。

姚小平（2008）欧洲汉语教育史之缘起——早期传教士的汉语学习和研究，《长江学术》第1期。

俞志强（2012）跨越“汉语难学”这道坎儿，《语言教学与研究》第4期。

张西平（2001）西方汉学的奠基人罗明坚，《历史研究》第3期。

张西平（2008）简论明清之际的对外汉语教学，《国际汉语教学动态与研究》第1期。

郑海娟（2015）明末耶稣会稀见文献《拜客问答》初探，《北京社会科学》第8期。

Brockey, Liam M. (2007) *Journey to the East: The Jesuit Mission to China*. Cambridge: Harvard University Press.

Schumann, John (1978) The acculturation model for second language acquisition. In Gingras, R. (ed.), *Second Language Acquisition and Foreign Language Teaching*. Washington: Center for Applied Linguistics.

（本文原载于《对外汉语研究》2021年第1期）

外语教学法之回顾与新形势下国际汉语教学法

摘　要　国际汉语教学的效果如何，跟教学方法具有密不可分的关系。对教学法的研究显示，任何一种教学法的存在都有其时代背景与现实诉求，并且指向某种特定的教学目标。没有一种教学法是放之四海而皆准的唯一有效途径，也没有任何一种教学法能够直接达成所有的教学目标。本文在回顾外语教学法发展历程的基础上，针对新形势下的国际汉语有效教学方法进行了讨论。

关键词　国际汉语教学；有效教学方法；外语教学法

一　外语教学法的基本概念

外语教学法一词来源于英文的翻译，一般认为其英文对应词为“method”，但在不同学者的研究文献中，也出现过 way、approach、procedure、strategy、technique，甚至 methodology 等对应词语。从这些词语的使用可以看出，人们对教学法的理解和认知存在一定的差异。吕必松（1990）指出：“所谓语言教学法，实际上就是把语言规律和语言学习规律统一起来的一种方法，就是根据语言规律和语言学习规律组成语言教学系统的一根纽带，就是对语言规律和语言学习规律进行综合应用而形成的一种应用理论。”Richards 等人编的《朗文语言教学与应用语言学辞典》对“教学方法”的解释是：（语言教学中）根据系统性的原则和程序教授语言的方法，也就是对如何能够最好地教学与学习语言的观点的应用。语言教学方法多种多样，例如直接法、听说法、视听法、语法翻译法、静默法和交际法等，这些方法都是从对下列问题的不同看法发展而来：语言的本质，第二语言学习的本质，教学的目的和目标，所用的教学大纲的类型，教师、学生和教学材料的作用，所采用的技巧和程序。（Richards et al.，2000）

美国知名外语教学法专家、匹兹堡大学教授 Edward M. Anthony 于 1963 年发表了 *Approach, method and technique* 一文，对与外语教学法相关的三个概念——教学理念、教学法和教学技巧进行了细致的区分。他将教学过程牵涉的主要方式因素分解为三种：教学理念[①]（approach，也有人译为路子、路径或思路）、教学法（method）和教学技巧（technique）。他认为教学法是为了有序地教授语言内容而制订的总体计划，其前后必须一致，且都要建立在所选择的理念上。理念是公理性的（axiomatic），代表了对语言教学的理论设想或基础，与哲学家、语言学家或心理学家的研究有关，其公理性在于它可以衍生不止一种教学法；而教学法是教学的策略，是程序性的，它必须基于某种理论或理念，其实施必须通过挑选的技巧使学习者产生该理论或理念规定的理想语言行为；教学技巧是课堂上具体的技巧、办法和教学手段等，它是实施性的，必须与某种教学法和谐一致，因此也必然与有关教学理念一致。

笔者赞同 Anthony（1963）对教学理念、教学法和教学技巧的三层区分，这种区分有助于我们从不同层次上准确理解教学法的含义。不过在任何一种教学法的设计和实施中，都无法做到像 Anthony 理论阐述那样的整齐和透明。一方面的原因是，一种教学法的设计并非都是源自某种教学理念的演绎性理论推导，而是融合了多种因素；另一方面，教学法在实践中都要对其面临的教学任务和可利用的资源做某种衡量或决策，以某种综合的方式达到最佳或可行的教学效果，这些方式有时很难与某种具体的理论直接挂钩。以交际教学法为例，在理念上，它综合了 Hymes 的交际能力概念以及 Corder 和 Krashen 的第二语言习得理论；在大纲设计上，它

---

① 作为 Anthony 的嫡传弟子，美国明德中文暑校校长白建华教授认为，“理念”更接近 Anthony“approach”的原意。笔者采用白建华教授的观点，把“approach”译为“理念”。

应用了 Wilkins 的意念功能概念和 Breen、Candlin 等有关教学过程的看法；在语料选择上，则使用了 Widdowson 的语篇理论；在实施方法上，除了强调语言习得和语言学习、准确与流利等不同视角以外，还直接使用了 Moshowitz 和 Sterick 等人提倡的人本主义理念（刘天伦，1999）。因此，在涉及如此复杂、动态和多变量教学法设计和实施的过程中，要确定教师在使用中贯穿了哪种具体思路的教学法，是一件异常困难的事情。

二 外语教学法的缘起及变迁

过去一百多年外语教学的历史，其基本特征是探索更加有效的外语教学方法。在一百多年的大部分时间里，学界认为构建一种理想的教学法是针对语言教学种种问题最根本、最有效的解决办法。这种教学思潮的结果是造成了所谓“设计者的方法时代”或“贴标签的方法时代”。今天我们重新回顾这段历史，再次审视外语教学法的缘起及发展变化过程，并反思外语教学法的理论基础及其局限性，对推动国际汉语教学和研究不无益处。

谈到外语教学法的起源，我们要先回顾一下几个世纪以前人们学习拉丁语的情况。中世纪时，欧洲各国在教育、商业、宗教和政府管理等重要场合使用的语言中，拉丁语占据着支配地位。到了 16 世纪，由于欧洲政治格局的变化，法语、意大利语和英语等语言逐渐取得重要地位，并取代拉丁语作为口头和书面交际语。从那时开始，拉丁语作为一个“活的”语言逐渐在公众场合消失，它变成了学校课程中的一个特殊科目，对它的学习也就具有了与以往不同的功能。人们学习拉丁语不再是为了人际交流的需要，而是为了阅读用拉丁语写的书籍，以便吸收古代文化；或者是作为能够发展智力的课程，把拉丁语的学习视为一门“智力训练课程”。那时的课堂教学采用对语法规则的死记硬背、词格变化、词语组合、翻译和造句练习等形式。18、19 世纪，法语、英语等活的“现代”语言开始进入欧洲学校的课程，由于找不到新的教学方法，人们仍然使用与教拉丁语同样的基本程序来教这些语言；而且进入 19 世纪后，这种基于拉丁语教学的方法已经成为学校外语教学的标准方法，这就是众所周知的语法翻译法。

到了 19 世纪中叶，欧洲不断增长的交际机会对提高外语口头表达能力产生了新的需求。为了应对这一新要求，语言教学专家开始探索新的方法革新现代语言教学，并对语法翻译法提出了质疑。另外，当时语言学开始复兴，特别是对语音系统进行科学分析和描述的语音学也已经确立，例如，1886 年成立了国际语音学协会，其成功设计的国际音标使得任何一种语言的声音都可以被精确地转录。语言学家们开始强调口语而非书面语才是语言的根本形式，因此口语的学习得到了极大的提倡。而语法翻译法在这种新形势下显得完全无能为力，语言学家开始对探索外语教学的最佳方法产生兴趣，并进行了热烈的讨论。当时一些教学改革者提出外语或第二语言教学应该仿照儿童的母语学习，采用自然的原则（naturalistic principles），认为外语教学应该直接用外语讲练外语，不需要翻译或使用学习者的母语，也无须做太多的语法分析，这些自然的原则作为理论基础推动了直接法的诞生。

直接法产生后受到许多国家教育当局的重视，一些国家把它当作法定的教学法。例如，德国、法国、俄国等都曾用行政命令的办法来推行这种方法。在教学法理论方面的影响是，直接法的产生及围绕它的讨论直接导致了教学法概念的产生，标志着外语教学进入了教学法时代。在后来许多关于外语和第二语言应当怎么教的辩论中，关于直接法的争论是发轫之作。从直接法开始一直到 20 世纪末的大部分时间里，形形色色教学法的不断上升和消退始终贯穿着语言教学的历史。这些教学法都是基于下面的假设：一种教学法是指一套在理论上一致、在语言教学实践中最好的教学程序，如果准确地遵循某个特定的教学法，将会取得比其他教学法更有效的教学效果，教师使用这种“最佳”教学法，将会提高语言教学的效果和质量。自直接法开始，由于教育机构对特定教学法的偏好，由于学校对某些教学法的支持或反对，由于出版商不断推出根据最新教学法编写的教材，也由于教师不断寻求语言教学的最佳方法，教学法的观念不断得到加强。

继直接法被视为比语法翻译法进步而在 20 世纪早期受到热情的拥抱之后，到了 20 世纪 50 年代，听说法又被认为体现了语言学和心理学的最新成果而被接纳为一个更好的方法。随后它又被交际法取代。同期，沉默法、全身反应法和暗示法等也纷纷出现。到了八九十年代，内容法和任务法作为新的教学法呼之而出。还有一些本来从普通教育领域发展而来的教学法，如合作学习法、整体语言法、多元智能法等，也延伸到外语和第二语言教学中。对于这些不断涌现的教学法，Richards & Rodgers（2001）在《语言教学法》一书中详述了 17 种之多。

在目睹了流派林立的各种教学法诞生、死亡、再生这类无止境的循环之后，外语教师和研究者们发现，一百多年来人们研究探索语言教学法的高涨热情并没有收到令人满意的效果，外语学习的效率也没有明显提高。人们终于醒悟到用寻找更新更好的教学法来解决语言教学中的一切问题只能是一个不可企及的幻想。外语教学法的发展历程给外语教学带来的实际效果促使语言教学界进行反思：只要我们还停留在教学法的迷宫之中，我们就会继续纠缠于一种得不到任何结果的研究，而这类研究将驱使我们不停地重复循环和再包装同一个老观念，要跳出这一困境的唯一选择是树立后方法时代（post-method era）的意识。因此，到了 20 世纪末，主流语言教学研究者不再把教学法作为衡量语言教学成功与否的关键因素，一些人甚至谈到教学法的死亡，后教学法时代的革命正式拉开了帷幕。

三　后方法时代的外语教学方法

在经历了教学法纷繁的兴衰历程之后，语言教师和研究者们已经深信"没有对语言的单一看法，没有对学习的单一解释，也没有学习者每天学习能依赖的单一基础"（Larsen-Freeman，1990），"任何科学的教学法都必须以自己的教学对象为出发点，扎根在自己教学实际的土壤中，脱离对象，脱离实际，无所谓科学的教学法"（钟棂，1979/1993）。赵金铭（2008）指出，自上世纪 80 年代以后，对外汉语教学界业内大部分人都认识到，学习者千差万别，学习目的各不相同，不同的教学阶段有不同的教学任务，不同的教学任务又有不同的训练方法，而教师风格又因人而异，因此不可能有一种放之四海而皆准的、万能的语言教学法。在认清追寻某种最佳教学法是一种乌托邦思想之后，人们开始支持一种折中主义（eclecticism）的观点，主张在外语教学中采取折中主义的立场，权衡各种理论、方法、途径，吸收其优点，使之用于多样化的教学环境（樊长荣，1999）。然而“折中主义”通常采用的是“掺和”手段，往往是随意的权宜之计，没有一套成熟的理论方案，提不出什么有效的原则或策略来指导在教学活动中如何进行判断和选择，它只是让教师根据个人的经验和感觉去判断。正如Stern（1992）指出的那样，折中观点“既未提供任何准则供我们确定哪一个是最佳理论，也未提供任何原则供我们参照，以便对当今的各种理论和实践进行取舍，这种取舍全凭个人的判断”，因此“我们要克服毫无限制的折中主义的不精确性和模糊性，建立能涵盖语言教学不同方面的、具有内在一致性和完整性的理论框架”。

赵金铭（2010）指出：“语言教学需要的不是一种教学理论或一种教学方法，而是一个更大的研究框架，其中多种教学理论并存，多种教学模式共现，各种教学方法各有所用。”因此，需要我们决定的是某种教学模式适合什么教学对象，某种教学方法用在什么情境下或什么层次上，不能把一种具体的、局部的研究领域所取得的教学模式或方法应用到整个语言教学。我们应该以积极的态度来接受世界上语言教学法的不同思潮、不同派别，采取包容、理解的立场，取一种中立的态度，使用综合的处理办法。针对后方法时代的教学方法，学者们纷纷提出应该遵循一定的语言教学原则或理念来灵活选择和运用。例如，刘珣（1997）提出了汉语作为第二语言教学的十条基本原则，靳洪刚（2011）总结了现代语言教学的十大原则，吴中伟（2012）提出了三条最基本的原则及一些下位原则，赵金铭（2007、2008）则提出了一系列的教学理念，等等。

如上文所述，20世纪语言教学研究寻求最佳教学方法的结果表明，“没有一种方法可以适用于所有的教学对象或环境，过去没有，今后恐怕也不会有”（孙德坤，2008）。不过，即便如此，语言教师在课堂上进行教学活动时必定要讲究教学方法，不然的话，我们的教学活动就是盲目的。换句话说，对有效教学方法的探求仍然是语言教学研究的核心主题，对教学方法的研究和探索不仅可以丰富教学理论，更可以推动教学实践的深入，促进教学效率的提高。因此，我们仍然需要研究教学方法，探索教学方法，驾驭教学方法，传授教学方法，只是不要被教学法所左右，过于迷信方法、神化方法。当下，我们需要做的工作也许是研究并确立一套理论和操作框架，在国际汉语教学中如何“视教学对象、学习目的、教学环境而决定采用什么样的教学法”（赵金铭，2010）。

四 新形势下的国际汉语教学方法

吴勇毅（2009）指出，与以往相比，21世纪蓬勃发展的国际汉语教学呈现出三个显著的变化，这三种变化也带来了我们对国际汉语教学性质和多样性认识的深化：（1）在到中国学习的留学生人数继续大幅增长的同时，世界各地“本土”的汉语教学持续升温，“遍地开花”，这一状况使得我们更加注意汉语作为第二语言教学与汉语作为外语教学的差异；（2）学习汉语的对象由过去主要是成人变为有越来越多的青少年开始学习汉语，这一变化使得我们更加注重成人学习汉语和青少年学习汉语之间的差异；（3）华侨、华裔子弟的汉语学习开始“回归”，这一变化使得我们清楚地意识到华裔学生与非华裔学生汉语学习的不同，也从另一个角度认识到对外汉语教学不等于华文/华语教学。

这些新的变化表明，新形势下的国际汉语教学需要更加关注学习者和学习环境的变化对教学方法的影响。首先，国际汉语教学更加关注外语环境下的教学体现了工作重心从对外汉语教学向全方位汉语国际推广的转变，从将外国人“请进来”学汉语向汉语加快“走出去”的转变（许琳，2007）。从世界各地各种各样的汉语教学情境来探索汉语教学方法，而不再只是关注中国国内的对外汉语教学，这种视角的转变和视阈的扩大需要我们采用一种更为宏观的框架来探索新形势下的国际汉语教学方法。其次，国际汉语教学更加关注海外青少年儿童汉语教学。研究表明，学习者的年龄对外语学习有着显著的影响，儿童具有“内隐学习”（implicit learning）

的优势，而成人则具有“外显学习”（explicit learning）的优势。换句话说，儿童语觉敏感度高（何克抗，2013），模仿能力强，善于获取当时当地具体的语言信息并进行概括和内化，具有隐性习得语言系统的优势，但自身“监控”能力低；而成年人自我“监控”能力强，逻辑思维能力强，愿意探究语言本身的规律，在显性语言学习上优于儿童，但语觉敏感度较低，模仿能力较差。因此，应根据教学对象的年龄特点，采取不同的教学方法，因势利导，发挥各自所长，提高教学效果。对儿童的外语教学，沉浸法、交际法、全身反应法比较理想；对成年人的教学，则可以更多采用关注语言结构形式（focus-on-form）的教学方法。过去我们对海外儿童的汉语教学方法关注不够，今后需要大力加强。再次，国际汉语教学更加重视华裔和非华裔学习者的特点和教学方式的差异，这跟近年来国外正规教育系统中汉语华裔学习者人数不断增多，以及“继承语”教育理论在世界范围内的兴起有着密切关系。我们认为，汉语作为继承语的华文教学与汉语作为外语/二语的教学具有重大差别，教授具有汉语背景的华裔学习者与不具有汉语背景的非华裔学习者在内容、路径和方法等方面存在差异。关于继承语习得与第一语言习得和第二语言习得的差异，以及汉语继承语教学与汉语二语/外语教学的比较，可参见郭熙主编（2007）、郭熙（2012）、曹贤文（2014b）。

进入新世纪以来，随着我国经济社会的快速发展、国际地位的大幅提升，世界各国更加重视发展与中国的友好合作关系，“汉语热”迅速升温，汉语加快了走向世界的步伐，世界各地汉语学习者人数正在不断增多。在这一背景下，探索针对海外各种汉语学习者群体的特点和需求、适合当地各种实际情况的有效汉语教学方法成为了国际汉语教学工作的中心。赵金铭（2011）指出，探索对世界有影响力的、与国际第二语言教学潮流同步的、基于汉语和汉字特点的、适应各种学习群体和学习需求的、丰富多彩的海外汉语教学模式和方法，仍是重要的研究课题。教学模式、教学方法不求整齐划一，一定要适合当地的实际情况。还要关注海外学习者的有效学习时间，适当考虑教材的内容量，兼顾学习者的学习动机，选用学习者感兴趣的内容，因地、因人、因时地开展汉语教学。因此，我们应该兼收并蓄，因地制宜，根据学习者的特点、需求和各种教学目标，考虑到现有的条件和可以创造的条件，采用与之相适应的教学法或几种方法的结合，为提高国际汉语教学效果服务。“教学法的选择，只要遵循语言教学的基本原理，可依据当地国情，做灵活处理。只有掌握了汉语作为外语教学的一般规律，当我们走向世界各地进行汉语教学时，才能结合当地的实际情况，开展有针对性的汉语教学，形成当地汉语教学的特色。世界各地各具特色的汉语教学，才能共同打造蓬勃发展国际汉语教育的宏伟局面。”（赵金铭，2014）

崔希亮（2010）指出：“教学法是汉语教学的捷径，也是语言教学快捷有效的利器，得法者事半功倍，不得法者事倍功半。”吴中伟（2012）也阐述了“教学有法，但无定法，贵在得法”的教学方法辩证观。他认为，“教学有法”讲的是课堂教学是有规律可循的；“但无定法”说的是达成某一教学目标不可能事先规定好采取何种具体的教学方法；“贵在得法”意指课堂教学不能有悖于教学的规律、原则和原理，各种教学方法本身并无优劣之别，选择恰当与否、应用正确与否，就看是否合乎教学的规律、原则和原理。在笔者看来，对国际汉语教师而言，“教学有法”就是要学习和掌握国际汉语教学的基本原则和理念、常用的方法和技巧，汉语教学需要遵循这些基本原则和理念，采用一定的方法和技巧；“但无定法”就是要注意，学习和使用这些原则、理念、方法和技巧不能僵化，需要因人因境而变化；“贵在得法”就是学会根据学习者的特点和需求，根据教学情境的条件，参照基本的教学原则和理念，确定合理的教学目标，设计合适的教学内容和教学程序，采用恰当的教学方法和技巧，进行有效的汉语教学，从而提高汉语教学效果。

∷ 参考文献 ∷

曹贤文（2014a）《国际汉语有效教学研究》，北京：世界图书出版公司。

曹贤文（2014b）“继承语”理论视角下的海外华文教学再考察，《华文教学与研究》第4期。

崔希亮（2010）汉语国际教育“三教”问题的核心与基础，《世界汉语教学》第1期。

樊长荣（1999）外语教学中的折中主义，《外语教学与研究》第2期。

郭 熙（2012）《华语研究录》，北京：商务印书馆。

郭 熙主编（2007）《华文教学概论》，北京：商务印书馆。

何克抗（2013）关于“对外汉语教学”的深层理论思考——显著提升对外汉语教学质量的途径与方法探索，载姜明宝主编《汉语国际教育人才培养理论研究》，北京：北京语言大学出版社 / 中央广播电视大学音像出版社。

靳洪刚（2011）现代语言教学的十大原则，《世界汉语教学》第1期。

刘天伦（1999）从简单的统一到繁多的统一——有关外语教学法“名”与“实”的思辨，《外语界》第2期。

刘 珣（1997）试论汉语作为第二语言教学的基本原则——兼论海内外汉语教学的学科建设，《世界汉语教学》第1期。

吕必松（1990）《对外汉语教学发展概要》，北京：北京语言学院出版社。

Richards, J. C., J. Platt & H. Platt（2000）《朗文语言教学及应用语言学辞典（英英·英汉双解）》，管燕红译，北京：外语教学与研究出版社。

孙德坤（2008）教师认知研究与教师发展，《世界汉语教学》第3期。

吴勇毅（2009）汉语作为第二语言 / 外语教学模式的演变与发展，《华东师范大学学报（哲学社会科学版）》第2期。

吴中伟（2012）谈“基于原则的教学”，《对外汉语教学与研究》第1辑。

许 琳（2007）汉语国际推广的形势和任务，《世界汉语教学》第2期。

赵金铭（2007）对外汉语教学理念管见，《语言文字应用》第3期。

赵金铭（2008）汉语作为第二语言教学：理念与模式，《世界汉语教学》第1期。

赵金铭（2010）对外汉语教学法回视与再认识，《世界汉语教学》第2期。

赵金铭（2011）国际汉语教育研究的现状与拓展，《语言教学与研究》第4期。

赵金铭（2014）何为国际汉语教育“国际化”“本土化”，《云南师范大学学报（对外汉语教学与研究版）》第2期。

钟　棂（1979）15年汉语教学总结，《语言教学与研究》（试刊）第四集，又载盛炎、沙砾编《对外汉语教学论文选评（第一集）1949—1990》，北京：北京语言学院出版社，1993。

Anthony, E. M. (1963) Approach, method and technique. *English Language Teaching*, 17(2): 63-67.

Larsen-Freeman, D. (1990) On the need for a theory of language teaching. In J. E. Alatis (ed.), *Georgetown University Round Table on Languages and Linguistics*. Washington, D.C.: Georgetown University Press.

Richards, J. C. & T. S. Rodgers (2001) *Approaches and Methods in Language Teaching* (2nd edition). Cambridge: Cambridge University Press.

Stern, H. (1992) *Issues and Options in Language Teaching*. Oxford: Oxford University Press.

（本文原载于《汉语国际教育人才培养理念与实践》，姜明宝主编，北京语言大学出版社 / 中央广播电视大学音像出版社，2016年）

汉语作为传承语教学

海外传承语教育研究综述

摘　要　当双语教育在美国等国陷入低谷之际，“传承语教育”为保护少数族裔的语言和文化竖起了一面新的旗帜。文章分析了传承语教育兴起的背景，总结了海外传承语教育研究的发展概况，并从传承语和传承语学习者的界定、传承语习得特征、传承语学习者的身份认同、传承语教学研究等方面评析了海外传承语教育研究的热点问题，最后对借鉴传承语教育研究成果，更好地推动汉语在海外的传承和传播提出了希望。

关键词　传承语；传承语学习者；传承语习得；传承语教育；身份认同

语言传承是一切人类语言都存在的命题。一种强势的主导语言，通常依托社会力量强势传承，但弱势的少数族裔语言，却常常面临传承的困境。近年来，在美国、加拿大、澳大利亚等英语作为主导语言的国家，传承语教育理论与研究开始兴起并快速发展，本文拟对这些国家的传承语教育研究成果进行初步梳理和总结。

一　传承语教育兴起的背景

传承语教育在美、加、澳等英语为主导语言的移民国家兴起的背景是其复杂的人口变化和社会政治状况。以美国为例，随着移民人口的大量增加，美国语言和文化的多样性越来越明显。根据 2010 年人口普查数据，在过去几十年间，美国人口结构发生了重大变化，到2010年4月1日，美国少数族裔的人口为1.12亿，占全国人口（3.08亿）的36.36%，2000年这一比例是30.9%，10年间少数族裔人口增加了2500万。而1966年，在2亿美国人口中，白人占1.67亿，少数族裔人口只占16.5%。从2000年到2010年十余年间有1400万移民进入美国，美国人口中在国外出生的人数为3760多万，超过了美国人口的10%（据美国人口普查局2011年数据）。如果按照目前的趋势发展下去，预计到2050年，白人也将成为美国的“少数民族”，未来美国的社会、政治、文化和经济将因此受到重大影响（余东晖，2011）。人口族裔结构的变化带来了语言和文化多样性的变化，据统计，美国5岁以上的人口中，在家里说非英语语言的有5500多万，占相同年龄人口的近20%，说西班牙语、汉语、韩语、越南语等非英语的人口有了显著增长（据美国人口普查局2011年数据）。目前，美国有150多种非英语语言在社区中使用（Campbell & Christian，2001）。移民及其带来的语言和文化给美国的政治、经济和文化生活带来了巨大影响。

作为移民国家，长期以来，“语言作为问题”在美、加、澳等国的语言政策中占据主导地位，主流社会担心语言多元现象会影响儿童的英语能力并破坏社会的统一。为了维护英语的主导地位，这些国家采取各种措施限制和排斥非英语语言，努力将所有移民都同化并融入同一语言文化模式中去，使得少数族裔和原住民的母语被逐渐削弱，甚至完全消失（蔡永良，2007：296—297）。直到20世纪60年代，在世界民主化浪潮和民权运动风起云涌的背景下，“语言作为权利”的思潮开始兴起。以美国为例，1968年《双语教育法案》签署并成为法律，对非英语语言在美国的发展起到了重要推动作用。然而好景不长，到了20世纪80年代，美国社会对双语教育的支持日渐衰弱，而对其批评指责却日益尖锐。自从美国日裔参议员早川（Hayakawa）于1980年首次提出英语宪法修正案以来，在他和眼科医生坦顿（Tanton）发起的“唯英语”（English-only）运动的影响下，“合众为一”（Unwn）的“唯英语”观念在美国深深扎根，目前美国已有28个州通过了“唯英语”立法；另外，加利福尼亚州、亚利桑那州和马萨诸塞州先后投票通过了反双语教育公投（Wang，2010）。2002年，《不让一个孩子掉队》法案的通过更是给美国双语教育以致命一击，使得双语教育不再具有联邦法律执行效力（Wiley & Wright，2004）。其结果是，很多大学不再要求学生学习一门外语，很多中小学为了符合《不让一个孩子掉队》规定的测试标准，把教学精力都集中于让学生准备英语和数学标准化考试，从而放弃了外语和其他非测试科目的教学。

当“唯英语运动”有组织地强力推行时，双语教育已经名存实亡，但少数族裔并没有放弃传承语言文化的努力，他们仍通过各种努力，强烈希望能够保持自己的语言和文化遗产。同时，随着世界科学与文明的进步，越来越多有识之士认识到多元语言文化对人类文明的促进作用，“语言作为资源”的观念日益深入人心。由于传承语教育立足于在英语环境中维护与发展少数族裔语言，在英语作为通用语的基础上实现语言文化的多元化，因此有利于维护语言生态，缓解双语时代英语和少数族裔语言之间的张力，舒缓主流社会和少数族裔之间的紧张关系（朱波，2010）。人们日益认识到少数族裔的语言资源能给国家带来巨大的好处。特别是“9·11”事件后，对国家安全的关注和发展，以及21世纪全球竞争力的要求，使得学习外国语言和文化受到重视，从而大大推动了传承语教育在美国等国家的发展。

二　海外传承语教育研究发展概况

“传承语”（heritage language）一词最早出现在1977年加拿大“安大略传承语项目”的描述中（Cummins，2005），不过直到20世纪90年代，学者们才开始在语言政策与语言教育领域广泛使用这一术语，并逐渐开拓了一个专门的教育和学术研究领域。其中最明显的标志是在1996年美国外语教学学会（ACTFL）制定的《21世纪外语学习标准》中，“传承语者”（heritage speaker）一词首次被高频使用。在《21世纪外语学习标准》这样高级别的文件中纳入“传承语者”的概念，标志着传承语教育的巨大进步，即美国外语教学界正式承认并非所有的非英语语言学习者都是传统意义上的“外”语学习者。同时也让人们关注这样一个问题：传统的外语教学模式是否符合传承语学生的学习需求？

为推动传承语教育的发展，1999年美国应用语言学中心和美国国家外语中心在加州州立大学长滩分校联合召开了第一届美国传承语大会。会议倡议建设一种新的传承语教育体系，以应对国家、社区和公民在提升非英语语言能力方面日益迫切的需求。为了达到这一目的，会议确定了以下工作目标：（1）推动政策制定者和语言工作者就传承语发展及其策略进行对话；（2）在幼儿园、中小学、社区学校和大学各个教育层面设计、实施传承语项目，并做好不同教育层面项目之间的联结；（3）巩固已有的以社区为基础的传承语教育系统，鼓励向还没有开展传承语教育的社区发展；（4）鼓励正规教育系统与传承语社区语言学校 / 项目之间开展合作，实现资源共享和有效衔接；（5）鼓励对传承语发展及相关公共政策问题开展研究。

作为一个新兴的教育领域，明确本领域的重点研究内容和未来研究方向是促进传承语教育健康发展的基本任务。为了实现这一目标，2000年在加州大学洛杉矶分校召开了“传承语优先研究课题研讨会”。与会学者认为，需要对传承语者及家庭和社区、传承语教育政策、传承语教学和评估等领域开展多学科的研究，并讨论了传承语教育需要优先解决的重点研究课题，会后这些研究课题详细列在会议的总结报告中。在对传承语教育的重点研究课题进行充分讨论并形成共识以后，2002年，第二届美国传承语大会在华盛顿特区召开。这次会议的目标是让公众意识到传承语在经济、社会和个人等方面所能带来的益处，在全美促进关于传承语问题的对话，塑造传承语政策，分享传承语教育实践信息，在所有传承语群体中开展合作，设计从语言到行动的计划。

当传承语教育在美国兴起之际，它在澳大利亚也以“社区语”（community language）教育之名受到了广泛重视。为了促进美澳两国学者的交流，在第二届美国传承语大会召开前的2001年，数十位美国和澳大利亚学者以“传承语 / 社区语教育”为题，在墨尔本召开了一次对话会议，就如何发展、实施和评价“传承语 / 社区语教育”进行了深入讨论。这次会议之所以选择“传承语 / 社区语”这样一个复合术语，就是认识到这样的事实：美国学者采用中性的、包容性的“传承语”来代替“少数民族语言”“土著语言”“移民语言”“民族语言”“第二语言”或“外语”等称谓；澳大利亚学者则一直倾向于使用“社区语”来指称其境内的相似语言资源。这次会议从社区和身份认同、语言政策和生态、项目和课程开发、评估和调查等方面对“传承语 / 社区语教育”进行了深入讨论，并对之后的研究提出了具体建议。会议的研究成果集中刊登在 2005 年《国际双语教育和双语制学刊》第 2、3 期合集中。

上述重要会议不但吸引了社会公众和学术界对传承语教育问题的关注，也促成了相关学术组织与研究机构的成立，并推动了一批有关传承语教育研究文献的出版。第二次美国传承语大会后，由美国应用语言学中心发起的“美国传承语发展联合会”正式成立。2003 年，加州大学洛杉矶分校世界语言中心与语言教学联盟共同创立了美国传承语资源中心，并于同年创办了专业学术刊物《传承语学刊》。美国传承语资源中心于 2006 年成为美国教育部重点资助的 15 个国家语言资源中心之一[①]，是美国唯一的传承语资源中心，承担着传承语教育研究关键基地的角色。

除了美国和澳大利亚，加拿大积极支持传承语教育和保护的政策和措施也受到了较多关注。上文提到，传承语一词来源于加拿大“安大略传承语项目”的描述，不过加拿大传承语的概念与美国略有差异。在加拿大，传承语是指官方语言（英语和法语）之外的其他语言或者土著语言（Duff，2008）。加拿大全国范围内对少数族裔语言的关注首先跟国内最大少数族裔语言（法语）社区的历史地位有关。除了保护和提升英语和法语两种官方语言，即加拿大所谓的语言二元性，从 20 世纪 60 年代开始，加拿大对传承语开始了立法支持，由此促进了加拿大传承语教育和研究在七八十年代的快速发展。不过 20 世纪 90 年代，联邦基金大幅减少了对传承语教育的支持。近年来，情况有所好转，一股新的研究热潮开始兴起，学者们对如下课题展开了广泛研究：少数族裔学生校内外的多语读写能力、语言课堂中传承语学生与非传承语学生不同的语言表现、语言与身份认同，以及城市移民青年中的语码转

① 目前获得美国教育部重点资助的语言资源中心已达到 16 个。

换、异质语和三语制的社会语言学分析等（Duff，2008）。

总之，近20年来，海外传承语教育研究发展迅速，得到了社会各界越来越多的重视，成为应用语言学研究的热点领域。传承语教育研究的学术成果大量涌现，其中，影响较大的著作有：《教授传承语学习者：来自课堂的声音》《美国的传承语：保护国家的资源》《美国的西班牙传承语：研究和实践》《教授汉语、日语和韩语传承语学生：课程需求、教材和评估》《传承语教育：一个新兴的领域》《汉语作为传承语：培养扎根的世界公民》《美国的传承语、社区语言和原住民语言手册：研究、政策和教育实践》等。研究传承语教育的学术论文更是不胜枚举，根据传承语资源中心的统计，单是美国研究传承语教育相关问题的博士学位论文，从2006至2015十年间就多达251篇。国际上几大著名的外语学习刊物，如《现代语言学刊》《第二语言习得研究》《应用语言学年度评论》《国际双语教育和双语制学刊》等都出版了关于传承语教育的专刊。很多权威的外语教学研究综览，如Gass & Mackey（2012）主编的《劳特利奇第二语言习得手册》、Long & Doughty（2009）主编的《语言教学手册》、van Deusen-Scholl & Hornberger（2008）主编的《语言与教育百科全书》等都辟出专章讨论“传承语”教育问题。

近年来，在各种与语言教学和习得有关的大型学术会议上，传承语保持和传承语教育成为越来越热门的研究话题。为了研究传承语教育这一重要课题，培养传承语教育师资力量，推动传承语教育持续发展，美国传承语资源中心每年都定期举办系列研讨班和工作坊。自2007年起，该中心每年夏天都举办为期一周的传承语研讨班，目的是夯实传承语教育的研究基础，利用新的研究成果来探索教育教学方法。自2009年起，传承语资源中心每年夏天都举办传承语教师工作坊，以专门培养传承语师资。这些研讨班和工作坊对推动传承语教育的发展起到了重要作用。

随着传承语教学和研究的快速发展，越来越多的研究者加入这一新领域，研究范围扩展到了许多其他国家，特别是那些英语作为主导语言的移民国家（Hornberger，2005；Brinton et al.，2008；Duff & Li，2009；Bale，2010等）。为顺应这一新的国际趋势，2010年美国传承语资源中心在加州大学洛杉矶分校召开了首届传承语国际会议，来自20个国家和地区的约350名学者参加了这次会议。会议议题相当广泛，包括了当前传承语教育涉及的各个领域和研究热点。2014 年 3 月，由传承语资源中心和应用语言学中心联合主办的第二届传承语国际会议在加州大学洛杉矶分校成功召开。从会议议题和提交的论文来看，传承语教育已经发展为一个涉及人类学、人口统计学、社会学、政治学、教育学、心理学和语言学等多个学科的专门研究领域。

三 海外传承语教育研究的热点问题

3.1 传承语和传承语学习者的定义

“传承语”也译为“祖语”或“继承语”，常用的近似称谓有“家庭语言”（home language）、“社区语言”（community language）、“族裔语”（ancestral language）、“少数民族语言”（minority language）等。这些不同的术语既反映了多元化的研究视角，也反映了核心概念界定的困难及需要保持的弹性。下面介绍其中几种有代表性的观点。如上文所述，美国传承语教育的兴起最初是为了解决当下的教育问题，即外语课堂上如何应对小时候不同程度上接触过这门“外语”的“非传统的外语学习者”，因此《21世纪外语学习标准》等文件中最先提到的是“传承语者”，学者们对“传承语学习者”的界定也早于对“传承语”的界定。Valdés（2001）首先提出应该依据说或者理解这种语言的能力来定义“传承语学习者”，他认为：“传承语学习者是在说非英语的家庭里长大，会说或能听懂该家庭语言，并且在一定程度上具有英语和该传承语的双语能力。”Valdés（2001）的定义以具有一定的语言能力为标准，范围较窄。Fishman（2001）则指出，传承语是一种“与学习者有着某种特殊家庭联系的非英语语言”，在美国指的是移民和原住民在家庭和社区使用的英语之外的族裔语。根据美国社会的具体情况，Fishman 把传承语分为三类：（1）原住民传承语，即居住在美洲大陆的原住民使用的印第安语；（2）殖民传承语，即美国独立之前来自欧洲的殖民者使用的语言，主要有荷兰语、西班牙语、德语、法语等；（3）移民传承语，即美国独立后到来的移民使用的语言，如华人移民使用的汉语等。Fishman（2001）的定义和分类采用了经典的人类学视角，注重社会历史因素，着眼于与该语言的文化或族裔联系，是范围比较宽泛的传承语定义。

Polinsky & Kagan（2007）通过对以往研究的总结，提出可采取宽式和窄式两种方式来定义传承语和传承语学习者。她们认为Fishman（2001）对传承语的描述属于宽式定义，在宽式定义中，传承语是家庭和文化传承的一部分，该语言可能已不再在家里使用，传承语者可能也不会说，而要作为二语学习者来学习它。例如，某个移民家庭19世纪或者20世纪早期移居美国，作为在美国出生的第三、第四代移民，在与某一非英语语言密切联系的家庭和文化中长大，可能对那门语言有族裔文化上的兴趣，但是却没有说或听懂这门语言的能力，这样的学习者仍属于传承语学习者。传承语的窄式定义指"由于个体转向另一门主导语言而没有完全习得的第一门语言"。窄式定义着眼于从传承语学习者的语言能力来定义，即"传承语学习者"需具有一定的传承语能力而不仅仅是家庭传承纽带，窄式定义采用的是Valdés（2001）的观点。Montrul（2015）则尝试采用一种综合的观点，认为传承语是家庭的母语，也是社会非主流语言，传承语者的语言能力是一个连续统，包括从最基本的听或听说能力到接近完整母语的能力。

与传承语的宽式和窄式定义相对应，关于什么是传承语学习者也有下述两种视角：第一种是人类文化学视角，以Fishman（2001）的观点为代表。这一视角体现的是一种族裔取向，与该语言具有文化或族裔联系的人即为"传承语学习者"，强调追溯个体的语言文化之"根"。另一种是语言习得理论视角，它与传承语的窄式定义相对应，强调实际的语言能力和家庭背景，主要根据语言水平来定义学习者，以Valdés（2001）的观点为代表。这一视角强调传承语学习者的语言能力及其语言水平的差异，传承语学习者在儿童时期接触到某一语言，但由于转向另一门优势语言而未能完全习得该语言。在语言习得和教学领域，后一种观点获得了较多的支持，例如，Gass & Selinker（2008：23）明确主张："对于传承语习得研究来说，一个重要的问题是儿时接触和使用过这门语言。"

除了上述两种经典的理论视角以外，Hornberger & Wang（2008）等提出的社会心理学视角也比较有代表性。他们强调应该重视传承语学习者的自我身份认同和主观能动性，认为关于传承语学习者是应该根据语言水平、家庭纽带还是祖先来定义的争论，既没有考虑到学习者如何看待自己及其与所学语言的关系，没有考虑到教育和政策环境，也没有认识到个体自我身份建构的能动作用，实际上，很多假定的传承语学习者就抗拒被归入传承语学习者的范畴。Hornberger & Wang（2008）主张传承语学习者是“与某种非英语语言有着家庭或血缘联系的个体，他们可以自主决定自己是否是那种传承语的学习者”。因此，传承语学习者对该语言所属群体和文化的自我认同，以及学习该语言的动机和兴趣非常重要。van Deusen-Scholl（2003）认为传承语学习者具有某种“传承动机”，“是在与某种语言有很强的文化联系的家庭中长大的”，“是对祖裔语言产生兴趣的人”（何纬芸、苗瑞琴，2007）。这一视角也具有社会政治学方面的意义，让学习者感到他们拥有可以在当下重习忘却的母语、重拾丢失的传统并以此再造历史的权利。

传承语和传承语学习者本身都是十分复杂的现象，需要从不同角度进行深入研究。各取所需的多元化研究视角已经成为本领域的研究常态。例如，人们在做学习动机、身份认同等研究时，常采用宽式定义；在做语言习得、教学等研究时，一般采用窄式定义。从语言教学角度来看，采用宽式定义的传承语学习者在学习动机和对文化的熟悉度方面不同于二语学习者，但在语言水平方面则可能没有不同。因此，传承语宽式定义对于激发学习动机和促进目的语文化学习等具有一定的积极作用，而根据学习者语言能力所做的窄式定义对设计具体的语言教学更有针对性。这种左右逢源的做法反映了在形成和塑造一门新兴的传承语学科时，保持跨学科视角之间的弹性，既是解决传承语教育实践问题的需要，也“给我们对语言、文化、身份认同等之间的联系留下了思考的空间”（Kelleher，2010）。

3.2 传承语习得特征

在传承语理论提出之前，语言习得采用一语习得与二语习得二分的模式，要么属于一语习得，要么属于二语习得。“传承语”理论则认为窄式传承语习得独具特征，与一语习得、二语习得均不同，提出了传承语习得与一语习得、二语习得并立的三分模式。作为一种独立的语言习得模式，研究其独特的语言特征和习得规律是能否成为一个专门研究领域的核心内容。Kagan & Dillon（2008）在语言知识和语言能力方面对典型的传承语学习者与一般的外语学习者进行了比较。从表 1 中的比较可以看出，由于传承语学习者对目的语已经具备了一定的基础，他们比一般的外语学习者更容易达到接近母语者的高级语言水平，因此，Peyton et al.（2001）指出，这是一种有待开发的国家语言资源，可以在较短时间内培养国家需要的多种语言人才。

表 1　典型的传承语学习者与一般的外语学习者的语言知识和语言能力比较

语言知识和语言能力	典型的传承语学习者	一般的外语学习者
语音	发音、重音、语调等接近母语者水平，不过其发音系统可能是方言的	基本上获得了一种标准语或标准方言的发音系统，但有外语口音
词汇	词汇丰富，但这些词汇限于家庭、社区和宗教等使用场合，大量词语借自社会主导语言	词汇很有限，但与标准语或者有声望的方言一致
语法	能恰当地使用大部分语法，但不熟悉抽象的语法规则	熟悉语法规则，但不会流利使用，也不能在真实的生活交际中完全理解
社会语用规则	掌握与家人和社区成员之间语言互动的相关语用规则，但在其他社会互动领域的语言能力则较有限	除了适用于课堂的社会语用知识和能力外，其他方面的社会语用知识和能力非常有限
读写技能	没有发展出初级水平以上的读写技能，不过能够快速发展这方面的能力，在获得读写能力的早期就能学会处理冗长的文本	在发展读写能力方面具有较好或很好的基础

一般来说，传承语习得始于家中，而典型的二语学习则是从学校课堂中开始的。Benmamoun et al.（2010）指出：“从习得的角度看，传承语说话者在一些方面跟母语说话者相似，他们都在童年早期接触到目标语。然而，传

承语说话者在第一语言的接触方面又不同于母语者……他们对母语的接触被打断，其范围和领域受到限制，通常局限于家庭范围的家人之间或者社区成员之间。”由于传承语学习者在语言发展的重要阶段（语言习得关键期）转向另一门优势语言而中断了传承语的学习，因此，传承语习得可以视为发生在双语而非单语环境下未完成的一语习得，同时又具有二语习得的许多特点，即具有一语习得与二语习得的双重特征，但又与常规的一语习得和二语习得存在较大差异。Montrul（2010）对第一语言、第二语言和传承语三种语言习得的特征进行了比较（见表 2）。由表 2 可知，学习者早期对传承语的接触类似于一语习得，但在随后的语言发展中，一般在学习者进入当地主流教育系统学习之后，就中断了传承语的学习，转向了另一门优势语言，使得传承语的发展在语言习得关键期被迫中断。当学习者习得另一门优势语言后，再继续学习传承语时，由于受到优势语言的影响，传承语学习便具有了很多二语学习的特征。因此，传承语习得同时具有一语习得和二语习得的部分特征，但又与典型的一语习得或二语习得存在明显的差异。

表 2　一语习得、二语习得与传承语习得的特征比较

一语习得	二语习得
接触该语言早 *	接触该语言晚
自然条件下丰富的口头语言输入	教学和 / 或自然条件下的各种输入（包括口头语言和书面语言输入）
能控制年幼时获得的语言特征（例如，语音系统、一些词汇和语法结构等）	习得的语法可能是不完全的（没有机会发展其他结构和词汇）
产生语言发展错误	**产生语言发展和语言迁移错误**
结果是成功的、完全的	**语言水平是可变的，典型情况下习得是不完全的**
不发生化石化	**化石化很典型**
动机和情感因素对语言能力发展没有明显作用	**动机和情感因素对语言发展起作用**
5 岁后的学校学习使更复杂的结构和词汇得到发展，元语言技能也得到发展	接受读写与正式的教学

* 黑体为传承语习得的特征。

除了传承语习得呈现的这些一般性特征以外，不同语言、不同背景、不同层次的传承语语音、语法和词汇等特征也得到了比较深入的研究（参见 Benmamoun et al.，2010）。总之，十几年来传承语教育领域一直非常关注传承语从儿童到成年期的语言特征研究，这些研究既加深了对传承语及其习得特征的了解，也大大促进了传承语教育实践的发展。

3.3 传承语学习者的身份认同

传承语习得是传承语教育研究的中心内容，除了研究传承语习得的语言特征以外，习得中的个体差异研究也受到了较多关注。学习者个体差异因素通常包括语言接触年龄、语言学能、学习动机、交际意愿、认知风格、学习策略、学习焦虑、身份认同等。这些个体差异因素的相关研究，在传承语习得研究中都有涉及，其中最受关注的是传承语学习者的身份认同研究。20 世纪 90 年代，随着应用语言学领域的社会学转向，语言学习中的身份认同研究开始蓬勃发展。受到该潮流的影响，近十年来，身份认同研究在传承语教育领域也逐渐展开，并成为一个热门课题（Leeman，2015）。

身份认同研究最初是在传承语学习者对待传承语与文化的态度及学习动机研究的基础上发展起来的。例如，Tse（1998）重点研究了传承语学习者不同于其他语言学习者的独特之处，提出了“族裔身份认归模式”（ethnic identity model），用以探讨族裔身份、语言态度、学习动机与传承语发展之间的关系。Tse 通过对美国出生的亚裔成年人的研究，发现如果学习者对所学传承语和所属族裔持积极肯定的态度，就能更好地学习该语言。此后，许多研究显示，在传承语的学习中，除语言态度、学习动机等因素以外，学习者的族裔身份认同也对传承语的学习起着关键作用，对传承语所属文化和族群的积极认同态度将能促进该语言的学习（何纬芸、苗瑞琴，2007）。

身份认同是关于“我是谁”或“我们是谁”的问题，它关注个人或群体对其独立性和特殊性的认识。起初“传承语学习者”只是一个教育分类，主要由研究者、教师和管理者给某类学生指定一种身份（Wiley，2005；Hornberger & Wang，2008）。但随后学者们发现，身份认同并不是一个固定的、静止的状态，而是流动性的、通过社会建构起来的，是由语言作为中介不断协商发展和由学习者不断自我定位的过程，身份认同与语言学习之间具有非常密切的互动关系（He，2006；Hornberger & Wang，2008；Leeman，2015）。首先，外在环境在传承语学习者身份认同的过程中发挥着重要作用。例如，语言政策的制定、人们对待语言的观念等既可能加强也可能阻碍传承语学习者的多语身份认同（He，2006；Leeman，2015）。如果语言政策鼓励双语教育，提倡传承语学习，把传承语视为一种语言资源和文化资本，就将有利于传承语学习者多语身份的建构和认同，反之则会起到阻碍作用。家庭语言环境及父母对待传承语的态度也直接影响着子女的语言选择和身份认同。如果父母在家里使用祖裔语言，期待子女传承祖裔语言文化，并鼓励习得祖裔语言形成双语或多语身份的多元语言文化世界观，就会对子女的祖裔语言学习和多语多文化身份认同产生积极的影响。反之，如果父母对祖裔语言持消极态度，不鼓励子女在成长过程中学习祖裔语言，子女便极少会产生对祖裔语言的身份认同（Shin，2010；张浩，2015）。

其次，传承语学习者的成长经历、语言使用和语言学习实践也是影响身份认同的关键因素。家庭成员间的语言使用经历、个人的社会化过程、同质或异质的成长环境、就读学校学生构成的多样化程度等诸多方面都会影响传承语学习者对特定语言的归属感和认同感（Ceginskas，2010；张浩，2015）。He（2006）认为传承语者的“身份认同是在真实世界的社会互动中通过动态协商、验证、挑战和变化”建构起来的。换句话说，语言实践和语言习得决定人们的语言认同，也改变人们的语言认同。因此，传承语者的身份认同是在多元文化环境中不断协商和自我定位的过程。通过把自己定位为与传承语文化和主流文化有关的内部或外部人员，传承语者参与到了动态多层的传承语身份认同的不断变化和协商过程中。He（2006）指出，传承语学习者的自我身份认同与其语言发展具有明确的联系，传承语的发展依赖于传承语学习者“在真实世界和多元交际中能够多大程度上连续地发展出混合的、情景化的身份和立场”。由此，从传承语学习者身份认同、身份建构的研究进一步发展出对其认知立场和情感表述等方面的研究（肖旸等，2017）。

尽管身份认同频繁出现于传承语教育研究文献中，但直到最近十年学者们才开始对该课题进行实证研究。继 2010 年《传承语学刊》推出传承语与身份认同研究专刊之后，Leeman（2015）从身份认同与语言学习、作为一种身份的传承语学习者、基于问卷调查的传承语学习者视角、基于访谈的传承语学习者的投资和身份认同、传承语课堂中的身份建构以及传承语教育和身份认同等方面，对传承语教育领域中的身份认同研究进行了总结和评述，其中关于传承语学习原因分析和身份认同的问卷调查研究、传承语学习者如何看待自己及其与传承语关系的质化访谈研究，以及传承语学习者身份建构的课堂互动研究等实证研究成果尤其值得关注。

3.4 传承语教学研究

上述研究表明，传承语学习者具有既不同于传统母语学习者又不同于外语学习者的特点，因此，针对传承语学习者的教学既有别于传统的母语教学，也有别于外语或者第二语言教学。然而，目前美、加、澳等国主流的教育体系基本上都把传承语学习者跟外语学习者放在一起并采用外语教学模式进行教学。在这样的教学模式下，传承语学生的教育需求常常遭到忽视，他们经常被视为有问题的一类。传承语教育理论的提出为这些学生的学习开辟了一个适合教育和讨论的空间。

针对典型的传承语学习者与外语学习者的不同特点，Kagan & Dillon（2001）提出应分别采用宏观和微观两种教学路径进行针对性教学，表 3 是这两种教学路径的具体内容。

表 3　语言教学的宏观路径和微观路径

教学领域	宏观路径（传承语教学）	微观路径（二语 / 外语的教学）
词汇教学	与学习者年龄相适应的，着重书面的、正式的、学术的词汇	全部领域的各种词汇
阅读教学	几乎从一开始就可以是篇幅大的、复杂的文本	一开始是小文本，慢慢增加容量和复杂性
写作教学	强调内容，同时提高拼写、语法和风格	由句子逐渐提升至段落
说话教学	强调独白和讨论	由对话逐渐进步到独白和讨论
听力教学	各种各样的本族语言输入（如电影、纪录片、演讲等）	由简短的文本逐渐增加容量和复杂性
文化教学	包含相关文化信息的全领域语言输入（如音频、视频和纸本材料等）	开始是孤立的、去语境化的、学习者了解非常有限的文化项目

传承语学习者与外语学习者之间的一项重要差别在于教学开始时语言水平的不一致。Montrul（2008）指出，根据ACTFL的口语水平测试（OPI）标准，大多数在美国长大的成年西班牙语传承语学习者的口语水平为中级到高级，而其他传承语学习者的口语水平相对较低。此外，传承语学习者听说读写各项技能的发展很不平衡，根据学生的自我评估（NHLRC，2017），听力被认为是传承语学习者最强的技能，其次是说的技能，再次是读和写的技能。传承语学习者的发音通常好于二语学习者。跟二语学习者相比，传承语学习者的词汇量更大，但限于家庭领域和人际的、非正式的语域。一般来说，传承语学习者对语法的理解很好，但语法产出可能有问题。其语言可能有地域特点、方言特征，以及其他非学术的、非正式的、非高声望的特征。写作方面的典型特征是标音的、非精确的，并且缺乏语域意识及使用复杂句式的能力（Friedman & Kagan，2008）。

传承语学习者在语言表现上的这些特点跟典型的外语学习者差异甚大，尤其是初级和中级水平。从教育实践来看，过去的传承语教育主要是在主流教育系统之外的、以社区为基础的周末学校或者社区中心进行，如今除了以社区为基础的学校继续扮演重要角色以外，主流教育系统中的大中小学也参与其中。现在，美、加、澳等国主流教育系统已经接纳了传承语教育理论，并在教学实践层面采取了相应的措施。例如，美国、加拿大一些大学中的西班牙语、汉语教学项目已经开始在初、中级教学阶段对传承语学习者和外语学习者采取双轨教学。特别是一些传承语学习者数量较大、学校教学资源比较充足的大学，如哈佛大学、耶鲁大学、普林斯顿大学、加州大学洛杉矶分校等著名高校的汉语项目，已经开始在初级阶段分设“汉语常规班”和“传承语学习者班”。前者针对的是没有汉语背景的非华裔学生，从真正的零起点开始；后者针对的是有一定听说基础的华裔学生（有时也有个别小时候在中国生活过的非华裔学生）。有些学校甚至实施三轨教学，例如，康奈尔大学根据学习者的背景，把初级汉语教学分成三种类型：“汉语常规班”“普通话背景的传承语班”和“粤方言背景的传承语班”。关于美国大学汉语传承语教学的整体情况，Xiang（2016）进行了比较全面的介绍和总结，有兴趣的读者可以参阅。

如何对待少数族裔的语言和文化，长期以来一直是困扰美国、加拿大、澳大利亚等国的重大社会和政治问题。20 世纪 90 年代以来，在提倡保护少数族裔语言的双语教育举步维艰甚至“基本上从美国联邦教育政策的词典里消失”之际（张东辉，2008），保护少数族裔语言和文化的力量在“传承语教育”的旗帜下重新汇集，传承语及其文化上的价值日益受到人们的重视。美国传承语资源中心的调查结果显示，在受调查的儿童中，98% 的家庭支持孩子保持自己的族裔语言。越来越多的有识之士认识到，作为国家宝贵的语言资源，传承语可以增加美国在社会、经济和政治等方面的福祉。经过十多年的发展，无论是理论研究还是教学实践，传承语教育都已取得很大的进展。不过根据 Valdés（2001）的研究，尽管传承语是美国个人、家庭、社区和国家的宝贵资源，但这种资源长期被严重忽视，并且一直面临着遭到强势英语不断侵蚀甚至过了三代就会丢失的危险。因此，如何引起社会公众对传承语教育的关注，支持传承语教育的发展，并做好传承语的代际传承，在以美、加、澳等英语作为强势语言的移民国家，将是一项长期而艰巨的工作。

当前中国正在大力推进海外华文教育，从美、加、澳等国主流社会角度来看，华文教育是一种传承语教育，如何让华文教育与这些国家本土主流学术界兴起的传承语教育理论和实践结合起来，从而更好地推动汉语在海外的传承和传播，是我们进行华文教育规划时需要着力研究的重要课题。从这个意义上说，海外华文传承语教育既方兴未艾，又任重道远。

∷ 参考文献 ∷

蔡永良（2007）《美国的语言教育与语言政策》，上海：上海三联书店。

何纬芸、苗瑞琴（2007）继承语之习得及其社会化，载姬建国、蒋楠主编《应用语言学——西方人文社科前沿述评》，北京：中国人民大学出版社。

肖　旸等（2017）《“汉语传承语教育与研究”专题讨论》，国际汉语教师

500强公众号群论综述。

余东晖（2011）美国亚裔人口逾1700万　人口多元化更明显，《侨报》3月24日。

张东辉（2008）美国双语教育的历史演变与政策反思，《比较教育研究》第6期。

张　浩（2015）海外语言与身份认同实证研究新发展，《外语研究》第3期。

朱　波（2010）继承语在美国的发展及其原因，《学海》第6期。

Bale, Jeffrey (2010) International comparative perspectives on heritage language education policy research. *Annual Review of Applied Linguistics*, 30: 42-65.

Benmamoun, Elabbas, Silvina Montrul & Maria Polinsky (2010) *White Paper: Prolegomena to Heritage Linguistics*. Harvard University.

Brinton, Donna M., Olga Kagan & Susan Bauckus (eds.) (2008) *Heritage Language Education: A New Field Emerging*. New York: Routledge.

Campbell, N. Russell & Donna Christian (2001) Heritage language education: Needed research. In Joy Kreeft Peyton, Donald A. Ranard & Scott McGinnis (eds.), *Heritage Languages in America: Preserving a National Resource.* McHenry: Center for Applied Linguistics & Delta Systems.

Ceginskas, Viktorija (2010) Being 'the strange one' or 'like everybody else': School education and the negotiation of multilingual identity. *International Journal of Multilingualism*, 7(3): 211-224.

Cummins, Jim (2005) A proposal for action: Strategies for recognizing heritage language competence as a learning resource within the mainstream classroom. *The Modern Language Journal*, 89(4): 585-592.

Duff, Patricia A. (2008) Heritage language education in Canada. In Donna M. Brinton, Olga Kagan & Susan Bauckus (eds.), *Heritage Language Education: A New Field Emerging.* New York: Routledge.

Duff, Patricia A. & Duanduan Li (2009) Indigenous, minority, and heritage language education in Canada: Policies, contexts, and issues. *The Canadian Modern Language Review*, 66(1): 1-8.

Fishman, Joshua A. (2001) 300-plus years of heritage language education in the United States. In Joy Kreeft Peyton, Donald A. Ranard & Scott McGinnis (eds.), *Heritage Languages in America: Preserving a National Resource*. McHenry: Center for Applied Linguistics & Delta Systems.

Friedman, Debra & Olga Kagan (2008) Academic writing proficiency of Russian heritage speakers: A comparative study. In Donna M. Brinton, Olga Kagan & Susan Bauckus (eds.), *Heritage Language Education: A New Field Emerging*. New York: Routledge.

Gass, Susan & Alison Mackey (eds.) (2012) *The Routledge Handbook of Second Language Acquisition*. New York: Routledge.

Gass, Susan & Larry Selinker (2008) *Second Language Acquisition: An Introductory Course* (3rd edition). New York, NY: Routledge/Taylor & Francis.

He, Agnes Weiyun (2006) Toward an identity theory of the development of Chinese as a heritage language. *Heritage Language Journal*, 4(1): 1-28.

Hornberger, Nancy H. (ed.) (2005) Heritage/Community language education: US and Australian perspectives. *International Journal of Bilingual Education and Bilingualism*, 8(2&3): 101-108.

Hornberger, Nancy H. & Shuhan C. Wang (2008) Who are our heritage language learners? Identity and biliteracy in heritage language education in the United States. In Donna M. Brinton, Olga Kagan & Susan Bauckus (eds.), *Heritage Language Education: A New Field Emerging*. New York: Routledge.

Kagan, Olga & Kathleen Dillon (2001) A new perspective on teaching Russian: Focus on the heritage learner. *Slavic and East European Journal*, 45(3): 507-518.

Kagan, Olga & Kathleen Dillon (2008) Issues in heritage language learning in the United States. In N. Deusen-Scholl & N. Hornberger (eds.), *Encyclopedia of Language and Education (Volume 4): Second and Foreign*

Language Education (2nd edition). New York: Springer Science + Business Media LLC.

Kelleher, A. (2010) *Policies and Identities in Mandarin Education: The Situated Multilingualism of University-Level "Heritage" Language Learners*. Ph. D. dissertation. Davis: University of California.

Leeman, Jennifer (2015) Heritage language education and identity in the United States. *Annual Review of Applied Linguistics*, 35: 100-119.

Long, Michael H. & Catherine J. Doughty (eds.) (2009) *The Handbook of Language Teaching*. Oxford: Blackwell.

Montrul, Silvina (2008) *Incomplete Acquisition in Bilingualism: Re-examining the Age Factor*. Amsterdam: John Benjamins.

Montrul, Silvina (2010) Current issues in heritage language acquisition. *Annual Review of Applied Linguistics*, 30: 3-23.

Montrul, Silvina (2015) *The Acquisition of Heritage Languages*. Cambridge: Cambridge University Press.

NHLRC (National Heritage Language Resource Center) (2017) Tenth Heritage Language Research Institute. https://nhlrc.ucla.edu/nhlrc/events/institute/2017/home.

Peyton, Joy Kreeft, Donald A. Ranard & Scott McGinnis (eds.) (2001) *Heritage Languages in America: Preserving a National Resource*. McHenry: Center for Applied Linguistics & Delta Systems.

Polinsky, Maria & Olga Kagan (2007) Heritage languages: In the 'wild' and in the classroom. *Language and Linguistics Compass*, 1(5): 368-395.

Shin, Sarah J. (2010) "What about me? I'm not like Chinese but I'm not like American": Heritage-language learning and identity of mixed-heritage adults. *Journal of Language, Identity, & Education*, 9(3): 203-219.

Tse, Lucy (1998) Ethnic identity formation and its implications for heritage language development. In S. Krashen, L. Tse & J. McQuillan (eds.), *Heritage Language Development*. Culver City, CA: Language Education

Associates.

Valdés, Guadalupe (2001) Heritage language students: Profiles and possibilities. In Joy Kreeft Peyton, Donald A. Ranard & Scott McGinnis (eds.), *Heritage Languages in America: Preserving a National Resource*. McHenry: Center for Applied Linguistics & Delta Systems.

van Deusen-Scholl, N. (2003) Toward a definition of heritage language: Sociopolitical and pedagogical considerations. *Journal of Language, Identity, & Education*, 2(3): 211-230.

van Deusen-Scholl, N. & Nancy H. Hornberger (eds.) (2008) *Encyclopedia of Language and Education (Volume 4): Second and Foreign Language Education* (2nd edition). New York: Springer Science + Business Media LLC.

Wang, Shuhan (2010) Chinese language education in the United States: A historical overview and future directions. In J. Chen, C. Wang & J. Cai (eds.), *Teaching and Learning Chinese: Issues and Perspectives*. IAP-Information Age Publishing, Inc.

Wiley, Terrence G. (2005) The reemergence of heritage and community language policy in the U.S. national spotlight. *The Modern Language Journal*, 89(4): 594-601.

Wiley, Terrence G. & W. E. Wright (2004) Against the undertow: Language-minority education policy and politics in the "age of accountability". *Educational Policy*, 18(1): 142-168.

Xiang, Xuehua (2016) The teaching of Chinese to heritage language learners at the post-secondary level. In J. Ruan et al. (eds.), *Chinese Language Education in the United States*. Springer International Publishing.

（本文原载于《语言战略研究》2017 年第 3 期）

传承语教育理论与海外华文教学*

摘　要　语言教学传统上采用第一语言与第二语言、母语与外语这种二元方式来划分教学类型，而近年来兴起的“传承语”理论则认为传承语习得与一语习得和二语习得均不相同，具有自己独有的特征，提出传承语教学、第一语言教学、第二语言教学的三分模式。本文从这一新的理论视角对汉语教学的类型重新进行划分，认为华文教学就是汉语传承语教学，狭义的华文教学具有既不等同于汉语第一语言教学也不等同于汉语第二语言教学的特点，提出针对汉语传承语学习者应采取相应的有效路径和方法。

关键词　传承语；汉语传承语学习者；华文教学；汉语作为外语的教学

一　引　言

随着中国综合国力和国际影响力的快速增长，“汉语热”持续升温，海外汉语学习人数不断增长，目前已达5000多万（许琳，2013）。在日益扩大的海外汉语学习者群体中，既包括数量庞大的非华裔学习者，也包括数量同样众多的华裔学习者。近几十年来，针对非华裔学习者的汉语教学一直处于国际汉语教学研究的中心位置，而针对华裔学习者的汉语教学却未

---

* 本研究得到国家社科基金项目“动态系统理论视角下汉语二语发展中的变异研究”（14BYY088）资助。

能得到相应的重视，尤其是上述两类海外汉语学习者的共性特征和个性差异，至今仍缺乏系统的比较分析和深入讨论。

传统上，我们将针对海外华裔学习者的汉语教学称为华文教学（郭熙主编，2007：1）。近年来，对华文教学的研究引起了一些学者的关注，不过学界对于华文教学的性质、华文学习者的语言特征和学习特点，以及华文教学应采取的有效教学方式等重要问题仍缺乏比较一致的认识。例如，就华文教学的性质来说，传统上主要依据教学对象的血缘关系和族属意识来界定，然而从学科范畴来讲，华文教学到底是一种什么类型的语言教学？跟其他类型的语言教学具有怎样的区别和联系？到目前为止，学界的看法仍存在较大分歧。

早期的海外华人侨居国外，绝大部分保留中国国籍，仍将自己视为中国国民，他们在当地兴办华文教育，希望在国外的华文学校能与国内的教育体制保持一致（麦礼谦，1999；许肇琳，1993），所以早期的海外华文教育基本上等同于国内的语文教育。二战以后，由于国际形势的巨大变化，海外华人出现了从“落叶归根”到“落地生根”的转变，他们大量融入当地社会，加入当地国籍而成为当地国的公民。而且随着土生华人的增加，华人社会和海外华文教育均发生了巨大变化，原有的语文教育方式开始不能完全适应海外华文教学的现实状况。

受到对外汉语教学理论的影响，从上世纪八九十年代开始，一些学者提出应该把华文教学作为第二语言教学。例如，吕必松（1992：1、2007：6）、蔡振翔（1996）、贾益民（1998、2007）、张胜林（2001）等都认为，华文教学是指以海外华人学生为对象的汉语作为第二语言教学。不过李军、刘峰（2006）等则对上述观点表达了自己的担忧，他们主张“华文教育应该是一种新型的母语教育”，认为“将东南亚地区的华文教育当作第二语言教学来对待存在很多的不当，必须尽快扭转这种很大程度上是由中国大陆教学理念的影响和受过中国华文教育师资培训的老师的倡导而形成的教学指导思想”。另一些学者则试图糅合上述两种观点：李方（1998）提出华文教学是一种含有母语基因的非母语教学；班弨（2008）把汉语与海外华人母语的关系分为母语、半母语和非母语；范开泰（2008）认为，“华文教学既是本族语教学又是外国语教学，既有第一语言教学的因素又有第二语言教学的因素”；郭熙（2004）则把海外华人社会的汉语教学细分为四种类型：多元环境下的母语第一语文教育、多元环境下的母语第二语文教育、多元环境下的母语第二语文教育（方言）和学龄阶段的汉语作为第二语言的教学；吴英成（2009）根据新加坡的情况，把华文教学划分为第一语言教学和第二语言教学两种类型；李宇明（2009）也持有类似的观点，但认为不管是第一语言的华文教学还是第二语言的华文教学都是母语教学。此外，也有一些学者明确将针对华裔的华文教学与针对非华裔的汉语二语/外语教学区分开来，认为它们分属于不同性质的汉语教学，如宗世海（2010）、丘进（2010）、郭熙（2012）等。凡此种种观点和论争，既说明海外华文教学的性质仍有待进一步廓清，也显示仅根据第一语言与第二语言、母语与外语这种传统的二元方式来界定华文教学的属性可能并不合适，需要从理论上另辟蹊径。

与针对海外华裔移民后代的华文教学相仿，国际上也存在着针对西班牙裔海外移民后代的西班牙语教学、针对法国裔海外移民后代的法语教学、针对日本裔海外移民后代的日语教学，等等。最近一二十年来，国际学术界逐渐认识到，这一类语言教学既不等同于第一语言母语教学，也跟一般的外语或二语教学存在着明显差异。为了解决这类教学面对的理论和实践问题，一种新的理论——“传承语”（heritage language）教学理论开始兴起。“传承语”理论跳出了传统上从第一语言与第二语言、母语与外语这种二元角度划分语言教学的窠臼，提出了一套新的理论体系，对“传承语”的性质、“传承语”学习者的特点和相关教学实践进行分析研究。本文将在介绍这一新兴理论的基础上对海外华文教学重新进行考察。

二 “传承语”理论及相关研究

2.1 “传承语”理论研究的发展历史

“传承语”一词最早出现于1977年加拿大“安大略传承语项目”的描

述中，不过直到20世纪90年代，学者们才开始在语言政策和语言教育领域广泛使用这一术语（Cummins，2005）。其中最明显的标志是，在美国外语教学学会（ACTFL）1996年制定的《21世纪外语学习标准》中，“传承语者”（heritage speaker）一词首次被高频使用。在《21世纪外语学习标准》这样高级别的文件中纳入“传承语者”的概念，标志着传承语教学研究的巨大进步，即美国外语教学界正式承认并非所有的非英语语言的学习者都是传统意义上的“外”语学习者。更重要的是，它引发了人们关注这样一个事实：传统的外语教学模式是否符合传承语学生的学习需求？（Webb & Miller，2000）为了推动传承语教育的发展，1999年美国应用语言学中心、美国国家外语中心在加州州立大学长滩分校召开了第一届美国传承语大会。会议倡议建设一种新的传承语教育体系，以应对国家、社区和公民在提升非英语语言能力方面日益迫切的需求。接着，2000年在加州大学洛杉矶分校召开了“传承语优先研究课题研讨会”，与会学者就传承语教育的重点研究内容和未来研究方向进行了深入讨论，提出了传承语教育需要优先解决的一系列重点研究课题。在对传承语教育的基本理论问题形成共识以后，2002年，第二届美国传承语大会在华盛顿特区召开。这次会议的目标是让公众意识到传承语在经济、个人和社会等方面能带来的益处，设计从语言到行动的计划（参见AAHL，2014）。

上述三次重要会议不但吸引了社会公众和学术界对传承语教育问题的关注，也促成了相关学术组织和研究机构的成立，并推动了一批有关传承语教育研究文献的出版。第二次美国传承语大会后，由应用语言学中心发起的“美国传承语发展联合会”正式成立（AAHL，2014）。2003年，加州大学洛杉矶分校世界语言中心和语言教学联盟共同创立了美国传承语资源中心，并于同年创办了专业学术刊物《传承语学刊》。美国传承语资源中心于2006年成为美国教育部重点资助的15个国家语言资源中心之一[①]，是美国唯一的传承语资源中心，承担着传承语教育研究关键基地的角色（参见NHLRC，2014）。随着传承语教学和研究的快速发展，越来越多的研究者

① 目前获得美国教育部重点资助的语言资源中心已达到16个。

加入了这一新兴领域，研究范围也超出美国，扩展到了其他许多国家。为适应这一新的国际趋势，2010 年美国传承语资源中心在加州大学洛杉矶分校主办了首届传承语国际会议，第二届传承语国际会议也于 2014 年 3 月成功召开。

十几年来，传承语教育研究迅速发展，受到了社会各界越来越多的重视，并成为应用语言学研究的热点领域之一。例如，国际上几大著名的外语学习刊物，如《现代语言学刊》《应用语言学年度评论》《第二语言习得研究》《国际双语教育和双语制学刊》等都出版了关于传承语教育的专刊；很多权威的外语教学研究综览，如 van Deusen-Scholl & Hornberger（2008）主编的《语言与教育百科全书》、Long & Doughty（2009）主编的《语言教学手册》、Gass & Mackey（2012）主编的《劳特利奇第二语言习得手册》等都辟出专章讨论“传承语”教学问题。同时，关于传承语理论和教学研究的学术论文、著作和博士毕业论文也大量涌现，“传承语学习研究已经成为继英语作为第二语言研究之后的一个独立的新兴研究领域”（Kagan & Dillon，2008）。

2.2 对“传承语”和“传承语学习者”的界定

“传承语”的同义称谓很多，常用的有“社区语言”（community language）、“家庭语言”（home language）、“少数民族语言”（minority language）、“祖语”（ancestral language）等（Center for Applied Linguistics，2014；陈平，2013）。Fishman（2001）根据美国的情况，把传承语定义为一种“与学习者有着某种特殊家庭联系的非英语语言”。Valdés（2001）则依据说或者理解这种语言的能力来定义“传承语学习者”，认为“传承语学习者是在说非英语的家庭里长大，会说或能听懂该家庭语言，并且在一定程度上具有英语和该传承语的双语能力”。Polinsky & Kagan（2007）提出可以从广义和狭义两个角度来定义传承语，她们认为 Fishman（2001）对传承语的描述属于广义的定义。广义的传承语是家庭和文化传承的一部分，这门语言可能已不再在家里使用，传承语说话人也可能不会说，而要作为一个二语学习者来学习这门语言。狭义的传承语则是“由于个体转向另一门主导语言而没有完全习得的第一门语言”。狭义的定义着重于传承语学习者的语言能力，即具有一定程度的传承语能力而不仅仅是具有家庭传承纽带，这一认识比较接近 Valdés（2001）的观点。从语言教学的角度来看，广义的传承语定义对于激发学习动机和促进目的语文化学习等具有一定的积极作用，而根据学习者的语言能力所做的狭义传承语定义对设计具体的语言教学更有针对性。

传承语的广义和狭义定义代表了界定传承语学习者的两种不同视角：（1）族裔、历史和社会政治视角。“传承语学习者是对祖裔语言产生兴趣的人。”（何纬芸、苗瑞琴，2007）他们具有某种“传承动机”（heritage motivation），是在与某种语言有很强文化联系的家庭中长大的（van Deusen-Scholl，2003）。这一定义代表了一种族裔取向，追溯个体的语言文化之“根”，同时也有社会政治学方面的意义，即让学习者感到他们拥有可以于当下重习忘却的母语、重拾丢失的传统以再造历史的权利。（2）基于实际的语言能力和家庭语言环境视角，即传承语学习者需要具有一定程度的传承语能力，仅有族裔关系而不具有任何传承语能力的人不视为传承语学习者，Valdés（2001）的定义采用的就是这种视角，这种视角更加关注传承语学习者的语言能力及其水平上的差异。

2.3 传承语学习者的语言特点

2.3.1 传承语学习者与外语学习者的差别

根据 Campbell & Rosenthal（2000）的研究，典型的传承语者具有如下语言特征：类似母语的发音和流利性，掌握大部分句法规则，词汇量丰富，熟悉与语言使用有关的基本隐性文化规范，但缺乏正式的、高级的语域知识，读写能力差，使用不标准的变异形式，以及不同传承语说话者在语言能力上存在很大的差异，等等。Polinsky & Kagan（2007）指出传承语说话者的听力比其他方面的语言能力强，说话能力“构成一个连续统，一头是类似于本族语者的能力，另一头是仅能说一点日常家庭用语”。Kagan & Dillon（2008）将传承语学习者和外语学习者的语言知识和能力进行了系统的比较（见表 1）。

表 1 典型的传承语学习者与一般的外语学习者的语言知识和语言能力比较

语言知识和语言能力	典型的传承语学习者	一般的外语学习者
语音	发音、重音、语调等接近母语者水平，不过其发音系统可能是方言的	基本上获得了一种标准语或标准方言的发音系统，但有外语口音
词汇	词汇丰富，但这些词汇限于家庭、社区和宗教等使用场合，大量词语借自社会主导语言	词汇很有限，但与标准语或者有声望的方言一致
语法	能恰当地使用大部分语法，但不熟悉抽象的语法规则	熟悉语法规则，但不会流利使用，也不能在真实的生活交际中完全理解
社会语用规则	掌握与家人和社区成员之间语言互动的相关语用规则，但在其他社会互动领域的语言能力则较有限	除了适用于课堂的社会语用知识和能力外，其他方面的社会语用知识和能力非常有限
读写技能	没有发展出初级水平以上的读写技能，不过能够快速发展这方面的能力，在获得读写能力的早期就能学会处理冗长的文本	在发展读写能力方面具有较好或很好的基础

从上表可以看出，由于传承语学习者对目的语已经具备了一定基础，他们比一般的外语学习者更容易达到接近母语者的高级语言水平，因此，这是一种有待开发的语言资源（Peyton et al.，2001）。

2.3.2 传承语习得与一语习得和二语习得的异同

一般来说，传承语习得始于家中，而典型的二语学习则是从学校课堂中开始的。由于传承语学习者在语言发展的重要阶段（语言习得关键期）转向另一门优势语言而中断了传承语的学习，因此，传承语习得可以视为发生在双语而非单语环境下未完成的一语习得，同时又具有二语习得的很多特点，即具有一语习得和二语习得的双重特征，但又不同于常规的一语习得和二语习得。Montrul（2010）对第一语言、第二语言和传承语三种语言习得的特征进行了比较（见表 2）。

表 2　一语习得、二语习得和传承语习得的特征比较

一语习得	二语习得
接触该语言早 *	接触该语言晚
自然条件下丰富的口头语言输入	教学和 / 或自然条件下的各种输入（包括口头语言和书面语言输入）
能控制年幼时获得的语言特征（例如，语音系统、一些词汇和语法结构等）	习得的语法可能是不完全的（没有机会发展其他结构和词汇）
产生语言发展错误	**产生语言发展和语言迁移错误**
结果是成功的、完全的	**语言水平是可变的，典型情况下习得是不完全的**
不发生化石化	**化石化很典型**
动机和情感因素对语言能力发展没有明显作用	**动机和情感因素对语言发展起作用**
5 岁以后的学校学习使更复杂的结构和词汇得到发展，元语言技能也得到发展	接受读写与正式的教学

* 黑体为传承语习得的特征。

由上表可知，学习者早期对传承语的接触类似于一语习得，但在随后的语言发展中，通常是在学习者进入当地的主流教育系统学习后，就中断了传承语的学习，转向了另一门优势语言，使得传承语的发展在语言习得关键期被迫中断。当学习者习得另一门优势语言后，再继续学习传承语时，由于受到优势语言的影响，传承语学习便具有了很多二语学习的特征，因此，传承语习得既有一语习得的部分特征，又兼有二语习得的部分特征，但又不完全等同于一语习得或二语习得。

基于上述传承语学习者与外语学习者、传承语习得与一语习得和二语习得之间的差异，下文将据此对华文教学的性质进行重新考察。

三 汉语作为“传承语”的华文教学再考察

3.1 华文教学的性质

根据传承语理论，我们认为，华文教学本质上是针对海外华裔汉语学习者的一种传承语教学。传承语有广义和狭义之分，相应地，华文教学也可分为广义的华文教学和狭义的华文教学。狭义的华文教学，其教学对象的特点是小时候接触过华语（包括方言），但在成长过程中由于转向另一门主体语言而没有完全习得华语，因而需要把华语作为传承语来学习。广义的华文教学，其教学对象范围更加宽广，是包括所有海外华裔学习者的汉语教学，但在具体的教学层面，又会与汉语作为第一语言教学和第二语言教学中针对华裔学习者的教学产生部分重叠。也就是说，广义的华文教学是一个以狭义华文教学为核心，包括了从第一语言教学到传承语教学到第二语言教学的连续统。为了清楚地说明这个问题，我们根据所有汉语学习者的特点和教学特征，将汉语教学大致分为三种类型：汉语作为第一语言的母语教学、汉语作为传承语的狭义华文教学、汉语作为第二语言的外语教学。这三种汉语教学的特点详见表 3。

表 3 汉语教学的类型与教学对象说明

汉语教学的类型	教学对象	说明
汉语作为第一语言的母语教学	国内汉语为母语的语文学习者，以及马来西亚和新加坡部分华文小学、华文独中和华文学院的华裔学习者	除了中国国内的语文教学以外，在马来西亚的国民教育体系中，设有从小学到大学的正规华文教育学校，这部分华文教学的性质和教学方式类似于中国汉语作为第一语言的语文教学
汉语作为传承语的狭义华文教学	在海外中文学校和正规教育系统中学习的绝大部分华裔汉语学习者	绝大部分海外华裔学习者小时候接触过华语（包括方言），但在成长过程中由于转向另一门主导语言而没有完全习得华语，他们的汉语教学具有自己的特点，体现了华文教学的本质特征，是华文教学需要着力研究的对象

续表

汉语教学的类型	教学对象	说明
汉语作为第二语言的外语教学	主要是海外非华裔汉语学习者	对海外非华裔学习者来讲，汉语是一门外语。另外，因为各种复杂因素的影响，有些华人移民的多代后裔已经发生民族身份融合或者民族身份转换，一些人虽然血统上还有部分华人的基因，但无论是族属意识还是家庭生活，已经几乎没有跟中国语言文化联系的痕迹。对于这些具有部分华人基因的学习者来说，他们的汉语教学亦可属于广义的华文教学，但在具体教学上应采用第二语言教学方法

根据上面的分类和描述，我们将华文教学与其他类型汉语教学之间的关系图示如下（见图 1）：

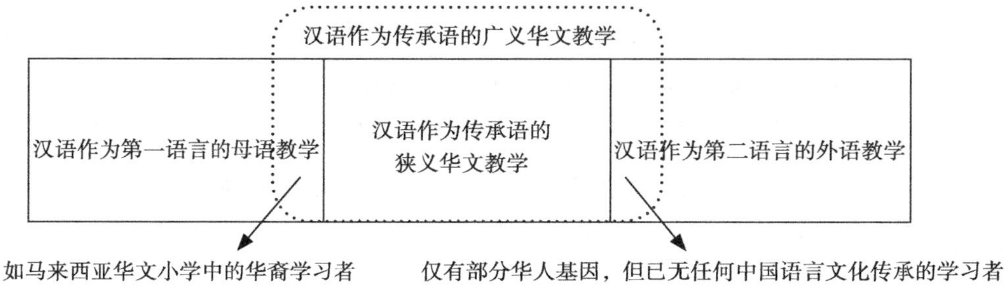

图 1　华文教学与其他类型汉语教学之间的关系

由上面的分析可知，广义的海外华文教学是指针对所有海外华裔学习者的汉语教学，虽然在教学层面，它与汉语作为第一语言教学及汉语作为第二语言教学存在部分重叠，但从典型的华文教学——狭义的华文教学来看，很明显，它既不同于第一语言教学，也不同于第二语言教学，需要针对学生的特点采用专门的教学方法才能满足他们的学习需求。如前所述，目前对外汉语教学界理论上存在一种倾向：将华文教学视为汉语作为第二语言的教学（如吕必松，1992、2007；蔡振翔，1996；贾益民，1998、2007；张胜林，2001 等）。这种理论倾向反映在教学实践中的表现是，很多学校对有汉语背景的华裔学生和无汉语背景的非华裔学生常常不加区分地放在一起教学。这样的理论导向和教学方式显然忽视了华裔和非华裔两类学生学习汉语时存在的诸多差异，比如:(1) 开始学习时的汉语水平不同;(2) 汉语各种语言技能和语言要素的发展程度不平衡;(3) 有关中国的文化知识背景不同;(4) 学习动机和学习目的不同;(5) 交际的需要及身份认知和认同的需要不同;(6) 学习结果不同，和普通外语学习者相比，传承语学习者经过大学四年专业训练，可以成为高水平语言人才，达到前者难以企及的水平。鉴于这两类汉语学习者之间存在上述不同特点，需要采取有针对性的不同教学路径和方法进行教学。

3.2 狭义华文教学的路径和方法

对狭义汉语传承语教学——狭义华文教学的理论框架、教学目标、教材资源、测试评估和教学方法等进行专门研究是华文教学研究的核心内容。因篇幅所限，本文重点讨论狭义华文教学的路径和方法。针对典型的传承语学习者与非传承语学习者的不同特点，Kagan & Dillon (2001) 曾提出宏观和微观两种教学路径，我们认为狭义的华文教学应该采用宏观路径，它与采用微观路径的汉语作为二语 / 外语的教学具有明显的不同。具体内容参见表 4。

表 4 汉语教学的宏观路径和微观路径

教学领域	宏观路径（传承语教学）	微观路径（二语 / 外语的教学）
词汇教学	与学习者年龄相适应的，着重书面的、正式的、学术的词汇	全部领域的各种词汇
阅读教学	几乎从一开始就可以是篇幅大的、复杂的文本	一开始是小文本，慢慢增加容量和复杂性
写作教学	强调内容，同时提高拼写、语法和风格	由句子逐渐提升至段落
说话教学	强调独白和讨论	由对话逐渐进步到独白和讨论
听力教学	各种各样的本族语言输入（如电影、纪录片、演讲等）	由简短的文本逐渐增加容量和复杂性
文化教学	包含相关文化信息的全领域语言输入（如音频、视频和纸本材料等）	开始是孤立的、去语境化的、学习者了解非常有限的文化项目

在上述宏观教学路径的基础上，狭义华文教学可采取一些特别的教学策略，它与汉语作为二语 / 外语的教学策略明显不同。具体内容参见表 5。

表 5　狭义华文教学与汉语作为二语 / 外语教学的具体策略

教学方法或内容	狭义华文教学		汉语作为二语 / 外语的教学	
	成人学习者	儿童学习者	成人学习者	儿童学习者
发音操练	–	–	+	±
语法操练	±	±	+	±
汉字练习	+	+	+	+
与日常生活相关的词语练习	–	–	+	+
其他正式场合的词语练习	+	+	+	+
强调表达正确	±	±	+	+
强调表达庄雅	+	+	–	–
浅易的小文本	–	±	+	+
文学性的大文本	+	±	±	–
华人历史文化	+	+	–	–
华文文学经典	+	+	±	–
……				

注:“+”表示重点教学内容,“–”表示非重点教学内容,“±”表示其中部分为重点教学内容。

从华文教学界的主流理论和教学实践来看，海外华校 / 中文学校的华文教学走的是一条基本符合传承语教学理论的路子（参见郭熙主编，2007），但在主流教育系统中，华裔学习者和非华裔学习者之间的差异常常被忽视。本文提出从传承语的理论视角来重新审视华文教学，旨在从一种新的理论视角来思考华文教学的问题，以便华文教学界和对外汉语教学界可以借鉴传承语理论的研究成果，进一步深入探讨以狭义汉语传承语教学——狭义华文教学为中心的许多课题。例如:（1）汉语传承语学习者，尤其是狭义汉语传承语学习者不同于汉语二语 / 外语学习者的语言特征;（2）狭义汉语传承语习得不同于汉语 L1 习得和 L2 习得的规律和特点;（3）狭义汉语传承语教学的项目设计和课程设计；（4）汉语传承语学习者的个体因素（如学习动机、心理认知方式、身份认知、语言文化认同等）及其对传承语习得的影响；（5）针对狭义传承语学习者的教学内容；（6）针对狭义传承语学习者的教材编写；（7）针对狭义汉语传承语学习者的教学方法；（8）汉语传承语水平测试和评估；等等。

近年来，随着传承语教学研究的不断深入和学界的积极推动，除了在理论上取得了许多基础性研究成果，使我们大大加深了对传承语教学的认识以外，国外主流教育体系已经接纳了传承语教学理论，并在教学实践层面采取了相应的措施。例如，美国一些大学中的西班牙语、汉语等教学项目，已经开始在初、中级教学阶段对传承语学习者和非传承语学习者尝试双轨教学；哈佛大学、耶鲁大学、普林斯顿大学、加州大学洛杉矶分校等著名高校的汉语项目，已经开始在初级阶段分设“汉语常规班”（针对非传承语学习者）和“传承语学习者班”（针对传承语学习者）；有的学校甚至实施三轨教学，比如康奈尔大学根据学习者的背景，将初级汉语教学分为“汉语常规班”“普通话背景的传承语班”和“粤语背景的传承语班”三种类型。除了美国以外，吴英成（2009）、陈平（2013）等也纷纷根据新加坡和澳大利亚等地主流教育系统中汉语教学的现状，提出了传承语学生和非传承语学生分班教学的建议。这是一个令人欣喜的开始，不过到目前为止，对外汉语教学界对于汉语传承语教学和汉语分轨教学的理论认识还不够深入，能够针对传承语和非传承语学习者的不同特点，实施相应教学改革措施的教学项目仍为数极少。因此，本文抛砖引玉，期待着对外汉语教学界关注传承语和非传承语学习者存在的客观差异，借鉴国际传承语教学研究的成果，探讨如何创新汉语教学理论和教学模式，从教学设计、教材编写、教学策略和测试评估等各个层面均采取必要的措施来应对这些差异，以满足不同类型学习者的学习需求，进一步推进国际汉语教学和研究的发展。

∷ 参考文献 ∷

班　弨（2008）论母语与“半母语”，《暨南学报（哲学社会科学版）》第5期。

蔡振翔（1996）从华文教育到华语教育，《华侨华人历史研究》第 2 期。
陈　平（2013）政治、经济、社会与海外汉语教学——以澳大利亚为例，《世界汉语教学》第 3 期。
范开泰（2008）关于华文教学学科建设的若干理论思考，《暨南大学华文学院学报》第 3 期。
郭　熙（2004）海外华人社会中汉语（华语）教学的若干问题——以新加坡为例，《世界汉语教学》第 3 期。
郭　熙（2012）论海外华文教学的性质和地位，载郭熙《华语研究录》，北京：商务印书馆。
郭　熙主编（2007）《华文教学概论》，北京：商务印书馆。
何纬芸、苗瑞琴（2007）继承语之习得及其社会化，载姬建国、蒋楠主编《应用语言学——西方人文社科前沿述评》，北京：中国人民大学出版社。
贾益民（1998）华文教育学学科建设刍议——再论华文教育学是一门科学，《暨南学报（哲学社会科学版）》第 4 期。
贾益民（2007）海外华文教学的若干问题，《语言文字应用》第 3 期。
李　方（1998）含有母语基因的非母语教学——海外华文教育管见，《语言文字应用》第 3 期。
李　军、刘　峰（2006）东南亚地区华文教育的模式与性质分析，《东南亚研究》第 3 期。
李宇明（2009）海外华语教学漫议，《暨南大学华文学院学报（华文教学与研究）》第 4 期。
吕必松（1992）《华语教学讲习》，北京：北京语言学院出版社。
吕必松（2007）《汉语和汉语作为第二语言教学》，北京：北京大学出版社。
麦礼谦（1999）传承中华传统：在美国大陆和夏威夷的中文学校，肖炜蘅译，《华侨华人历史研究》第 4 期。
丘　进（2010）对外汉语教学与海外华文教育之异同，《教育研究》第 6 期。
吴英成（2009）多语环境下汉语作为第二语言教学：新加坡经验与模式，《云南师范大学学报（对外汉语教学与研究版）》第 2 期。
许　琳（2013）充分发挥孔子学院综合文化交流平台作用　助推“中国梦”

走向世界，《华文教学与研究》第 2 期。

许肇琳（1993）从“落叶归根”到“落地生根”看海外华侨华人社会的演变和发展，《八桂侨史》第 2 期。

张胜林（2001）华文教学的学科性质、定位与学科特性初探，《华侨大学学报（人文社会科学版）》第 3 期。

宗世海（2010）简论海外华文教学的质量及其控制——以美国和东南亚为例，《华文教学与研究》第 4 期。

AAHL (The Alliance for the Advancement of Heritage Languages) (2014) About Us. https://www.cal.org/heritage/about/index.html.

Campbell, R. & J. Rosenthal (2000) Heritage languages. In J. Rosenthal (ed.), *Handbook of Undergraduate Second Language Education*. Mahwah, NJ: Lawrence Erlbaum Associates.

Center for Applied Linguistics (2014) Heritage Briefs. https://www.cal.org/resource-center/resource-archive/heritage-briefs.

Cummins, J. (2005) A proposal for action: Strategies for recognizing heritage language competence as a learning resource within the mainstream classroom. *The Modern Language Journal*, 89(4): 585-592.

Fishman, J. A. (2001) 300-plus years of heritage language education in the United States. In J. K. Peyton, D. A. Ranard & S. McGinnis (eds.), *Heritage Languages in America: Preserving a National Resource*. McHenry: Center for Applied Linguistics & Delta Systems.

Gass, S. & A. Mackey (eds.) (2012) *The Routledge Handbook of Second Language Acquisition*. New York: Routledge.

Kagan, O. & K. Dillon (2001) A new perspective on teaching Russian: Focus on the heritage learner. *Slavic and East European Journal*, 45(3): 507-518.

Kagan, O. & K. Dillon (2008) Issues in heritage language learning in the United States. In N. Deusen-Scholl & N. Hornberger (eds.), *Encyclopedia of Language and Education (Volume 4): Second and Foreign Language Education* (2nd edition). New York: Springer Science + Business Media LLC.

Long, M. & C. Doughty (eds.) (2009) *The Handbook of Language Teaching*. Oxford: Blackwell.

Montrul, S. (2010) Current issues in heritage language acquisition. *Annual Review of Applied Linguistics*, 30: 3-23.

NHLRC (National Heritage Language Resource Center) (2014) Home Page. https://nhlrc.ucla.edu/nhlrc/home.

Peyton, J. K., D. A. Ranard & S. McGinnis (eds.) (2001) *Heritage Languages in America: Preserving a National Resource*. McHenry: Center for Applied Linguistics & Delta Systems.

Polinsky, M. & O. Kagan (2007) Heritage languages: In the 'wild' and in the classroom. *Language and Linguistics Compass*, 1(5): 368-395.

Valdés, G. (2001) Heritage language students: Profiles and possibilities. In J. K. Peyton, D. A. Ranard & S. McGinnis (eds.), *Heritage Languages in America: Preserving a National Resource*. McHenry: Center for Applied Linguistics & Delta Systems.

van Deusen-Scholl, N. (2003) Toward a definition of heritage language: Sociopolitical and pedagogical considerations. *Journal of Language, Identity, & Education*, 2(3): 211-230.

van Deusen-Scholl, N. & N. H. Hornberger (eds.) (2008) *Encyclopedia of Language and Education (Volume 4): Second and Foreign Language Education* (2nd edition). New York: Springer Science + Business Media LLC.

Webb, J. B. & B. L. Miller (eds.) (2000) *Teaching Heritage Language Learners: Voices from the Classroom* (ACTFL Foreign Language Education Series). Yonkers, NY: American Council on the Teaching of Foreign Languages.

（本文原题为《“继承语”理论视角下的海外华文教学再考察》，
原载于《华文教学与研究》2014 年第 4 期）

美国新泽西州华二代华语传承调查研究*

摘　要　对美国新泽西州爱迪生地区和大普林斯顿地区中国大陆新移民子女华语传承状况的调查结果显示，虽然这些新移民散居于当地其他族裔中，大多数华二代明显呈现出从中文到英文的转用过程，不过他们的中文并没有丢失，听说读写 4 项技能在不同程度上得以保持。在这些新移民华二代的华语传承中，周末中文学校发挥了显著作用，华裔家长及其子女的语言态度和家庭环境的影响对华二代的华语传承发挥着关键作用。全球化时代，新华人群体不再聚居为华人社区，而是散居于当地其他族裔中。如何借助各种有利因素，发展出新型华语传承模式，使海外华语得到代代传承、持续发展，是当前面临的重大课题。

关键词　华语传承；语言保持；语言转用；华二代

一　引　言

在人口流动愈加频密的全球化时代，移民族群的语言传承问题受到越来越多的关注。周庆生（2017）指出：“语言传承旨在研究语言的代际传递和延续，研究一种民族语言作为该民族大多数成员的母语，是如何一代一代不中断地使用下去。”移民族群在新的环境中如何保持自己的母语，以及是否转用其他语言，早就成为研究课题（如 Kloss，1927；Haugen，1953

*　本研究得到国家社科基金项目“传承语与二语学习者的汉语表现特征比较研究”（20BYY119）资助。

等）。Fishman 首先从理论上提出将其设定为一个专门研究领域，他明确指出："语言保持和转用研究关注的是，操不同语言的人们彼此接触交往时语言使用习惯的变化或维持，及其与变化中的社会、心理或文化进程之间的关系。语言或语言变体有时会在一些说话者之间相互替换，尤其是在群体间接触的某些条件下，发生在语言行为的某些类型或领域中。"（Fishman，1964：35）

移民族群的语言传承问题通常发生在不同语言群体密切接触和互动的双语或多语环境中，在传承语与当地主体语言的互动环境中，语言的保持和转用是常态现象。人们对特定社会中某种语言或语言变体的维护就是语言保持；如果人们逐渐掌握另一种更有声望或更具竞争力的语言，而放弃原来的语言使用模式，就意味着语言转用（王晓梅，2005）。海外华人一般生活在主导语言非华语的社会中，华语传承面临着当地更强大的主体语言的竞争和挑战。已有研究显示，在受到主体社会同化的强大压力时，少数族裔往往会发生从本族语向主体语言的使用转移（Fishman et al.，1966）。研究少数族裔是保持本族语还是转换到主体语言，分析他们在双语或多语环境下对两种或多种语言的接触和使用情况，是语言传承研究的中心内容（Hornberger，2002）。

华人是美国亚裔中最大的族群，中文是除英文和西班牙文之外美国使用人口最多的第三大语言。研究美国华裔群体的语言保持和转用情况，不仅是了解美国多元语言文化社会的基础，对于海外华语传承和发展也具有重要意义。关于美国华语传承研究，已经有了不少调查和分析。Kuo（1974）通过对明尼苏达州双子城 44 个华人移民家庭 47 名学前儿童的调查发现，随着年龄的增加，移民儿童有从中文向英文转用的倾向。Li（1982）调查发现，生活在唐人街的华人比散居的华人保持和传承华语的可能性更高。Zhang & Slaughter-Defoe（2009）通过对费城唐人街及郊区不同华人社区的调查，认为父母和子女的中文学习态度对中文保持有很大的影响。陈颖（2012）通过对美国华人社区中华人语言使用情况与外部社会因素的关系和变化规律的讨论，揭示了全球华语社区的演变机制。魏岩军等（2013）以美国华裔中文学习者为调查对象，考察了其母语保持和转用情况。

上述研究有助于加深对美国华语传承状况的了解，不过不少研究在调查对象的选择方面缺乏一致性。例如，Zhang & Slaughter-Defoe（2009）的研究把聚居在唐人街和散居于其他族群中的调查对象混在一起；魏岩军等（2013）以美国大学中的华裔学生为研究对象，但其调查对象约有一半为中国国籍，在美生活时长也不清楚；陈颖（2012）的研究对象跨越各个年龄段，但以调查对象的实际年龄分为三代，而非按照出生地和移民时间来分代。调查对象的混杂和移民分代的不准，使得不少研究结果缺少针对性。

周庆生（2018）对吉尔吉斯斯坦东干移民群体的语言传承研究显示，当年从北路进入中亚的东干族在聚居的环境下，东干语得以传承；而从南路进入的东干族由于人口少，散居在庞大的乌兹别克社区中，结果母语传承彻底中断。传统上，早期美国华人移民多以唐人街为中心聚居，加上中华会馆等华社的组织力量（麦礼谦，1999），为华语传承提供了比较深厚的社区土壤。近几十年来，随着中国经济的腾飞和在美华人移民数量的快速增长，全球化时代的美国华人社区分布发生了极大变化，“新华人一般不聚居，而通常散居在当地国民之中”（周明朗，2014）。全球化时代，处于典型散居条件下在美出生的年轻华二代的华语传承状况如何，目前仍缺乏必要研究。

二　研究设计

2.1　调查对象

本研究以美国新泽西州中产阶层家庭相对比较集中的爱迪生地区和大普林斯顿地区的华裔青少年为调查对象，他们均为从中国大陆到美国第一代移民的子女，属于典型的华二代。新泽西是美国第三大移民州，移民数量仅次于加利福尼亚州和纽约州。其中部的爱迪生地区和大普林斯顿地区华裔人口相对比较密集，不过是与其他族裔混合居住，没有专门的华人社区。这种散居方式也反映了目前美国新华人的主要分布状况。同时由于该区域华裔人口相对集中，比较容易找到背景相似的调查对象。为了使调查对象更有代表性且具有较高的内部一致性，本研究选取的被试均为典型的华二代，即基本都在美国出生（只有 1 人在中国出生，5 岁以前随父母移民到美国），年龄在 8—22 岁之间，涵盖了从小学到大学的各个阶段，以便观察各个学龄阶段华裔青少年的语言保持和转用情况。

2.2 问卷设计

问卷分为 4 个部分。第一部分 8 个问题，内容为被试的背景信息；第二部分 10 个问题，内容主要是关于被试的家庭中文环境、日常生活中的中文使用和接受中文教育的情况；第三部分 1 个大问题，内容是被试对自己中英文听说读写能力的自测；第四部分 6 个问题，内容是关于被试的中文学习和使用态度，以及对中华文化和身份认同的观念。为方便被试回答，问卷用浅易的英文表述。

2.3 数据收集和处理

调查问卷设计完成后，先选取 10 名被试进行试调查，接着根据试调查情况对问卷进行一些调整，然后进行正式调查。问卷调查于 2016 年 11 月下旬到 2017 年 1 月初进行，所有问卷都由笔者亲自发送到调查对象手中。年龄小的被试（8—10 岁）在父母的帮助下完成调查问卷。一共收回调查问卷 88 份，除去不符合要求的 7 份，得到 81 份有效问卷数据。数据收集完成后，用 Excel 和 SPSS 统计软件进行数据录入、整理和分析。

三 调查结果统计与分析

3.1 被试的背景情况

本研究调查的 81 名华二代中，男生 34 名，占 42%；女生 47 名，占 58%。其中包括 12 名小学生，年龄为 8—11 岁；39 名初中生，年龄为 10—14 岁；18 名高中生，年龄为 14—18 岁；12 名大学生，年龄为 18—21

岁。在所有调查对象中，中学生共占70%，其中初中生占8%，高中生占2%；大学生和小学生各占15%。

关于儿时最先接触的语言，近90%的被试最早听到和学会说的是中文或中英双语，这说明，作为传承语的中文是其母语。不过在读写方面，情形则不相同。超过65%的被试最先学习认读的是英文单词，只有不到15%最先学习认读的是汉字；超过82%的被试最先学会书写的是英文单词，只有不到9%最先学习书写的是汉字。具体情况见表1。

表1 儿时最先接触的语言

语言	儿时最先学听说的人数	儿时最先学认读的人数	儿时最先学书写的人数
中文	37	12	7
双语	35	16	7
英文	9	53	67

尽管大部分被试在家庭中最早接触的语言是中文，不过一旦他们进入以英文作为主导语言和教学媒介语的当地主流教育系统，就意味着中文接触的急剧减少和英文接触的大量增加。调查结果显示，79名被试上小学前就进入幼儿园、托儿所等英文主导的学习环境中，另2名学生也从小学一年级起就进入英文主导的学校环境。

3.2 被试在家庭和社区中使用中文的情况

在很多华裔家庭里，父母与子女之间常常不仅仅使用一种语言交流，例如，父母对子女讲中文，子女却常常用英文回答。因此，我们对被试家庭的中文使用情况分别从3个方面进行调查：家人对被试说中文、被试对家人说中文、被试跟华裔朋友用中文交流。

（1）家人对被试说中文（见表2）

表 2　家人对被试说中文的频率

家人	说中文的频率					
	总是	经常	有时	很少	从不	不适用
母亲	29	40	10	1	0	1
父亲	26	36	11	4	3	1
兄弟姐妹	1	3	13	25	30	9
祖父母	70	1	1	0	0	9

在家里，绝大多数父母经常或总是用中文跟孩子交流，不跟孩子说中文的很少。而且有意思的是，母亲跟孩子说中文的频率比父亲更高。然而，兄弟姐妹之间却很少用中文交流。绝大多数被试有祖父母跟他们一起居住过，几乎所有的祖父母都总是用中文跟被试交流。华语传承代际之间的使用差异非常明显。

（2）被试对家人说中文（见表 3）

表 3　被试对家人说中文的频率

家人	说中文的频率					
	总是	经常	有时	很少	从不	不适用
母亲	4	7	24	43	2	1
父亲	5	6	22	40	7	1
兄弟姐妹	1	1	10	23	37	9
祖父母	69	1	0	1	1	9

被试在家里对父母说中文比父母对他们说中文的频率要低得多，大多数被试很少用中文跟父母交流。兄弟姐妹之间用中文交流就更少，83% 左右的人声称他们与兄弟姐妹之间很少或从不用中文交流。被试在家里最常说中文的对象似乎是祖父母，几乎所有被试（97%）都是用中文跟祖父母交流。

（3）被试跟华裔朋友用中文交流

声称从不与华裔朋友用中文交流的有 29 人，很少用中文交流的有 49

人，有时用中文交流的仅 3 人，没有一个人经常用中文跟华裔朋友交流，说明被试与华裔朋友使用中文交流的频率很低。

从被试跟家人及华裔朋友用中文交流的情况可以看出，被试的日常中文使用基本上局限在家中。尽管父母很努力地保持跟子女说中文的习惯，尽量跟他们说中文，但是在可以不说中文的情况下，大多数被试一般选择不说中文。换句话说，即使在家中，大多数被试自主的语言转用频率已经超过了语言保持。

3.3 被试在家庭中接触中文和中国文化的情况

这部分主要调查被试日常在家中接触中文的情况以及家中庆祝主要节日的情况。调查结果见表 4。

表 4 日常在家接触中文的情况

接触中文的方式	接触中文的频率				
	总是	经常	有时	很少	从不
在家看中文电视	4	7	15	32	23
在家听中文故事 / 歌	2	5	21	33	20
在家读中文书	2	4	4	34	37
在家写中文电邮 / 故事	1	3	14	29	34
跟国内亲友用中文网上交流	6	12	31	21	11

大多数被试在家很少或从不接触中文书籍、电视等。大约 68% 的人很少或从不看中文电视，65% 很少或从不听中文故事或歌曲，88% 很少或从不读中文书籍，78% 很少或从不写中文电邮或故事。跟国内亲友用中文网上交流成为最常用的方式，只有很少的被试声称从不用这种方式接触中文。

问卷就被试家庭庆祝中国节日与美国节日的情况做了对比调查。我们选择了 4 个美国人最常庆祝的节日：元旦、万圣节、感恩节和圣诞节。在美国，元旦、感恩节和圣诞节都会放假；万圣节虽然不放假，但很受青少年的欢迎。同时也选择了 4 个具有中国文化特色的传统节日：春节、元宵节、端午节和中秋节。这几个中国节日新泽西州都不放假。调查结果见表5。

表5 被试家中庆祝主要节日的情况

节日	庆祝节日的频率				
	总是	经常	有时	很少	从不
春节	72	7	2	0	0
元宵节	20	11	26	16	8
端午节	10	12	22	27	10
中秋节	45	14	13	4	5
元旦	63	9	6	2	1
万圣节	43	6	8	9	15
感恩节	64	5	6	4	2
圣诞节	69	4	3	2	3

尽管春节那一天大家很可能都得上班上学，但被试家庭都会庆祝春节，比例高于所有美国节日。庆祝中秋节的比例也很高；庆祝元宵节和端午节的比例也不低，不过比庆祝美国节日低。由此可见，绝大多数华裔家庭通过庆祝春节等传统节日，给子女提供接触和传承中华文化的机会。在家中庆祝中美两国节日的调查数据显示了华裔家庭中两国文化对子女的影响。

3.4 被试接受中文教育的情况

所有被试都曾经或正在学习中文，其中22人曾经学过，59人正在学习。所有被试上小学时都学过中文，不少人到了初中、高中和大学就不再继续学习，具体数据参见表6。

表6 不同年级的被试曾经或正在学习中文人数分布表

接受中文教育阶段	人数	正在学习中文人数	曾经学习中文人数
小学	12	12	0
初中	39	36	3

续表

接受中文教育阶段	人数	正在学习中文人数	曾经学习中文人数
高中	18	11	7
大学	12	0	12
总数	81	59	22

华二代在美国学习中文的主要渠道是周末中文学校和常规学校。周末中文学校的课程是针对华语传承语学习而设计的，课程难度比较合适，缺点是一周仅一次，一般两小时左右。常规学校则开设中文作为外语学习的课程，课程不是专门针对华语传承语者设计，而是面向各个族裔学生的。其优点是课程纳入了国民教育体系；缺点是教学内容相对简单，而且进度比较慢。此外，还有课外私教和家长教学等方式，其好处是教学有针对性，缺点是单独教学，不易坚持，系统性也比较差。表7统计了本次调查被试的学习渠道分布情况。

表7　被试曾经和现在学习中文的渠道分布

接受中文教育情况	周末中文学校	常规学校	课外学习	家长教学	总人数
正在学习中文	55	2	3	18	59
曾经学过中文	15	5	1	1	22

周末中文学校是华二代学习中文的主要渠道，超过86%的被试正在或曾经在周末中文学校学习中文，也有相当比例的家长在家自己教孩子中文。这些被试所在的学区都有中文作为外语的课程，但正在学习中文的被试选择上周末中文学校的高达93%，说明常规学校的中文课程并不适合华裔学生。可以看出，现在华裔家庭普遍重视子女的中文学习，学习中文的热度在增加，对教学质量和深度的要求更高。

很多华二代在常规学校没有修读中文课程，不过却选修了别的语言课。调查结果显示，81名被试中，75人（93%）除了英文和中文以外，还学习了别的语言，其中21人学习了两种或多种其他语言。在这些外语中，学习西班牙语的最多，共 53 人，占总人数的 65%；其次是法语，共 24 人，占 30%；另外，有 7 人学习拉丁语，3 人学习德语，学习意大利语、日语、韩语的各有 2 人。

3.5 被试中英文水平的评估情况

我们请被试从听说读写 4 个方面对自己的中文和英文水平进行自我评估。语言水平等级从 1 到 10 逐步升高，1 为最弱，10 为最强。为了便于归纳分析，我们把 1 和 2 定为几乎不会，3 和 4 定为较差，5 和 6 定为一般，7 和 8 定为良好，9 和 10 定为优秀。被试的中英文自我评估数据见表 8 和表 9。

表 8　被试的中文听说读写水平

中文能力	几乎不会	较差	一般	良好	优秀
中文听力	2	8	13	34	24
中文说话	6	10	22	27	16
中文阅读	15	14	26	23	3
中文写作	21	25	22	13	0

从表 8 可知，被试的中文听说读写 4 项能力逐项递减。听力良好以上的比例最高，共 58 人，占 72%；说话良好以上的 43 人，占 53%；阅读良好以上的 26 人，占 32%；写作良好以上的仅 13 人，占 16%。这里的中文写作是指打字写作，倘若是手写汉字，结果将更差。

表 9　被试的英文听说读写水平

英文能力	几乎不会	较差	一般	良好	优秀
英文听力	0	0	1	4	76
英文说话	0	0	1	2	78
英文阅读	0	0	1	5	75
英文写作	0	0	2	13	66

相对于中文自测，被试对自己的英文自测相对容易和准确一些。因此，我们请他们在中文自测的同时进行英文自测，并要求以英文自测为坐标，使得中文自测有一个相对的标准。表 9 数据显示，绝大多数被试都肯定了自己的英文水平，几乎所有被试都认为自己掌握了所在年龄层面上的英文听说读写技能。这 4 项技能没有显著的差别，只有写作技能相对弱一点，这也符合语言学习发展的规律。

3.6 被试对中文的态度

在同时可以使用中英双语的情况下选择其中的哪一种，可在一定程度上反映说话人对这种语言的态度和使用习惯。调查结果显示，在 4 个选项中，44 人倾向于英文中夹杂点中文，占 54%；28 人倾向于仅使用英文，占 35%；此外，8 人倾向于中文夹杂点英文，只有 1 人仅使用中文。由此可见，华二代总体上倾向于主要使用英文，从中文向英文的转用现象很明显。我们也调查了被试对自己的身份认同情况。在 4 个选项中，绝大多数被试认同美籍华裔身份，共 68 人，占 84%；另有 9 人认为自己是美国人，3 人认为自己是华人，还有 1 人选择了其他。

问卷还调查了移民美国的中国人对第二代子女学习中文的态度。几乎所有被试（80 人）都回答父母希望他们学习中文，其中 25 人回答父母希望并逼迫他们学习中文，32 人回答父母希望并强烈鼓励他们学习中文，23 人回答父母希望但不强求他们学习中文，只有 1 人回答父母对他学不学中文无所谓。与此同时，问卷也调查了华二代对将来的子女（华三代）学习中文的态度，从中多少可以反映中文逐代传承和华三代继续学习中文的可能趋势。调查结果显示，绝大多数被试（68 人）表示希望自己将来的子女学习中文，其中，18 人表示他们会逼迫将来的子女学习中文，50 人则表明虽然希望将来的子女学习中文，但也会尊重孩子的意愿，不会逼迫他们学。另有 9 人表示不赞成也不反对，3 人表示不想让孩子学习中文，但如果孩子愿意就让孩子学，只有 1 人表示不会让将来的子女学习中文。由此可以看出，年轻的华二代对传承中文的态度整体上比较积极正面。

问卷接着对被试学习中文的态度做了一项细分调查，统计结果见表 10。

表 10　被试对中文及学习中文的态度

态度	强烈不同意	不同意	中立	同意	强烈同意
喜欢用中文	6	9	31	29	6
喜欢学中文	6	14	34	23	4
中文是一个很必要的技能	3	10	21	23	24
中文是一个很有价值的技能	3	3	8	28	39
中文是我很重要的组成部分	5	4	13	26	32

从表 10 可知，绝大多数被试都很肯定中文的价值，也认同中文是其自身重要的组成部分。大多数人认为中文是一项必要的技能，不过喜欢用中文和喜欢学中文的比例相对低一些。这说明中文的价值在观念上得到了华二代的普遍认可，不过落实到具体的用和学的行动中，仍存在一些距离。

问卷还对学习中文的意义及其影响进行了调查，统计结果见表 11。

表 11　学习中文的意义及其影响

学习中文的意义及其影响	是	中立	不是
学习中文可以帮助我更深地理解中国文化	65	11	5
学习中文可以帮助我在美国更好地跟家人和朋友交流	45	22	14
学习中文可以帮助我跟中国的亲友交流	78	2	1
学习中文可以方便在中国旅行	64	13	4
学习中文可以帮助我交朋友	30	23	28
学习中文可以提升自信及自我满足感	38	26	17
学习中文让我觉得难堪	8	16	57
学习中文使得常规学校学习更难	12	13	56
学习中文会阻碍英文的学习	7	7	67
学习中文使得学校生活缺少乐趣	5	19	57

大多数被试都肯定学好中文的意义：他们普遍认为学好中文有益于跟

中国亲友交流；绝大多数认为学好中文有助于更好地理解中国文化，方便在中国旅行；大部分认为学好中文有助于跟家人和朋友交流。对于学好中文是否有助于交朋友这一点分歧最大，同意、不同意和中立几乎各占三分之一。关于学习中文对学校学习的影响，大多数人觉得没有负面影响。不过对于学好中文是否能提升自信和自我满足感，只有不到一半的人认同。有少数人认为学好中文使得常规学校的学习更难，这可能是因为学习中文需要占用一定的时间和精力。

3.7 语言态度、语言行为和语言能力之间的关系

为进一步了解华二代对中文的态度、使用行为与中文能力之间的关系，我们对问卷中涉及这3方面的数据进行了统计分析。数据处理方法如下:（1）语言态度。表10统计了关于中文和中文学习态度5个问题的调查结果。采用李克特五度量表（Likert scale）对每个问题的5个答案进行数据化处理，从“非常不同意”到“非常同意”5个等级答案，依次对应1—5共5项分值，然后对5个问题的得分进行加总，得到被试对待中文和中文学习态度的总分。（2）语言行为。指被试日常生活中接触和使用中文的情况。本次问卷调查中包括两个部分：第一部分是被试跟家人用中文互动交流的情况，表2和表3统计了相关的结果；第二部分是被试在家中接触中文材料的情况，表4统计了相关结果。采用李克特五度量表对上述两个部分中每个问题的5项答案进行数据化处理，从“从不”到“总是”5个等级答案，依次对应0—4共5项分值。然后对得分进行加总，分别得到被试的中文互动和中文接触总分。（3）语言能力。指被试的中文听说读写能力，表8统计了相关结果。由于问卷调查中这部分本来就是采用等级分值回答的，可以直接导入答案分值，将被试的听说读写4项能力分值相加得到中文综合能力总分。然后，使用SPSS25对上述几个部分的数据进行相关性分析，对于被试无法提供答案[①]的题目采用缺省值计算，相关性统计结果见表12。

---

① 例如，如果被试是独生子女，就无法提供与兄弟姐妹互动的答案；如果没有祖父母，就不能提供与祖父母互动的数据；等等。

表 12 语言态度、行为和能力之间的相关性

			中文互动	中文接触	中文态度	中文综合能力
斯皮尔曼 Rho	中文互动	相关系数	1.000	.548**	.479**	.506**
		Sig.（双尾）	.	.000	.000	.000
		N	81	81	81	81
	中文接触	相关系数	.548**	1.000	.603**	.675**
		Sig.（双尾）	.000	.	.000	.000
		N	81	81	81	81
	中文态度	相关系数	.479**	.603**	1.000	.385**
		Sig.（双尾）	.000	.000	.	.000
		N	81	81	81	81
	中文综合能力	相关系数	.506**	.675**	.385**	1.000
		Sig.（双尾）	.000	.000	.000	.
		N	81	81	81	81

**. 在 0.01 级别（双尾），相关性显著。

统计结果显示，被试与家人和朋友使用中文互动的频率、接触中文材料的频率、对中文和中文学习的正面态度、中文综合能力这 4 项因素彼此之间均显著正相关。这说明语言态度、语言行为和语言能力之间具有相互影响、相互促进的正向关系。态度积极的学习者更愿意用中文与人交流，更愿意接触中文资源；而中文使用频率越高，越能促进中文能力的提升。反过来，中文学习方面的成就感也促进学习者更愿意努力学习，更易于用中文与人交流。

四 研究结果讨论

4.1 中文学校在华语传承中发挥显著作用

总体来说，大多数被试明显呈现出从中文到主导语言英文的转用过程。90% 的被试最早接触的语言是中文或者中英文双语，中文是他们的母语。然而他们的中文熟练度远逊于父母，自主使用中文的意识不强，在生活和学习中使用中文的频率不高，例如，当跟兄弟姐妹或华裔朋友交流时，绝大多数人很少或者从不用中文。不过，虽然被试表现出从中文向英文转用的特征，调查结果也显示，他们的中文并没有丢失，听说读写 4 项技能在不同程度上都得以保持。这一结果不同于 Veltman（1983）根据 20 世纪 70 年代调查数据得出的“语言转用”结论。Veltman 认为，传承语在第一代和第二代之间完成转用过程。这是因为现在美国社会对传承语远比 20 世纪六七十年代宽容得多，多元语言文化观念得到普遍倡导，主流社会基本从理念上接纳了传承语教育。同时，少数族裔移民也更深切地意识到保持自己族裔语言和文化的重要价值，与 20 世纪中后期相比，传承语保持和教育在美国社会有了一定的土壤。

影响语言保持和转用的因素很多。本调查结果显示，华二代跟家人用中文交流的频率与听说能力紧密相关，而读写能力更依赖于接触中文材料的频率，语言的接触和使用直接影响到语言能力的保持和发展。陈保亚（2013）指出，儿童母语的习得是通过家庭和周围环境中的自然接触而获得的，弱势语言需要在语言的自然接触中通过家庭学习模式习得，而强势语言是在周围环境中习得的。在美国，不少华裔家庭缺少构建自然接触中文环境的意识，家庭之外又受到强势语言英语的压倒性影响，这使得华二代从中文向英文的转用倾向很明显，中文的传承和保持面临着巨大挑战。

本研究中的所有被试都表示，他们正在以各种方式学习或曾经学习过中文，绝大多数选择上周末中文学校。现在新华人移民子女从 5—6 岁就开始进入周末中文学校学习中文，跟他们在常规学校学习的年级同步。因此，即便他们高中时停止学习中文，也能接受到 9 年左右的周末中文学校教育。

这一结果表明，虽然这些华二代跟家人一起散居于其他族群之中，但他们能通过各种方式坚持到当地华人自己开办的周末中文学校学习，周末中文学校对华二代的中文听说读写能力，尤其是读写能力的提高有非常大的帮助，已成为华二代学习中文的主要渠道，对华语传承和保持起着不可低估的作用。另一可喜的现象是，现在华裔家庭更加重视中文作为传承语的学习，并且更加追求中文学习的深度和质量。由此可以预测，华二代的整体中文水平将继续呈上升趋势，其中英双语能力的发展将会加强，从而在一定程度上减缓语言转用或扭转中文丢失过程。

4.2 语言态度和家庭环境对华语传承发挥关键作用

语言态度与语言传承的相关性为很多学者所证实。尽管本研究没有对家长进行专门调查，但从学生的回答中仍可以观察到父母的态度。调查结果显示，现在的华人移民普遍鼓励子女的中文学习和传承，希望子女能掌握中文，了解中国文化，提高对族裔的认同感和自豪感。大多数父母在家经常跟孩子用中文交流，有趣的是，母亲对孩子说中文的频率要高于父亲。他们在家中提供让孩子接触中文的机会，比如中文电视、书籍、音乐，并且鼓励孩子跟国内亲友网络联系。在保持中国文化的传统节日庆祝方面，几乎所有的家庭每年都庆祝春节，其比例高于庆祝圣诞节、元旦和感恩节。调查结果还显示，正在学习中文的华二代，父母在家辅导子女中文学习的比例远高于曾经学过中文的华二代，说明华裔父母更加积极采取措施支持子女的中文学习。

本调查结果显示，华二代的语言态度、语言行为、语言能力三者之间存在显著的相关性。几乎所有被试都回答父母希望他们学习中文，绝大多数华二代表示希望自己将来的子女学习中文，他们基本都认同自己的美籍华人身份，大部分人认为中文是自己的重要组成部分。这既表明了华二代对待传承中文的积极态度，也显示了一定程度的语言忠诚和身份认同。王春辉（2018）认为："语言忠诚往往被看作是语言态度的一种……在多语社会和多语人的语言认同中发挥着决定性的作用。"绝大多数华二代都肯定学好中文的意义，对华语学习和传承持有积极的态度，不但自己坚持学习，还愿意将其传承给下一代。语言态度和语言忠诚直接影响语言选择和语言使用，并对华语传承产生关键作用。

Veltman（1983）的“语言转用”分析认为，超过90%的移民第二代之所以完成了母语的转用，是因为他们主观上希望融入主流社会而尽量消减自己族裔的痕迹。魏岩军等（2012）也指出，美国华裔对母语社团的认同倾向与母语保持具有一定的相关关系。本研究显示，华二代对中文的正面态度和对华裔身份的认同为保持中文传承奠定了基础。这一结论符合Lambert（1963）的语言学习“社会心理模型”，二语习得和传承语习得都会受到学习者认知因素和情感因素的影响，学习者对操该语言族裔的取向和对该族裔社区的态度影响语言习得状态，语言能力与态度和动机等情感因素存在相关性。

Zhang & Slaughter-Defoe（2009）曾针对美国华裔青少年（6—14岁）的中文学习进行过一项调查，发现这些调查对象总体上对学习中文的态度是消极的，缺乏学习动力，认为中文很难、汉字很难。这与本次调查中被试对中文及学习中文的态度有所不同。本调查结果显示，绝大多数被试认为中文是有价值的，大多数人认为中文是一项必要的技能。Zhang & Slaughter-Defoe（2009）的调查取样于费城周边的普通话家庭和福建移民家庭，本研究的调查对象为中产阶层家庭。我们认为两次调查结果有差异的原因，一方面可能是取样和观察的切入点有所不同，更重要的是语言态度和语言认同是动态变化的。自2009年以来，随着中国国际影响力的进一步提升以及传承语教育观念在美国的普及和推广，美国华裔对保持中文的意识愈加强烈，周围环境对华二代学习中文更加温和正面，华裔家长及其子女对待华语态度的转变将更有利于华语传承和保持。

语言态度和家庭环境对子女的语言选择产生直接影响，不同的语言态度和家庭环境使得语言使用者做出不同的语言选择。移民第二代儿童时期的语言选择往往是父母选择的结果（王春辉，2018），父母对待传承语的态度直接影响着子女的语言选择。Luo & Wiseman（2000）的研究显示，父母的态度与移民儿童的传承语熟练度显著正相关。对于海外华语的传承和保持，家庭的作用十分关键。“孩子的语言学习选择权在家长手里，但未来的最终决定权还是学习者个人。如果孩子在语言关键期受到祖语的刺激，有了这些储备，就有可能形成自己的语言优势。一旦未来他希望学习祖语，就可以利用已有的积累，最大限度地提升自己的祖语学习能力。”（郭熙，2020）

五 结 语

总之，美国新泽西州散居的华人家庭中华二代的华语保持和语言转用情况基本符合 Valdés（2001）的代际双语能力转用模式，这些华二代的英语能力明显高于汉语能力，形成了“以英语为主导语，汉语为从属语的双语能力模式”（吴英成、邵洪亮，2014）。Fishman（2006）认为，移民进入美国超过两代以后，移民的孙辈和曾孙辈绝大部分成为英语单语者，与他们的祖父母或曾祖父母带到美国的语言及其说话者失去了直接的社会型接触，极少有人继续使用非英语传承语。从我们的调查结果来看，由于周末中文学校和家庭的有力支持，华二代仍能维持较好的中文水平。如果这一状况持续下去，他们将能有效保持中英双语能力，有可能打破 Fishman（2006）“两代人的时间足以消除对非英语语言的熟练掌握”的论断。调查中发现的一个有趣现象是，所有华二代几乎都用中文跟祖辈交流，说明华人祖孙三代居住的家庭抚养结构有利于华语保持，至少可以延缓华语转用的过程。此外，中国的持续崛起、网络时代的全球联通以及华人和中华文化特有的韧性等，都是新时代海外华语保持的有利因素。特别是在互联网联通和网络社交软件与现实生活深度交融的大背景下，如果能够将虚拟华语社区有效纳入华语学习和华语保持之中，将可以大大加强华二代与华语社区的联系和互动，起到类似华人传统言语社区唐人街那样对华语保持所起的重要作用。

同时，我们也要认识到，不同国家的华语保持和语言转用情况不尽相同，即使在同一个国家，不同时期、不同群体和不同社区中的情况也有所不同。通常如果聚居人口达到一定规模，传承语在社区范围内得到维持使用，在社区和家庭中保持了一定活力，传承语就有了代际传承保持的土壤。“一定数量的聚居人口、相对集中的定居点，是保持语言文化传承的基本条件。”（周庆生，2017）观察一下世界各地的情况，依托言语社区的语言互动来维持移民族群语言，传承语保持超过三代的实例比比皆是。从全球华语传承史来看，东南亚华人社区、欧美唐人街和北路东干人聚居社区，均通过各自的社区力量形成了华语多代传承的社区模式。当前的问题是，当全球化时代的新华人群体不再结合为传统上的社区，而是散居于当地各族裔之中时，家庭和虚拟社区便成为传承语保持的堡垒。能否借助中国崛起而日益凸显的中文价值、华裔父母对待中文的积极态度、华二代对华人身份的认同、广泛分布可及的周末中文学校、网络时代便利的虚拟中文社区以及多元语言文化观念等有利因素，在全球华人散居的情况下发展出一种新型“顺外传内”模式（周庆生，2018），通过双语或多语实践进一步促进海外华语传承，将是全球化时代华语传承研究的重大课题。

为了系统深入地了解全球华语的保持和传承状况，今后需要对不同国家和地区进行更多的比较调查。首先应根据调查对象的居住分布，即聚居于华语作为交际语的华人社区与散居于当地主导语言的非华人社区，对不同社区的华人语言传承情况进行调查和比较研究。其次，也需要对欧美国家与东南亚国家的华语保持进行比较研究。欧美国家与中国相距遥远，华语在这些国家为低势语，而东南亚国家与中国地理上接近，华语在这些国家的地位相对较高，华语在欧美国家与东南亚国家的传承情况很不相同。我们应通过广泛细致的调查，了解和分析海外华语在双语和多语社区中的保持和转用状况，从而采取相应策略推动华语传承和国际中文教育持续发展。华语是全球华人的共同语，是全体华人祖传下来的宝贵语言文化资源，海外华语传承需要社会、社区、家庭及个人多方合作和努力。增强华语保持意识，提升华语传承的积极态度和学习动机，给华裔下一代创造更好的条件，提供更多接触、使用和学习华语的机会，才能使海外华语代代传承、持续发展，才能让海外华人后代把根留住。

∷ 参考文献 ∷

陈保亚（2013）语势、家庭学习模式与语言传承——从语言自然接触说起，

《北京大学学报（哲学社会科学版）》第 3 期。
陈　颖（2012）美国华人社区的语言使用与语言认同——以大华府和纽约都会区为例，南京大学博士学位论文。
郭　熙（2020）应重视方言在海外中华文化传承中的作用，载教育部语言文字信息管理司组编《中国语言生活要况 2020》，北京：商务印书馆。
麦礼谦（1999）传承中华传统：在美国大陆和夏威夷的中文学校，《华侨华人历史研究》第 4 期。
王春辉（2018）语言忠诚论，《语言战略研究》第 3 期。
王晓梅（2005）马来西亚雪兰莪州万津华人的语言保持和语言转用，《中国社会语言学》第 1 期。
魏岩军、王建勤、魏惠琳（2013）美国华裔母语保持与转用调查研究，《华文教学与研究》第 1 期。
魏岩军、王建勤、魏惠琳、闻　亭、李　可（2012）影响美国华裔母语保持的个体及社会心理因素，《语言教学与研究》第 1 期。
吴英成、邵洪亮（2014）华裔汉语学习者解读：新加坡视角，《世界汉语教学》第 2 期。
周明朗（2014）语言认同与华语传承语教育，《华文教学与研究》第 1 期。
周庆生（2017）东干语案例可以作为语言传承畅通与中断的典型，《语言战略研究》第 3 期。
周庆生（2018）语言适应-传承模式：以东干族为例，《语言战略研究》第 4 期。
Fishman, J. A. (1964) Language maintenance and language shift as a field of inquiry: A definition of the field and suggestions for its future development. *Linguistics*, 2(9): 32-70.
Fishman, J. A. (2006) Language maintenance, language shift, and reversing language shift. In T. K. Bhatia & W. C. Ritchie (eds.), *The Handbook of Bilingualism*. Malden, MA: Blackwell Publishing Ltd.
Fishman, J. A., V. C. Nahirny, J. E. Hofman & R. G. Hayden (eds.) (1966) *Language Loyalty in the United States: The Maintenance and Perpetua-*

tion of Non-English Mother Tongues by American Ethnic and Religious Groups. The Hague: Mouton.

Haugen, E. (1953) *The Norwegian Language in America: A Study in Bilingual Behavior*. Philadelphia: University of Pennsylvania Press.

Hornberger, N. H. (2002) Language shift and language revitalization. In R. B. Kaplan (ed.), *The Oxford Handbook of Applied Linguistics*. Oxford: Oxford University Press.

Kloss, H. (1927) Spracherhaltung. *Archiv für Politik und Geschichte*, 8: 456-462.

Kuo, E. (1974) Bilingual pattern of a Chinese immigrant group in the United States. *Anthropological Linguistics*, 16(3): 128-140.

Lambert, W. E. (1963) Psychological approaches to the study of language: Part II: On second-language learning and bilingualism. *The Modern Language Journal*, 47(3): 114-121.

Li, W. L. (1982) The language shift of Chinese-Americans. *International Journal of the Sociology of Language*, 38: 109-124.

Luo, S. H. & R. L. Wiseman (2000) Ethnic language maintenance among Chinese immigrant children in the United States. *International Journal of Intercultural Relations*, 24(3): 307-324.

Valdés, G. (2001) Heritage language students: Profiles and possibilities. In J. K. Peyton, D. A. Ranard & S. McGinnis (eds.), *Heritage Languages in America: Preserving a National Resource*. McHenry: Center for Applied Linguistics & Delta Systems.

Veltman, C. (1983) *Language Shift in the United States*. Berlin, Germany: Walter de Gruyter & Co.

Zhang, D. H. & D. T. Slaughter-Defoe (2009) Language attitudes and heritage language maintenance among Chinese immigrant families in the USA. *Language, Culture and Curriculum*, 22(2): 77-93.

（本文原载于《语言战略研究》2021 年第 4 期，作者曹贤文、金梅）

专业建设与人才培养

国际汉语教师培养中值得重视的几个问题

摘　要　国际汉语教师教育是第二语言教师教育的一个重要分支，是一种基于专业学习的专门教育活动。本文在简要回顾国外第二语言教师教育研究发展过程的基础上，结合国外研究成果和新形势下国际汉语教师培养工作的实际情况，针对如何促进国际汉语教师教育的问题提出了一些建议。

关键词　国际汉语教师；第二语言教师教育；国际汉语教师教育

对国际汉语教师问题的专门研究始于20世纪80年代后期。当时主要关注的是对外汉语教师的素质问题，即一个合格的对外汉语教师应该具备怎样的知识结构和能力结构。二十多年来，在研究对外汉语教师基本素质的基础上，围绕对外汉语师资培训和对外汉语教学专业人才培养目标，产生了一批重要的研究成果。“这些研究成果促进了我国对外汉语教师队伍综合素质的提升，加快了对外汉语教师培训与人才培养工作的进程，从而在整体上推动了对外汉语教学事业和学科的发展。”（参见张和生主编，2006；赵金铭，2007；李泉，2009等）近年来，随着汉语国际推广和传播工作的快速推进，新形势下的汉语国际教育“三教”问题[①]受到了广泛的关注，其核心问题之一的教师培养问题更是备受重视。为了有效解决新形势下制约汉语国际教育发展的教师瓶颈问题，孙德坤（2008）、崔希亮（2010）等相

---

① “三教”问题是教师问题、教材问题和教学法问题的总称。

继提出国际汉语教师培养需要重视以人为中心的教师发展观念，认为教师发展问题必须从“教师的知识发展、素质发展、专业技能发展和职业生涯发展”（崔希亮，2010）等多方面进行研究并加以解决。这样的理论主张显然超越了以往师资培养只重视从知识和技能方面进行职前准备的范畴，既显示了国际汉语教师培养理论视角和研究范式的转变，同时也给我们提出了一个中心课题：如何让未来的教师在培养过程中得到最好的发展？由于在新的教师培养范式中，学习者不再被视为有待填充理论知识和教学技巧的空容器，而是进入教师教育项目的一个个具体的有待发展的个体，因此，在国际汉语教师培养中，我们不仅要研究学习者需要学习什么，也要研究他们如何学习，如何做好职业生涯规划，如何促进个体发展，以及教育活动会给学习者今后的专业工作和职业生涯带来哪些持续的影响等新问题。为了在更宽广的理论背景下对上述问题进行讨论，我们不妨首先回顾一下国外第二语言教师教育，尤其是英语作为第二语言教师教育的发展历史，并考察其最新的进展，以便为探讨国际汉语教师培养问题提供某些借鉴和参考。

一　国外第二语言教师教育研究的发展过程

1.1 “教师培训”“教师教育”和“教师发展”等教师培养观念的更迭

“教师培训”“教师教育”和“教师发展”等教师培养核心术语的更迭显示了第二语言教师培养观念的不断进步。刘润清（2000）、孙德坤（2008）等指出，第二语言教师培养的概念经历了几次重要的转变，这些转变可以分为三个不同的阶段：“教师培训”（Teacher Training）、“教师教育”（Teacher Education）和“教师发展”（Teacher Development）。“教师培训”基本上来自行为主义传统，注重微观教学技能的训练，培训被视为向受训者传授一套操作技能。这种培训类似某种技艺的训练，能够快速提高学习者的微观教学技巧，但其缺点也显而易见，即忽视教师综合能力的培养。“教师教育”则是在对行为主义模式进行反思的基础上提出的，认为教师不仅要接受教学技能的训练，还应开展语言和语言教学理论课程的学习，以使教师从理论的高度来认识和把握语言教学活动，从而理解教学目的，提高教师的理论修养。显然，跟“教师培训”相比，“教师教育”的内涵更加丰富。

不过，“培训”和“教育”都是从外界施予学习者的教育，学习者被视为知识和技能的被动接纳者，他们自身的“发展”部分受到忽略，学习者本人内在的自觉性、自我进步意识等相比之下处于弱势地位。然而恰恰是教师的“自我”才能真正成为教师成长和发展的内在动力源，是促使“教师培训”和“教师教育”有效进行的发动机，因此，在强调“培训”和“教育”的基础上重视教师自我主动性的“教师发展”一词应运而生。最初的“教师发展”主要是指教师教学能力的发展，主张在提高知识和技能的基础上，培养教师的教学决策能力，鼓励教师从自身教学实践出发积极反思自己的教学，观察自己的课堂行为，评估自己的教学效果，并结合教学实践进行研究，从而在实践中形成自己的教学信念，获得持续的发展（Crandall，2000）。随着研究的深入，现在的“教师发展”把价值观、道德观、职业观等更多的因素也纳入考虑的范围（孙德坤，2008），是一个涵盖了教师的“知识准备”“素质养成”“专业技能”和“生涯规划”等多种要素的动态终身发展过程（崔希亮，2010）。

1.2 “第二语言教师教育”作为专门学科术语的确立及其研究发展

以 Richards & Nunan（1990）主编的《第二语言教师教育》一书为起点和标志，“第二语言教师教育”作为专门学科术语正式提出并逐渐得以确立。该书首次以“第二语言教师教育”作为专门的研究对象，对其研究基础和研究范围进行了广泛的探讨。因此，Freeman（2009）等学者提出 20 世纪 90 年代是第二语言教师教育研究发展的重要分水岭。在这一阶段，第二语言教师教育作为专门的研究领域在以下几个方面取得了重要进展：（1）“第二语言教师教育”的概念正式提出并得到界定，其学科范畴被初步确定下来；（2）“第二语言教师教育”自身独立的研究基础得到明确并逐步发展起来；

（3）“第二语言教师教育”的范围可能包括哪些内容得到了广泛的讨论；（4）对教师教育的实践问题，即教师教育应该“怎么做”的问题十分关注，其中重点讨论了教师教育项目设计和活动开展的针对性及实践性问题。

在作为专门学科术语被提出及其特定的研究范围被界定后，第二语言教师教育领域开始突破第二语言教师培养的传统框架，它不仅包括学习者需要学习“什么”，也越来越重视他们“怎么”学习这些内容了。到了20世纪90年代中期，第二语言教师教育知识基础的本质也得到了深入的讨论，第二语言教师的职业学习过程得到了更加全面的阐述，在此基础上，学者们逐步达成共识：第二语言教师教育是一种基于专业学习的专门教育活动。

第二语言教师教育的发展既是学科本身逻辑发展的自然演进过程，同时也受到了当代认识论哲学转向的影响。随着传统认识论范式下教师教育由实证主义向建构主义的转向，“知识不再被看作孤立、客观的实体，而被认为与识知者（knower）和识知过程（knowing）密不可分；知识是由主体自己建构，而非由外部输入”（刘学惠，2005）。在建构主义认识论的视角下，教师教育的作用不再是向学习者传输知识，而是为他们的建构性学习提供环境，教师学习是情景化的、互动式的合作学习，是一种特殊的社会化实践。这种特殊的社会化实践对受教育者的个体发展会产生什么影响？换句话说，第二语言教育活动如何塑造学习者的专业身份以及如何影响学习者的专业发展和职业生涯成为了研究的重要内容。第二语言教师教育被视为专门的教育活动也凸现了第二语言教师专业学习的效果问题，即第二语言教师教育的哪些内容可以通过什么方式在什么时候得到最好的学习？因此，第二语言教师教育项目的设计及其开展的教育活动对学习者的影响和结果开始成为讨论的中心话题。

在21世纪的头十年中，“第二语言教师教育”研究在上述研究的基础上继续走向深入，学者们研究的视角主要表现在对以下问题的关注上（Freeman，2009）：（1）第二语言教师专业学习的效果问题，即第二语言教师教育的哪些内容可以通过什么方式在什么时间得到最好的学习？（2）第二语言教师教育的项目设计及其对学习者的影响和结果如何？（3）如何有效测定第二语言教师教育的项目设计及其对学习者今后的专业工作和职业生涯的持续影响？（4）第二语言教师教育活动如何帮助学习者塑造专业身份及其职业认同？（5）有关第二语言教师教育本质上是一种社会实践观点的讨论。

上述第二语言教师教育的简明发展历史为我们勾勒了第二语言教师教育研究范围螺旋扩展的过程：从“知识传授和技能培训”到“教师的职业生涯发展”到“第二语言教师教育概念的确立”再到“第二语言教师教育过程中的学习者身份建构、教育实践环境及如何有效地学习”等问题的讨论。第二语言教师教育领域的螺旋扩展过程反映了我们对第二语言教师教育的理解和研究不断向更广更深领域的推进。Freeman（2009）用下面的螺旋图对此做了直观的概括（见图 1）：

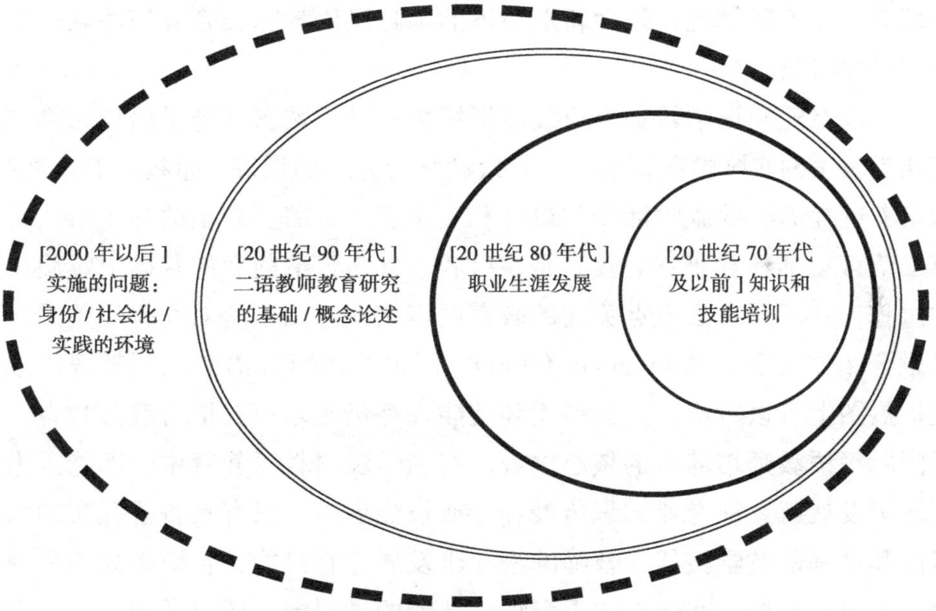

图 1　螺旋扩展的第二语言教师教育领域（Freeman，2009）

二　新形势下促进国际汉语教师教育的有效措施

国际汉语教师教育是第二语言教师教育的一个重要分支，也是一种基于专业学习的专门教育活动。长期以来，国家有关部门和本领域的专家学者们对汉语师资培养十分重视，进行了广泛持久的探讨（参见张和生主编，2006）。近年来，随着汉语国际传播速度的加快和汉语国际推广工作的快速推进，困扰汉语国际教育的“三教”问题再次引起了大家的密切关注。2009年10月，北京语言大学对外汉语教学研究中心和杭州师范大学在杭州专门召开了“汉语国际教育‘三教’问题学术研讨会”。根据笔者参加这次研讨会的所见所闻，尽管会议反映出目前对“教材”“教法”问题的研究较为广泛和深入，对“教师”问题的研究相对较少，但与会学者普遍赞同汉语国际教育“三教”问题的核心是教师问题，做好国际汉语教师培养工作是解决“三教”问题的重中之重。为了探讨教师问题的解决办法，我们参考国外第二语言教师教育的发展历程和相关文献研究，并结合国际汉语教师培养工作实际情况，认为新形势下的国际汉语教师教育应该注意以下几个方面的问题。

1. 以专业知识学习和专业技能训练为基础，紧密结合汉语作为第二语言课堂教学的实际情况，加强“有效教学行为”的训练，重视“有效教师”的培养，提高有效教学活动的设计和实施能力。需要指出的是，前文所述第二语言教师教育研究的发展是在后者包含与吸纳前者的基础上螺旋扩展的过程，其不同阶段重点关注的教育内容彼此之间不是对立排斥关系，而是融合拓展关系。从Freeman（2009）所描述的第二语言教师教育领域螺旋扩展图上可以看出，知识传授和技能训练仍然是第二语言教师教育（包括国际汉语教师培养）的核心内容。在国际汉语教师教育中，不能因为强调教师发展就忽视专业知识传授和专业技能训练。只有具备了扎实的知识基础和良好的教学技能，教师的进一步发展才有可能，否则将只能是缺少中心支点的空谈。在传授知识和训练技能的过程中，还应做到二者的平衡学习，坚持两条腿走路。没有一定的知识积累，技能训练永远上不了层次；只重视知识传授而缺少技能训练，培养出来的人将不适合汉语作为第二语言课堂教学的现实需要。因此，偏重其中任何一个方面而忽视另一个方面的做法都是不可取的，“应采取知识和方法并重的教学理念，即方案中的知识类课程和教学方法、教学技能训练类课程并重，具体课程的教学实施也要知识和方法并重”（李泉，2009）。另外，知识学习和技能训练应该避免无的放矢，而应紧密结合国际汉语课堂教学实际进行有针对性的训练，这样培养出来的教师在面对真实的课堂教学时才不会出现“所学非所用”“所用非所学”的窘境。因此，在进行知识学习和技能训练时，应该加强针对课堂教学实际情况进行“有效教学行为”和“有效教学方法”的训练，着力培养能够开展“有效课堂教学活动”的“高效能的”国际汉语教师（曹贤文、王智，2010）。

2. 重视教师的认知发展与专业发展，对教师身份建构和职业生涯规划给予充分的关注。推动教师专业知识学习和专业技能训练不断进步的内在动力是教师认知发展、身份建构和职业生涯规划等的内在因素。语言教师教育的重点应该是培养教师具有解决问题的能力，以帮助他们实现自身的持续发展。孙德坤（2008）认为：“教师培训和师资教育具有对受训者和准备入职的教师提供教学准备以便他们顺利进入职场的功能，因此对于教育行业的发展是一个必要的阶段。但是在‘培训’和‘教育’的过程中‘发展’的元素都应该有机地结合进去，从而提高教师的自主学习意识和自我反思的能力，以便他们能从容面对不同的环境，解决特定的问题。”语言教师教育应帮助教师发展认知技能和反思能力，例如，我们不但可以提供教学范例（课堂教学录音或录像、教学实习、书面教学报告等），引导学习者分析范例中的教师在教学中所运用的思维和信念体系，分析他们是怎样识别和确认教学中出现的问题，以及怎样运用自己的经验、信念和教学方法来处理这些问题的；还应该鼓励学习者通过教学实习反思自己的教学活动和教学决策过程，讨论教学实践与自身知识结构的关系，从而提升对教学的实践和理性认识，在专业认知能力上得到发展。

在强调教师认知发展和专业发展的同时，要重视学习者的教师身份建构与职业生涯规划。教师身份的认知和建构是做好职业生涯规划和设计的前提，其建构和认同过程就是不断地追问“我是谁”“我何以属于这个群体”等根本问题的过程，是试图将“作为‘人’的教师”和“作为‘教师’的人”有机统一起来的过程，是促使教师内在的深度改变和个体发展的核心问题，“唯有得到教师内在的身份认同，教师个体的生命发展才能得到强调，教师个体的专业自主发展才能实现”（李茂森，2009）。我们也要关注现职教师的生存状态和教师学习者对未来职业发展前景的信心，激发学习者对国际汉语教师职业的热爱和自我发展的意识，创造宽松、积极向上、良性互动的教学环境，通过专家教师典范的引导帮助学习者做好职业生涯设计。国家有关部门要关注教师的生存和发展状态，有针对性地帮助教师解决专业发展和职业生涯中面临的实际问题，为国际汉语教师创造奋发有为、学有所用的大环境。

3. 重视实践知识和实践性教学方式在国际汉语教师发展中的重要作用。受到传统教学思维的影响，当前国际汉语教师教育仍普遍存在一种倾向，即给学习者传授的是有关汉语作为第二语言教学的可以适用于普遍情境的一般性理论和方法。这些普适性知识通常通过阅读、讲授、测试和期末论文等比较被动的教学方式获得，尽管这些普适性知识起到了夯实专业基础的作用，但由于过度简化和去情景化，与教学实际缺少联系。“如果教师从他们的教育项目中获得的知识，不在他们自己的学习或教学经历的相似情景中进行考察，如果知识不是被置于它们使用的社会情境中，如果知识不能明显地互相联系，如果教师几乎没有机会用情境化的阐释方式使用那些知识，那么理论将会脱离实践。”（Johnson，1997）作为一门应用性很强的学科，国际汉语教师教育应该突出实践和实践知识的重要作用，在教学中要重视把理论知识与实际教学情境联系起来进行学习。因此，为了有效促进国际汉语教师培养方式面向实践的转型，我们不但要从理论层面重铸国际汉语教师的知识基础，也要在实践中采取切实有效的教学方式来提升学习者解决实际问题的能力。

（1）重构国际汉语教师的知识基础，重视实践知识在国际汉语教师素养构成中的重要地位。教师知识是教师教育的核心议题，通常有两种探讨的视角：一是“由外而内”（outside-in）的视角，即教师需要什么知识基础、教师教育应该提供哪些知识；二是“由内而外”（inside-out）的视角，即教师实际拥有和使用哪些知识、它们能否为教师教育所用。传统教师教育持前一种观点，其隐含的假定是，知识是由专家学者创造和传授的，教师只是知识的使用者和传授对象（刘学惠，2005）。根据这种倚重理论知识、鄙视实践知识的传统理念培养出来的教师在面对真实的课堂教学情景时必然会出现理论知识和实践严重脱节的情形，因此，我们需要转换看待教师知识的视角，教师不再只是知识的接受者和应用者，而是知识的建构者和创造者，教师的个人知识应该受到重视，“本地”的实践知识应合法地与“外来”的理论知识共同构成教师的知识基础（Verloop et al.，2001）。

针对个人实践知识与“外来”理论知识的结合问题，Williams（1999）提出了个人理论、公共理论和实践三者之间的互动模式（见图2）。教师个人的理论用来指导实践，它们或者是显性的知识或者是隐性的知识，对实践的反思使得个人理论得以建构。个人的理论通过写作发表或者会议报告可以变成公共的理论，公共的理论通过重新建构可以融入个人的理论。公共的理论可以进入实践，但是它们需要根据具体的情境和参与者重新进行建构，实践也可以通过交际变成公共的理论。因此，在教师个人理论与公共理论（包括其他个人理论）之间，实践起着重要的桥梁作用。受到传统知识论观念的影响，过去有一段时间，国际汉语教师培养工作中存在学术性过重、应用性和实践性不足的问题。为了从理论层面解决认识上的困扰，我们需要重构国际汉语教师的知识基础，充分肯定实践性知识在国际汉语教师知识构成中的重要作用。

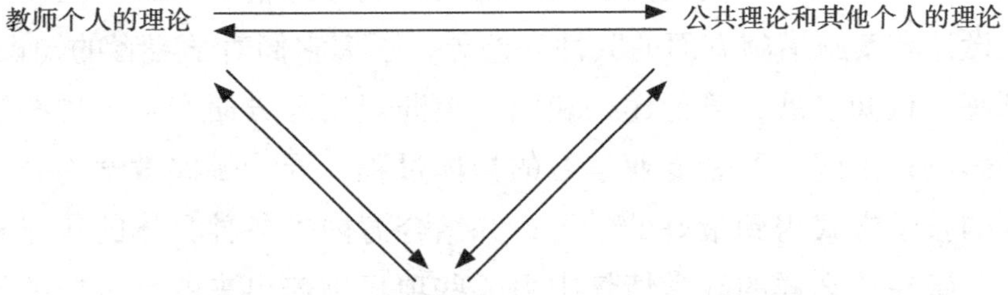

图2　个人理论、公共理论和实践之间的互动模式（Williams，1999）

（2）采取多种有效的实践性教学方式促进国际汉语教师的发展。为了有效解决国际汉语教师培养中应用性和实践性不足的问题，除了从理论层面重新审视实践知识的重要作用以外，更要采取具体的实践性教学方式促进国际汉语教师发展。这些实践性教学方式如：有目的、有计划、有反馈结果的课堂观察；解决某个具体教学问题的研讨工作坊；结合具体案例进行的各种语言要素教学和言语技能教学分析[①]；微格教学设计[②]；针对特定学习者进行学习需求分析；根据具体学习需求进行模拟项目设计和教学大纲设计；根据具体学习需求进行模拟课程设计[③]；根据具体学习需求编写符合各种课程类型的教学材料；互相辅导；教学实习；集体备课；团队教学；反思讨论；行动研究；模拟课堂教学管理；等等。在教学实习环节和入职后还要加强写作教学日志、安排同行视导（peer coaching）和教师督导（supervision）等环节的工作。

4. 加强对国际汉语教师教育活动及培养项目本身的关注，研究不同教学环境下的师资培养项目在设计理念和具体实施方面的异同，以及它们各自为教师的发展带来了哪些持久的影响。为了加强对国际汉语教师培养工作的指导，国家汉办和国务院学位委员会先后发布了《国际汉语教师标准》（2007）和《汉语国际教育硕士专业学位设置方案》（2007），对国际汉语教师培养提出了指导性的意见。目前，经国务院学位办批准招收汉语国际教育硕士专业学位研究生的高校已经达到了63所，有资格招收对外汉语教学本科和进行各种汉语师资培训的单位更是不胜枚举。如此众多的国际汉语教师培养项目，其设计理念与实施措施及给学习者带来的影响必然存在较大的差异，因此，我们需要通过广泛的调查和评估，了解不同教师培养项目在设计和实施措施方面的共性和差异，了解它们对学习者的知识学习、技能训练、认知发展、身份建构和职业生涯规划等方面产生了哪些短期和长期的影响；了解学习者专业学习的具体过程，弄清哪些教学内容可以通过怎样的教学方式得到最好的学习；并结合海内外各种具体的实习和工作情境，了解在什么样的教学情景中由哪些项目培养出来的什么样的国际汉

① 包括语法点案例教学、词汇案例教学、语音案例教学、汉字案例教学、跨文化交际案例教学、综合课案例教学、听力课案例教学、说话课案例教学、阅读课案例教学和写作课案例教学，等等。

② 主要包括微型教学设计和进行模拟教学两大环节。

③ 包括综合课、分技能课以及汉语作为特殊目的的商务汉语、新闻汉语、法律汉语、工程汉语、环保汉语和医学汉语等不同形式的课程设计。

语教师能够受到欢迎。通过广泛而细致的评估总结和反馈，实现“课程改进”“学生提高”和“行政决策”三大评估功能（Cronbach，1963），从而促进国际汉语教师培养项目的良性发展。

5. 完善国际汉语教师的职前培养、入职教育和职后培训一条龙教育发展体系。目前我们对国际汉语教师的职前培养比较重视，但对入职教育和职后培训关注不够。根据笔者的了解，国内很多高校对于新任汉语教师缺乏有效的入职教育，有的单位在这方面甚至是空白，倒是一些以教学质量为第一生命的独立语言教学项目在这方面起到了良好的引领作用。如果我们考察一下一些知名汉语教学项目，如 PIB、CET、ACC、IUP、HAB 等对汉语教师的雇用和培训情况，就不难发现它们对新教师的入职教育做了大量细致的工作，而且对其所依托的高校在职教师的职后培训也起到了积极的推动作用。例如，北京师范大学就将在 PIB（普北班）受训和任教作为新任对外汉语教师的一个考核指标。我们认为，国内高校对教师的入职教育和职后培训普遍重视不够还有深层的原因。因为按照现行教师评价体系，绝大部分高校都是科研挂帅，只要能发表科研成果的教师就是好教师，至于教师实际教学能力的发展，则长期置于有效的评价体系之外，既缺乏科学的衡量标准，也缺乏真正的评价动力。

国际汉语教师的培养是一个终身学习和发展的过程，不能期望学习者完成了职前教育，就能一劳永逸地获得教育教学所需要的各种知识和技能。我们应该将教师的职前培养、入职教育和职后培训连成一体，将国际汉语教师教育视为一个可持续发展的终身教育过程。首先，我们应该完善国内对外汉语教师职前培养、入职教育和职后培训一条龙教育发展体系，区分和定位职前培养、入职教育和职后培训的内容及功能，让国际汉语教师在不同职业生涯阶段都得到最好的发展，打造一支高质量、国际化的专业汉语教师队伍。其次，与国外有关大中小学等教学机构建立密切合作关系，跟踪我们培养的新手教师在国外的入职教育和教学情况，通过对这些情况的跟踪描述和分析，为改进国际汉语教师职前培养工作，特别是为国家外派汉语教师和汉语教师志愿者的培训提供第一手资料，并为接受国外汉语教师的在职培训提供有益的参考。

∷ 参考文献 ∷

曹贤文、王　智（2010）对外汉语教师与欧美留学生对“有效教师行为”的评价,《语言教学与研究》第6期。

崔希亮（2010）汉语国际教育“三教”问题的核心与基础,《世界汉语教学》第1期。

国家汉语国际推广领导小组办公室（2007）《国际汉语教师标准》，北京：外语教学与研究出版社。

国务院学位委员会（2007）汉语国际教育硕士专业学位设置方案，http://www.moe.gov.cn/srcsite/A22/moe_833/200703/t20070330_82703.html。

李茂森（2009）教师的身份认同研究及其启示,《全球教育展望》第3期。

李　泉（2009）汉语国际教育硕士培养目标与教学理念探讨,《语言文字应用》第3期。

刘润清（2000）《剑桥英语教师丛书》总序，载《剑桥英语教师丛书》，北京：外语教学与研究出版社 / 人民教育出版社 / 剑桥大学出版社。

刘学惠（2005）外语教师教育研究综述,《外语教学与研究》第3期。

孙德坤（2008）教师认知研究与教师发展,《世界汉语教学》第3期。

张和生主编（2006）《对外汉语教师素质与教师培训研究》，北京：商务印书馆。

赵金铭（2007）汉语作为外语教学能力标准试说,《语言教学与研究》第2期。

Crandall J. A. (2000) Language teacher education. *Annual Review of Applied Linguistics*, 20: 34-55.

Cronbach, L. J. (1963) Course improvement through evaluation. *Teachers College Record*, 64: 672-683.

Freeman, D. (2009) The scope of second language teacher education. In A. Burns & J. C. Richards (eds.), *The Cambridge Guide to Second Language Teacher Education*. Cambridge: Cambridge University Press.

Freeman, D. & J. C. Richards (eds.) (1996) *Teacher Learning in Language Teaching*. Cambridge: Cambridge University Press.

Johnson, K. (1997) The author responds.... *TESOL Quarterly*, 31: 779-782.

Richards, J. C. & D. Nunan (1990) *Second Language Teacher Education*. Cambridge: Cambridge University Press.

Verloop, N., J. V. Driel & P. Meijer (2001) Teacher knowledge and the knowledge base of teaching. *International Journal of Educational Research*, 35(5): 441-461.

Williams, M. (1999) Learning teaching: A social constructivist approach—theory and practice or theory with practice?, In H. Trappes-Lomax & I. McGrath (eds.), *Theory in Language Teacher Education*. Harlow, UK: Longman.

（本文原题为《第二语言教师教育研究的发展过程与国际汉语教师培养值得重视的几个问题》，原载于《汉语国际教育“三教”问题——第六届对外汉语学术研讨会论文集》，
北京语言大学对外汉语研究中心编，
外语教学与研究出版社，2010 年）

国际汉语教师教育的有效途径：教师教育档案袋

摘　要　教师教育档案袋是目前欧美国家比较流行的用来评估学习和教学成就、培养反思型教育实践者、促进教师专业发展的一种有效方式。本文对欧洲和美国外语教师档案袋的开发和使用情况进行了介绍和分析，并就开发“国际汉语教师学习者档案袋”“国际汉语教师和汉语教师志愿者学习与教学电子档案袋系统”，以及建立和完善国际汉语教师评估与档案袋评价方法等提出了初步设想。

关键词　国际汉语教师教育；档案袋；档案袋评价；反思型教育

教师教育档案袋是20世纪80年代开始从美国教育实践中涌现出来的一种评估学习和教学成就、培养反思型教育实践者、促进教师专业发展的有效方式，它是顺应建构主义学习理论、反思型教师教育思潮以及“表现为本”的真实性教育评价的产物，目前在欧美教师教育与职业发展中广泛运用（钟启泉，2004；马海涛，2004）。

一　欧洲和美国外语教师档案袋的开发和使用情况

1.1　欧洲语言教师学习者档案袋

2007年，欧洲理事会现代语言中心推出《欧洲语言教师学习者档案袋》

（European Portfolio for Student Teachers of Languages，简称 EPOSTL）。该档案袋是在欧洲理事会语言政策部研制的《欧洲语言共同参考框架》（Common European Framework of Reference for Languages）和《欧洲语言档案袋》（European Language Portfolio），以及由欧盟委员会资助的《欧洲语言教师教育参考框架》（European Profile for Language Teacher Education—A Frame of Reference）三项已有研究成果的基础上研发的，其目的是帮助外语教师学习者在接受教师教育的过程中记录学业进步，对自己的教学能力进行反思和评估，并搜集与教师教育和未来职业发展相关的典型实例。《欧洲语言教师学习者档案袋》包括个人陈述、自我评估、卷宗证据、术语表、索引和使用指南六个部分，其核心是教师需要努力达到的 195 项教学能力“能做”（can-do）的描述。这 195 个问题组成自我评估的主要内容，共分为七大类：环境、方法、资源、课程计划、课堂操作、独立学习和学习评估。每一大类下又分为几个小类，如环境部分就分别从课程、目标与需求、语言教师的角色、教学机构的资源与限制等四个方面来检测学习者在把握语言教育环境方面的能力。需要特别注意的是，学习者对这些问题的回答和描述不是用一次性的评价方式，如“好”或者“不好”完成的，设计者巧妙地在每一项“能做”评估下面设计了“发展描述条”，见图 1。

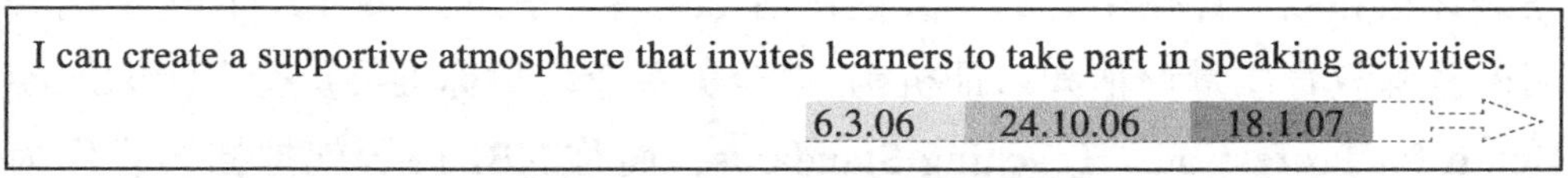

图 1 “能做”描述及发展描述条

学习者可以用彩色笔分次填充描述条的一部分，并标上日期，以便在学习的不同阶段对该项能力的发展进行追踪描述。如果学习者认为自己的某项能力还有需要进一步提高的空间，就不必把“发展描述条”填满。这样的评价方式能够动态描述学习者能力不断上升的过程，体现了教师教育“发展性”评价的精髓。紧接着七大类“能做”描述的是一个反思表格，专门用来记录评价过程中学习者的自我反思。

在自我评估之后，是用来支持“能做”陈述的卷宗证据，这是学习者用来展示自己学习和实践成绩、记录专业发展过程的证据材料汇编，其内容包括六大类：教学实践证据、观课及评课证据、教师教育过程中相关人士给学习者的详细成绩与评语、教学实践分析证据、案例研究和行动研究证据、反思证据等，每个部分都由证据详单和证据本身组成。《欧洲语言教师学习者档案袋》主要针对的是正在接受职前教师教育的学习者，鼓励他们反思作为一名外语教师所需的知识和技能，帮助他们对不断发展的能力进行自我评估，并对自己的学习和实习等成长过程做好记录。作为一个基于标准的评估和反思工具，《欧洲语言教师学习者档案袋》为欧洲各国语言教师教学能力与教师教育课程的规范和讨论提供了共同的基础。

1.2 美国外语教师档案袋

教师档案袋在美国被视为一个有效的评价和反思工具，主要用于以下几个方面：第一，为教师教育学习过程搜集证据并促进反思；第二，作为教师教育专业毕业与否的重要依据，很多教师教育硕士项目采用档案袋评价取代毕业论文作为毕业综合评价的最主要形式；第三，用作教师认证或聘用决策的一种有效手段；第四，为教师工作提供反馈，并促进反思，以提高教学和专业化水平。

以美国在职教师教育的认证评估为例，主要有两种方式：个人教学档案袋评估和教学评估中心的实践性评估（袁军、毕诚，2004）。作为美国著名的教师教育质量评估和认证机构，“全美专业教学标准委员会”（National Board for Professional Teaching Standards，简称 NBPTS）就把档案袋作为教师评价的主要工具。NBPTS 对教师评估的理论基础是五项核心主张：教师应该对学生及学生的学习负责，教师应当了解他们所教的学科并知道如何教授这些科目，教师有责任组织和监督指导学生的学习，教师应该系统地思考其教学实践并从经验中学习，教师是学习化社会的成员。围绕这五项核心主张，NBPTS 提出了外语教师的九项标准：了解学生、了解语言、了解文化、了解语言习得、公平合理的学习环境、课程设计与教学计划、评价、反思、专业精神（参见 NBPTS，2010）。NBPTS 依据自己制定的各个专业的标准对优秀教师进行评估和认证，具体的评估过程主要包括三部分：档案袋评价、现场评价（在考试中心参与测试）和评分。凡是申请评估认证的教师都必须提交档案袋，对于档案袋的内容和要求，NBPTS（2012）有详细的规定和说明。档案袋中的个人材料主要包括：（1）教师教学过程和能力的业绩证明、学生的作业样本、教师的教学录像和工作记录等；（2）教师对教学的分析与反思，包括教学情境分析、教学设计、教学活动分析、教学评价、教学反思等。档案袋中除了以班级为实体的材料，还需要教师在家长、社区、同事之间开展活动等方面的材料。

除了"全美专业教学标准委员会"以外，美国许多州和全国性的教师教育质量评估和认证机构也把档案袋评价作为评估的重要手段（袁军、毕诚，2004）。此外，越来越多的职前教师教育项目也采用档案袋评价代替毕业论文作为毕业综合评价的主要形式。笔者随机调查了七所位于加州且设有 TESOL（英语第二语言教学）硕士学位的高校，其中两所学校规定以综合考试或者毕业论文作为毕业评价的要求，两所学校可以从档案袋或者毕业论文中二选一，其余三所学校都指定把档案袋作为毕业评价的主要形式。以笔者曾经工作过的蒙特雷国际研究院为例，在其 TESOL/TFL 项目中，就专门设置了一门两个学分的档案袋准备课程，通过一系列的工作坊教授学习者如何准备档案袋，另外，还有专门的导师指导学生围绕档案袋的各项评价内容合理安排整个硕士项目期间的学习、实习和研究。美国教师教育项目对档案袋评价的重视，既反映了档案袋评价在促进教师教育发展方面的重要作用，也符合学生毕业后求职聘用的现实需要，因为越来越多的中小学、大学根据教师教学档案袋进行聘用和续聘评估，校方普遍认为档案袋能够真实反映教师的教学能力。

二　国际汉语教师档案袋的开发和运用

2.1　国际汉语教师学习者档案袋

为了提高国际汉语教师的专业素质和教学水平，培养、培训合格的汉语教师，国家汉办于 2007 年 10 月颁布了《国际汉语教师标准》。该标准

"是对从事国际汉语教学工作的教师所应具备的知识、能力和素质的全面描述，旨在建立一套完善、科学、规范的教师标准体系，为国际汉语教师的培养、培训、能力评价和资格认证提供依据"（国家汉语国际推广领导小组办公室，2007）。作为一个指导国际汉语教师专业发展的纲领性文件，《国际汉语教师标准》对新形势下的国际汉语师资培养工作起着积极的指引和推动作用。仔细研究、深入探讨如何联系《国际汉语教师标准》加强国际汉语教师培养中的各项实际工作，既是推广和应用该标准的需要，同时从实际工作中获得的反馈也有利于促进标准的进一步完善。李泉（2012）指出："《标准》要作为国际汉语教师的能力评价和资格认证标准，还需要据此制定更加务实可行的实施细则和考试大纲。"除此之外，笔者认为还应该在《国际汉语教师标准》的基础上开发出各种形式的帮助国际汉语教师进行学习、评估和反思的应用型衍生教育工具。例如，我们可以借鉴《欧洲语言教师学习者档案袋》的成功经验，研发一种基于标准的档案袋（standard-based portfolio），即以《国际汉语教师标准》为主线进行组织创建，研发《国际汉语教师学习者档案袋》。

一些学者认为《国际汉语教师标准》要求过高，属于"优秀型"而非"合格型"标准（李泉，2012）。如果从一名合格型国际汉语教师的基本素养来看，要完全达到《国际汉语教师标准》的各项要求的确是很困难的，不过任何综合性标准都应既包含合格型也包含优秀型，完成得好是优秀，完成得一般是合格。因此，为了应对千差万别的多样化国际汉语教师教育工作，我们不妨维持一个统一的高规格的国际汉语教师标准，关键是在制定实施细则和依照《标准》开发各种应用型衍生教育和评估工具时，需要本着"一纲多本"的原则拉开层次，可以分别根据候选教师、入职教师、优秀教师和杰出教师等不同类型，制定不同的教师教育细则及评估和认证规定。例如，在美国，上述四类教师是由四大全国性教师专业标准委员会分别进行评估和认证的（张治国，2009），但中国并无这样的全国性教学评估组织。如果我们单凭本学科的力量分别为国际汉语教师制定类似的几套标准及实施细则，肯定力有不逮，实施起来也会非常困难；而如果采用一套标准作为纲要，再分类制定实施细则，那么这种做法将更符合我们的实际情况。

因此，我们可以把《国际汉语教师学习者档案袋》设计为一种发展型的职前教师教育档案袋，或者合格型的国际汉语教师评估档案袋，其核心是依据《国际汉语教师标准》的五大模块、十大标准，制定一套基础性的国际汉语教师“能做”描述，以便于国际汉语教师学习者逐项自我评估和反思，并为这些“能做”陈述提供确切的发展记录和原始材料证据。各项“能做”评估可以采用类似上述“发展描述条”的设计，以服务于汉语国际教育硕士培养和相关国际汉语教师培训的发展性评估。作为一个基于标准的自我评价和反思工具，《国际汉语教师学习者档案袋》将鼓励学习者反思国际汉语教师需要努力获得的能力以及培养这些能力所需的知识，为学习者提供一套描述学习进步的标尺，方便他们对不断发展的能力进行自我评估，并促进学生与学生、学生与教师之间就如何达到国际汉语教师的各项标准展开讨论，为将来在不同教学环境中的职业工作做好准备。“文档的建立过程是教师对已有经验进行系统化整理的过程，是对自己成长的记录过程，也是教师对自身教育教学进行反思的过程。”（王添淼，2010）因此，开发《国际汉语教师学习者档案袋》将可以推动以能力为中心、“表现为本”的国际汉语教师教育方式改革，促进国际汉语教师的专业发展。

2.2 国际汉语教师和汉语教师志愿者学习与教学电子档案袋系统

档案袋的创建和实施是一个比较复杂的过程，需要花费很多时间和精力。随着电子网络技术的发展，除了传统的纸本档案袋以外，基于网络技术的电子档案袋日益流行。电子档案袋比纸本档案袋更容易保存，能更有效展示证据作品，使证据更加生动真实，同时也扩大了档案袋的共享范围，更便于创建者和读者之间的交流与合作。另外，电子档案袋的开发既保持了传统档案袋的编辑组织能力，还运用到很多多媒体技术，更符合教师掌握现代教育技术的要求。为了提高档案袋的创建和实施效率，很多教育和管理机构为教师和学习者提供了一套完整的电子档案袋平台，让使用者借助这一平台轻松地创建自己的电子档案袋，上传档案袋材料，与同学、老师和同行一起分享自己的成绩和进步，获得他们的及时反馈，并促进自我反思。“一个顺应时代发展的合格的对外汉语教师，应具备对自己的教学进行反思和评价的能力。"（赵金铭，2007）建立国际汉语教师电子档案袋系统将为教师反思自己的职业行为、评估学习和教学效果提供一个便捷的平台。

目前，汉语国际教育事业飞速发展，国际汉语教师队伍迅速壮大，现代信息技术日新月异，为了有效应对新形势下国际汉语教师的管理和专业发展工作，我们可以借鉴国内外电子档案袋系统建设的成功经验，研发一套"国际汉语教师和汉语教师志愿者学习与教学电子档案袋系统"，首先服务于国家公派汉语教师和志愿者从选拔到培训再到国外任职和职业发展的全过程，用来规范、评估和引导国际汉语教师和汉语教师志愿者的学习、教学和职业发展。该电子档案袋系统应尽可能采用目前国际上通用的、基于 Web 环境的电子学档管理平台的设计和技术，以便既可以与国外的电子学档系统兼容，又可以让使用者熟悉相关电子学档系统的使用，提高运用现代信息技术的能力，从而更好地适应国外的教学工作。如果能够兼容的话，该电子档案袋系统也可以融入网络孔子学院教学平台，以孔子学院电子学档系统的方式在线运行。在今后条件成熟的情况下，该电子档案袋系统还可进一步延伸服务于更多的国际汉语教师群体。

2.3 国际汉语教师评估与档案袋评价

《国际汉语教师标准》已于 2007 年研制成功，如何依据这一标准进行国际汉语教师评价和认证是大家比较关心的课题。我们需要在完善该标准的基础上，建设国际汉语教师评价系统，制定国际汉语教师的评价细则和程序，并设立评估中心进行实际操作。过去对外汉语教师资格证书的评定采用单一书面考试的办法，结果出现了证书与实际教学能力相脱节的情况。为了弥补以往仅以书面测试作为评估手段的不足，我们可以参考国外教师教育评估的经验，采用档案袋评价和现场评价相结合的方法[①]，对国际汉语教师提交的档案袋及在现场测试中表现出的教学能力进行综合评价，以此作为国际汉语教师资格评估的主要内容。参加评估和认证的申请人提交的教学档案袋至少应包括以下几个部分：

---

① 尤其是针对已获得汉语国际教育硕士专业学位的申请认证者，可以用教师教育档案袋取代笔试环节。

（1）引言部分：包括目录列表、引言、个人简历、个人教育哲学陈述等；

（2）标准和证据部分：这一部分是档案袋最重要、最核心的内容，主要包括对达到国际汉语教师各项标准的自我评估，以及相应的证据条目和对证据选择的理由陈述；

（3）结论部分：这一部分主要是申请人对自己作为一名国际汉语教师的成长情况进行全面总结和反思。

对国际汉语教师档案袋的评价，需要遵循一定的程序。在评估开始前，申请人需要在规定的时间向评估中心提交创建好的档案袋。在档案袋现场评价会上，申请人需要就自己档案袋的内容向评审专家组进行口头报告，报告应该由档案袋各关键主题构成，并充分利用教学技术和多媒体手段对档案袋内容进行规范的综合报告。报告时，申请人需要深入反思自己在国际汉语教师发展过程中取得进步的经验事实，对已获得的知识技能和专业性发展情况进行系统分析，以高信息度和具有较强说服力的方式向评委报告档案袋内容。报告需要控制在一定的时间内，报告后还要留出一定的答辩时间。评委根据其报告质量、档案袋内容和问题回答情况，利用设计好的档案袋规程表对报告者档案袋做出评价。评价结束后，评委需要提供评价信息反馈，提出申请人专业发展过程中的优势和有待改进之处，以便申请人根据反馈意见，认真修正、更新自己的档案袋，不断促进专业发展。

如前所述，国际汉语教师评估可以分为候选教师、入职教师、优秀教师和杰出教师四个不同等级，也可以简化为国际汉语教师乙等证书（对应于候选教师和入职教师）和甲等证书（对应于优秀教师和杰出教师）两个认证等级，并分别制定相应的评价细则。其中，至少对甲等证书（优秀教师和杰出教师）的评估和认证要指定把教学档案袋评价作为一种主要的评价方式。除了档案袋评价以外，国际汉语教师评价系统也可以包括其他形式的测试或评估方式，如书面测试和面试等。同时，为了满足不同国家和地区汉语教师创建档案袋的需要，并为国外教师培训和国际汉语教师教育研究提供参考，我们还应结合这些国家和地区的教师任职和资格标准，设计各种类型的国际汉语教师档案袋模板，加强“国际汉语教师档案袋案例库”建设，开设国际汉语教师标准研讨和档案袋设计工作坊，培训国际汉语教师通过在档案袋建立过程中对已有经验的系统化整理、对自身教育教学活动的反思和评估来促进专业能力的提升，从而推进国际汉语教师教育的专业化发展。

:: 参考文献 ::

国家汉语国际推广领导小组办公室（2007）《国际汉语教师标准》，北京：外语教学与研究出版社。

李　泉（2012）国际汉语教师培养规格问题探讨，《华文教学与研究》第1期。

马海涛（2004）美国教学档案袋评价述评，《比较教育研究》第1期。

孙德坤（2008）教师认知研究与教师发展，《世界汉语教学》第3期。

王添淼（2010）成为反思性实践者——由《国际汉语教师标准》引发的思考，《语言教学与研究》第2期。

袁　军、毕　诚（2004）美国职前、入职和在职教师教育评估体系简介，《外国教育研究》第11期。

张和生主编（2006）《对外汉语教师素质与教师培训研究》，北京：商务印书馆。

张治国（2009）美国四大全国性教师专业标准的比较及其对我国的借鉴意义，《外国教育研究》第10期。

赵金铭（2007）汉语作为外语教学能力标准试说，《语言教学与研究》第2期。

钟启泉（2004）建构主义“学习观”与“档案袋评价”，《课程·教材·教法》第10期。

Council for Cultural Co-operation Education Committee, Modern Languages Division, Strasbourg (2001) *Common European Framework of Reference for Languages: Learning, Teaching, Assessment*. Cambridge: Cambridge University Press.

Council of Europe (2002) *European Language Portfolio*. http://www.coe.int/t/dg4/education/elp/Default_en.asp.

Council of Europe (2007) *European Portfolio for Student Teachers of Languages—A Reflection Tool for Language Teacher Education*. https://www.ecml.at/Resources/ECMLresources/tabid/277/ID/51/language/en-GB/Default.aspx.

Kelly, M., M. Grenfell, R. Allan, C. Kriza & W. McEvoy (2004) *European Profile for Language Teacher Education—A Frame of Reference*. A Report to the European Commission Directorate General for Education and Culture.

NBPTS (2010) *World Languages Standards*. https://www.nbpts.org/wp-content/uploads/ECYA-WL.pdf.

NBPTS (2012) *Early Adolescence through Young Adulthood/World Languages: Portfolio Instructions*. http://nbpts.org/wpcontent/uploads/WL_EAYA_Portfolio_instruc tions_FINAL.pdf.

（本文原题为《国际汉语教师教育的有效途径——国际汉语教师档案袋的开发和运用》，原载于《第十一届国际汉语教学研讨会论文选》，世界汉语教学学会秘书处编，高等教育出版社，2013 年）

“双一流”背景下综合性大学汉语国际教育本科专业建设

摘　要　本文首先介绍了“双一流”建设对汉语国际教育本科专业建设提出的新要求，接着以南京大学为例，分析了综合性大学汉语国际教育本科专业建设面临的挑战，进而对各校如何根据自身学科生态环境、师资力量、教学资源、学生入学水平以及人才培养规格和目标等条件，因地制宜建设好汉语国际教育本科提出了一些建议。

关键词　汉语国际教育本科；专业建设；“双一流”；综合性大学

一　引　言

2015年8月8日，中央全面深化改革领导小组第15次会议审议通过了《统筹推进世界一流大学和一流学科建设总体方案》，决定统筹推进建设世界一流大学和一流学科，推动我国实现从高等教育大国向高等教育强国的历史性转变。2015年11月5日，国务院公布《统筹推进世界一流大学和一流学科建设总体方案》，正式吹响了中国大学冲刺国际前列的“冲锋号”，揭开了新一轮中国大学发展的序幕。

上述文件明确指出，“双一流”建设要“坚持立德树人，突出人才培养的核心地位”。为了落实这一指导思想，教育部副部长林蕙青指出，推进世界一流大学和一流学科建设要大力建设一流本科，将建设一流本科教育列入"双一流"建设实施方案，加以整体推进。"一流的本科教育是一流大学的重要基础和基本特征，建设一流大学必须建设一流本科。"（林蕙青，2016）近来，建设一流本科的命题引起了教育管理者和研究者的广泛关注和热议，一些学术报刊纷纷推出专栏进行研讨。例如，《光明日报》就专门推出"建设一流本科"专栏，倡导通过理念的探讨和实践的交流，促进我国高等教育质量的关键短板——本科教育的质量提升。

在"双一流"建设新形势下，如何建设一流的汉语国际教育本科专业再次受到对外汉语教学界的重视。目前开设汉语国际教育本科专业的高校已达300多所，各个高校的情况千差万别。本文将以南京大学为例，探讨在综合性大学的"双一流"建设中汉语国际教育本科专业建设面临的挑战。为了使讨论的问题更有代表性，我们根据不同高校的目标和使命，结合汉语国际教育专业的特点和本科人才培养实践，将设置汉语国际教育本科的高校大致分为五类：语言类高校、师范类高校、侨务类高校、综合性高校及其他特色类高校。在前三类高校中，汉语国际教育与学校的总体目标和办学特色比较契合，通常是得到学校重点扶持的学科和专业。与之相比，在综合类大学中，由于学科门类齐全，强势学科林立，带有一定程度师范性质的汉语国际教育专业通常处于弱势地位，所处的学科生态环境与语言类和师范类高校的情况存在较大差异。

二　新形势下汉语国际教育本科专业建设面临的挑战

2.1　不利的学科生态环境

综合性大学的特点是学科比较齐全。众所周知，任何大学的学科发展都不可能一般整齐，在建设一流学科的过程中也不可能平均用力，而是有自己的学科重点，这就是学科生态效应问题。教育部教育发展研究中心教育体制改革研究室主任王烽指出，"双一流"建设与过去最大的区别，也是最大亮点，在于以学科建设为基础，入围"双一流"学校是以优势学科和人才培养的发展水平为依据的。因此，入围“世界一流大学”的学校，将会向学校中的重点学科倾斜，而普通水平学科在“双一流”建设中可能遇冷（杨凯奇，2016）。同时，那些未入围的学校也会集中力量发展优势学科，以便以一流学科入围。从目前的情况来看，在综合性大学中，汉语国际教育普遍处于弱势地位，这种不利的学科生态环境给建设一流汉语国际教育本科专业带来了巨大的挑战。

2.2 本专业所依托学科的漂移性

大学是围绕学科建构起来的，学科是大学的组织基础和立学之本，是“相对独立的知识体系”；专业则是高校培养人才的一种方式，是不同课程的组合。在“双一流”建设中，一流的学科建设无疑是重中之重，可以说，没有一流的学科，就没有一流的大学。“双一流”建设技术核心突破的关键是“学科、专业、课程一体化建设，基础是学科建设”（周光礼，2016）。由此可见，专业建设需以学科建设为依托。而从目前的情况来看，对于汉语国际教育的学科性质或者学科归属仍缺乏普遍的共识。例如，根据教育部的学科目录和专业代码，汉语国际教育本科专业属于中国语言文学类，而汉语国际教育专业硕士则属于教育学类。本科和硕士不属于同一个大学科门类，显示了本专业所依托学科的属性不明。在全国开设该专业的众多高校更是出现了各自隶属不同学院和学科的乱象，“有的在汉语国际教育学院（各校名称不同），有的在外语学院，有的在文学院，还有的在管理学院”（林秀琴，2014）。面对本专业所依托学科的漂移性，人们不禁要问：汉语国际教育究竟是一门独立的学科，还是中国语言文学、外国语言文学、教育学、新闻传播学抑或其他学科的下位学科？如果连基本的学科属性都不能确定，如果没有稳定的依托学科，就无法在“双一流”建设中以学科平台为基础扎根发展。

2.3 我校本专业人才培养面临的改革挑战

南京大学校长陈骏院士指出：“我国高校在人才培养中常常过早过紧地将学生进行分类限制，容易消磨学生的个性，制约学生自我发展的空间。

要培养出未来各行业的领军人才，必须给予学生充分的自主选择权，使学生从被动学习转为主动学习，使学生每人都拥有成才的多种途径。”（转引自姚雪青，2013）为了“创建中国最好的本科教育”，为全体学生提供充分的个性化发展之路，自 2009 年秋季开始，南京大学启动本科教学改革，推行“三三制”人才培养模式。所谓“三三制”人才培养模式，就是将本科培养过程划分为“大类培养”“专业培养”“多元培养”三个阶段和“专业学术”“交叉复合”“就业创业”三条发展路径，给予学生个性化、多样化培养（陈骏，2015）。“三三制”本科教学改革取得了显著成效，获得了第七届高等教育国家级教学成果特等奖。在已有教学改革成绩的基础上，2016 年南京大学又启动了新一轮本科教育改革。新一轮改革将围绕本科“大类招生和分类培养”全面展开。学生入学时不分专业，汉语国际教育本科将与文学院、历史学院、哲学系、新闻传播学院的各个专业组成人文大类招生，学生入校后，经过一年的通识教育大类培养，再根据兴趣和双向选择原则进行专业分流。在这种新的人才培养模式下，我们需要仔细思考、认真规划如何才能把握好与其他强势学科和专业的竞争挑战与合作机遇，如何依托综合性大学学科门类齐全的优势，整合挖掘全校资源办好汉语国际教育本科专业。

2.4 本专业师资队伍建设面临的挑战

建设一流师资队伍是国家“双一流”建设方案提出的五大建设任务的首要任务。在综合性大学中，一般越是强势的学科，在学校中的声音越大，越能得到锦上添花的支持；而弱势学科在学校中的声音比较微弱，有自己的主张也不受重视，即使是雪中送炭的支持也往往不易获得。近年来，随着我国高等教育的快速发展，高水平大学的教师聘任条件也水涨船高。目前我校高级职称评定设定了必须发表较多数量 CSSCI 刊物等级以上学术论文以及承担国家级科研课题等高标准，但是汉语国际教育专业核心学术期刊少，发表高质量学术论文和获得国家级科研课题殊为不易，与其他强势学科相比，本专业一般教师竞聘高级职称十分困难。这种高标准使得一方面难以从校外引进合适的本专业人才，另一方面由于我校对于青年教师聘任采用“非升即转”

的方式，如果不能在规定期限内获聘高级职称，就要转岗或离职，这样内外夹击，使得目前本专业人才队伍建设出现了一些困难，面临核心专业人才不足、整体师资队伍青黄不接的困境。

三 新形势下综合性大学汉语国际教育本科专业建设的出路

3.1 在宏观政策层面努力争取政策支持

目前综合性大学大都实行各学科一致性的趋同化管理方式，在管理体制、教师评价、科研评价和人才引进等各个方面抹平了学科间的差别。这种整齐划一的管理体制，必然强化学科生态的“马太效应”：强者愈强，弱者愈弱。为了本专业的生存和健康发展，我们需要大力呼吁加强学科顶层设计和规划，呼吁建立体现学科差异的师资分类管理、学术评价和考核体系，建立平衡的学科生态观，实行学科分类发展。一流学科的内涵应根据学科进行区分，不同学科应具有不同的一流标准。我们要通过在宏观政策层面努力争取政策支持，为汉语国际教育创造与其他学科和谐发展的大环境。

3.2 融入学科平台，促进教师和专业发展

林蕙青（2016）指出：“在‘双一流’建设中，要把提高教学水平和提高科研创新能力相结合，使一流学科建设与一流专业建设成为有机统一体，相互融合、相互支撑、相互促进。”周光礼（2016）也认为：“建设世界一流大学和一流学科核心是处理教学与科研的关系，关键是推进学科专业课程一体化建设。”一流专业建设必须融入到学科建设之中，只有依托一流学科的发展，才能获得教师和专业长续生存及发展的机会。汉语国际教育如果不能创建独立的学科平台，至少也要融入到可以依托的所属学科平台之中。借力学科平台开展凝练学科方向、汇聚专业队伍、加强课程建设、创建学

科基地、营造学术氛围等学科和专业建设措施，通过聚力搭台，促进教师、专业和学科的长远发展，构建起新形势下可持续的汉语国际教育人才培养学术支撑体系。

3.3 建设适应新的大类招生和人才培养需要的课程体系

我校实施的“三三制”本科教学改革打破了院系壁垒，在全校层面整合了教学资源。从2010年起，南京大学所有本科课程面向全校学生开放。“三三制”增加了教学计划的“弹性”，以三阶段和三路径引导学生个性化成长，让学生得以拥有符合自身需求的成长“菜单”，拓展了学生自主学习的空间和时间。为了适应学校下一轮教学改革所规划的大类招生、大类培养和本科通识教育的需要，我们一方面要依托综合性大学学科门类齐全的优势，整合挖掘全校资源办好汉语国际教育本科专业；另一方面要根据新的要求相应调整专业课程建设，大力提高与其他学院、其他专业相似课程的核心竞争力，同时要重点打造体现本专业核心知识内容的专业特色课程，并“从学生知识结构和课程体系整体优化的角度，平衡好通识课程与专业课程、理论教学与实践教学、学科专业基础与职业技能训练之间的关系”（钟秉林、方芳，2016），建设好适应新的大类招生和人才培养改革需要的专业课程体系。

3.4 开拓汉语国际教育（留本）专业建设

根据《教育部普通高等学校本科专业目录和专业介绍》（2012版）的规定，汉语国际教育本科专业的培养目标是：能在国内外各类学校从事汉语教学，在各职能部门、外贸机构、新闻出版单位及企事业单位从事与语言文化传播交流相关工作的中国语言文学学科应用型专门人才。多年来，本专业主要的培养对象为中国本科生，过去一些学校也有少数留学生进入本专业学习，不过在教学方式上基本上都是跟中国学生合班上课并采用相同的标准进行考核。为了适应国际汉语教学新形势，更有针对性地加强汉语国际教育留学生本科专业的教学工作，目前部分学校开始对汉语国际教育本科中国学生与留学生进行分类培养。汉语国际教育（留本）专业是对现有专业建设和人才培养的有力补充。由于本专业建设可以增加学校在诸如 QS 等具有全球影响力的世界大学排名国际化指标上的分值（QS 评价指标中有国际学生所占比例一项），影响一流大学和一流学科排名，因而增加了本专业在学校平台上的影响力，受到了许多学校的重视。今后我们要以此为契机，大力开展汉语国际教育留学生本科专业建设。

3.5 着力提升专业核心竞争力，同时加强在校内外平台上的显示度

一个专业要想在综合性大学中安身立足，首先必须具有较强的专业核心竞争力，能够打造出本专业独有的学科架构、知识体系、课程体系，以及人才培养的专业能力，只有这样才可以在激烈的竞争中站稳脚跟。我们要把本专业现有的及潜在的资源通过各种有效措施转化为具有持续竞争能力的人才培养体系，从专业制度建设、师资团队建设、特色课程建设、专业人才培养方案、教学方法和实践措施等方面着力提升专业核心竞争力。同时，采取切实有效的措施，在学校平台和学科平台上增强本专业显示度。为此，我们需要谋划、设计一些新的措施。例如，在增强本专业教师学术显示度方面，汉办等国家主管部门可推出专项研究课题，学界可借鉴英语作为世界语的经验，组建多种学术组织，由主管部门或学术组织主持开展各种较高层次的学术活动，打造本专业核心学术刊物，评选优秀学者奖或优秀成果奖，等等。在增强本专业学生学术显示度方面，可借鉴外语教学界的做法，开展全国 / 地区性竞赛类活动，如全国大学生汉语国际传播能力大赛、全国汉语国际教育本科生学术论坛，等等。通过以上措施促进本专业教师和学生的发展，并提高在校内外平台上的显示度。

以上是在“双一流”建设背景下，结合南京大学的具体情况对本专业建设面临的新挑战所做的一点思考。我们深知，各校的学科生态环境、师资力量、教学资源、学生入学水平以及人才培养规格和目标等方面差异较大，因此，不能只用一把尺子来衡量全国的汉语国际教育专业建设，本文只是为各校因地制宜、办出自己的特色提供一个侧面的参考。在“双一流”建设新形势下，本专业发展已经到了关键的转折点上，期待学界同人

通力合作，仔细擘画学科和专业未来的长远发展，为建设一流的汉语国际教育本科专业做出不懈的努力。

:: 参考文献 ::

陈 骏（2015）创新人才培养模式 全面提升教学质量，《中国大学教学》第1期。

林蕙青（2016）一流大学要办好一流本科教育，《光明日报》5月17日，第013版。

林秀琴（2014）汉语国际教育本科专业的发展困境与对策，《中国高等教育》第11期。

杨凯奇（2016）985和211将成历史"双一流"洗牌中国大学，《时代周报》7月5日。

姚雪青（2013）"三三制"教改，为学生定制个性化培养菜单——南京大学：打造本科教育新模式，《人民日报》5月23日，第18版。

钟秉林、方 芳（2016）一流本科教育是"双一流"建设的重要内涵，《中国大学教学》第4期。

周光礼（2016）"双一流"建设中的学术突破——论大学学科、专业、课程一体化建设，《教育研究》第5期。

（本文原题为《"双一流"背景下综合性大学汉语国际教育本科专业建设的思考——以南京大学为例》，原载于《国际汉语教学研究》2017年第3期）

汉语国际教育硕士留学生学习焦虑及其原因调查

摘　要　本文采用量化和质化分析相结合的方法，对汉语国际教育硕士留学生的课堂学习焦虑进行调查。问卷统计结果显示，汉硕留学生在硕士课程学习期间存在一定的焦虑，学生的 HSK 水平是影响焦虑的显著因素，而性别及之前在中国学习汉语的时长差异对焦虑的影响不显著。学生在课堂口头表达和课程考试方面存在较高的焦虑，在师生互动交流、与汉语母语者交谈舒适度、负评价、专业知识学习和课程学习态度上存在中等程度的焦虑。访谈结果发现，自身汉语水平的限制、课程难度、教师语言、课堂活动、考试等因素与汉硕留学生的学习焦虑具有较密切的关系。

关键词　汉语国际教育硕士；留学生；学习焦虑

一　引　言

焦虑是指“个体由于预期不能达到目标或者不能克服障碍的威胁，使得其自尊心与自信心受挫，或使失败感和内疚感增加而形成的紧张不安、带有恐惧感的情绪状态”（王银泉、万玉书，2001）。近几十年来，关于焦虑对语言学习的影响，外语教学界和对外汉语教学界进行了较多研究，取得了许多有影响的研究成果。不过从已有文献来看，对汉语国际教育硕士（下面简称

"汉硕"）留学生的学习焦虑迄今仍缺少足够的关注。汉硕留学生是世界各国汉语教学的预备师资，根据全国汉语国际教育硕士专业学位教育指导委员会发布的《全日制汉语国际教育硕士专业学位外国留学生指导性培养方案》，其培养核心课程主要包括当代中国专题、高级汉语、汉语语言学、汉语作为第二语言教学、第二语言习得和中华文化专题等（袁礼，2015）。对这批学生来说，具有汉语学习与专业学习的双重任务和压力，其学习焦虑既不同于一般的外语学习者，也不同于一般的专业学习者。除了汉语学习以外，其他诸如专业课程类型、专业学习内容、课堂活动和学业评价等也都可能影响汉硕留学生的学习焦虑。

本文以 Horwitz et al.（1986）编制的"外语课堂焦虑量表"（Foreign Language Classroom Anxiety Scale）为基础，根据汉硕留学生的具体情况，设计了"汉硕留学生学习焦虑量表"，对北京、上海和南京三地汉硕留学生进行问卷调查，分析其学习焦虑的具体表现和规律。为了进一步揭示汉硕留学生学习焦虑的产生来源，除了量化分析以外，我们还对部分学生进行了深度访谈，从质化研究的角度揭示了其复杂的焦虑来源。

二 研究设计

2.1 研究问题

汉硕留学生是一类特殊的学习者，其培养目标是成为"胜任汉语教学任务的专门人才"，因此，他们既要具备较高的汉语能力，又要掌握扎实的中国语言文化知识和教学技能。课程学习对汉语能力和专业知识与技能都有很高的要求，也容易令人产生焦虑。汉硕留学生学习哪些课程时会感到焦虑？为什么会产生焦虑？如果焦虑影响到正常的学习，会否采取措施去改善这样的情况？课堂活动形式、身边人、自身心理素质等哪些因素会对学习焦虑产生较大影响？……这些都是值得探讨的问题。本文打算研究的问题是：

（1）汉硕留学生在专业学习过程中的焦虑状况如何？哪些焦虑较显著？

（2）汉硕留学生的学习焦虑来源主要有哪些？不同因素对焦虑程度有何影响？

（3）如何减轻汉硕留学生的学习焦虑？

2.2 调查对象

本研究选取在北京、上海、南京三地的北京大学、北京师范大学、复旦大学、上海外国语大学、南京大学和南京师范大学六所高校学习的汉硕留学生作为调查对象，总共回收调查问卷 99 份，剔除无效问卷 4 份，共 95 份有效问卷进入统计分析。所有被调查学生的水平都在新汉语水平考试 HSK 五级以上（总分≥180 分），他们来自波兰、俄罗斯、韩国、泰国、越南、乌克兰等 25 个国家，包括 73 名女生和 22 名男生，年龄主要分布在 24 岁上下。这样的性别比例与年龄段在汉语国际教育硕士专业中属于正常分布。为保护受调查学生的个人信息，我们给每个学生编了代号。

2.3 调查问卷

迄今为止，Horwitz et al.（1986）设计的“外语课堂焦虑量表”是运用最广泛的测量外语学习焦虑的工具。该量表主要是考察外语学习者在外语学习情境下所产生的交际畏惧、考试焦虑和负面评价焦虑。本文以上述量表为基础，根据汉硕留学生的具体情况，设计了“汉硕留学生学习焦虑量表”（具体内容参见附录 1）。量表共 33 个题目，其中 Q2、Q5、Q8、Q14、Q18、Q22、Q28、Q32 为反向描述题，其余的属于正向描述题。每道题有 1、2、3、4、5 五个分值选项，分别对应“非常不同意”“不同意”“不同意也不反对”“同意”和“非常同意”五种评价。我们采用 SPSS24.0 统计软件对问卷题目进行分析，得到克伦巴赫阿尔法系数 $\alpha=0.923$，表明问卷各个题目的内在一致性程度较高，问卷具有较高的内在信度，可用于调查汉硕留学生的学习焦虑。

问卷内容包括两个部分。第一部分为背景信息，包括学生的年龄、国籍、性别、HSK 水平、读研之前在中国的学习时长等。第二部分为学习焦虑量表，分为课堂焦虑与课程焦虑两大类。课堂焦虑包括交际畏惧和负评价焦虑两部分，交际畏惧再细分为课堂口头表达焦虑、师生互动焦虑以及与汉语母语者交谈舒适度三小类。课程焦虑包括考试焦虑、专业学习焦虑和对课程的消极态度三部分。焦虑量表中的 33 个题目与所属类别见表 1。

表 1　汉硕留学生学习焦虑量表 33 个题目的分类

<table>
<tr><td rowspan="4">课堂焦虑</td><td rowspan="3">交际畏惧</td><td>课堂口头表达焦虑</td><td>9、12、27、28</td></tr>
<tr><td>师生互动焦虑</td><td>3、13、15、19、20、33</td></tr>
<tr><td>与汉语母语者交谈舒适度</td><td>14、32</td></tr>
<tr><td colspan="2">负评价焦虑</td><td>1、2、7、16、18、23、24、31</td></tr>
<tr><td rowspan="3">课程焦虑</td><td colspan="2">考试焦虑</td><td>8、10、21、26</td></tr>
<tr><td colspan="2">专业学习焦虑</td><td>4、11、25、29、30</td></tr>
<tr><td colspan="2">对课程的消极态度</td><td>5、6、17、22</td></tr>
</table>

2.4　质化访谈

在分析汉硕留学生学习焦虑量表所调查数据的基础上，为了进一步探究焦虑产生的原因，我们采用量化和质化混合分析方法，对不同焦虑级别的留学生进行深入访谈，以进一步了解汉硕留学生学习焦虑的具体表现、产生焦虑的原因及对待焦虑的态度。围绕这些问题，我们设计了本文的采访框架（详见附录 2）。

我们对 20 名受调查学生进行了访谈，这 20 名留学生的焦虑值分布不同，具有一定的代表性，分别是高焦虑受访者（H3、H6、H10、H13、H14、H16、H20、H23）、中焦虑受访者（M5、M9、M23、M29、M36）和低焦虑受访者（L3、L8、L10、L11、L14、L20、L22）。采访过程中用比较慢的语速和简单的中文表达，尽量让被访者觉得轻松，并且能够回忆起自己产生焦虑的情况。

三 问卷调查结果分析

我们把95份有效问卷各个题目对应的分值进行了整理，把反向题的分值进行了转换，然后输入到SPSS软件进行统计分析。经统计，95名汉硕留学生的平均焦虑总分为97.12，标准方差为20.17。

3.1 高低焦虑组差异显著性分析

我们将被调查者按照焦虑值从高到低排列，排名前25%—33%的被调查者设为高焦虑组，后25%—33%的被调查者设为低焦虑组，其余为中等焦虑组。之所以取值25%—33%，是因为考虑到两点：一是保证人数为整数，二是焦虑总分有多人分值相同的现象，要保证临界点上下的分数不同。本次检测最终取值为28%，95×28%=26.6（人），取焦虑量总分前27人、后27人的分值作为临界点，分别为107分和85分。高于107分（含107分）定为高分组，即高焦虑组；低于85分（含85分）定为低分组，即低焦虑组，高低两组各有27名被试（见表2）。

表2 高低焦虑组描述性统计

组别	个案数	平均值	标准差	标准误差平均值
低焦虑组	27	72.85	10.556	2.032
高焦虑组	27	120.81	10.859	2.090

描述性统计结果显示，低焦虑组均值为72.85，高焦虑组均值则达到了120.81，远高于低焦虑组。通过独立样本T检验比较两组均值，$P<0.05$，显示两组数据具有显著性差异，表明该问卷的测试题目具有较高的鉴别度，可以鉴别出不同受试者的反应程度。

3.2 不同性别汉硕留学生焦虑值比较

本次调查有效问卷中的受访者共95人，其中女性73人，男性22人。男性受访者的焦虑均值为95.27，女性受访者的焦虑均值为94.36。对男、女两个性别组焦虑水平的独立样本 T 检验结果显示（P=0.629>0.05），男女两组之间的焦虑水平差异不显著，性别对汉硕留学生的焦虑水平无显著影响（见表 3）。

表 3　不同性别汉硕留学生焦虑情况描述性统计

性别	个案数	平均值	标准差	标准误差平均值
男	22	95.27	23.291	4.966
女	73	97.67	19.423	2.273

3.3　不同汉语水平汉硕留学生焦虑值比较

所有被调查的汉硕留学生的汉语水平均达到或高于新 HSK 五级，其中 57 名学生达到 HSK 六级，38 名学生为 HSK 五级。对这两组留学生焦虑值所做的独立样本 T 检验结果显示（P=0.021<0.05），两组留学生焦虑值具有显著差异，说明汉语水平是影响焦虑的一大因素，汉语水平越低，焦虑值越高（见表 4）。

表 4　不同 HSK 水平汉硕留学生焦虑情况描述性统计

HSK 水平	个案数	平均值	标准差	标准误差平均值
HSK 五级	38	102.97	19.594	3.179
HSK 六级	57	93.21	19.943	2.642

3.4　在中国学习汉语时间对焦虑值的影响

本问卷调查了汉硕留学生在中国学习汉语的时长，分为 0—6 个月、6—12 个月、1—2 年和 2 年以上四个选项。统计数据显示，读研之前在中国学习汉语时长 2 年以上的人数最多，汉硕留学生的焦虑平均值随着读研之前在中国学习汉语时长的递增而递减。不过采用单因素方差分析对这四组均值进行比较，结果并无显著差异（见表 5）。

表 5　汉硕留学生读研之前在中国学习汉语时长及焦虑值描述性统计

时长	个案数	最小值	最大值	平均值	标准差
0—6 个月	20	50.0	133.0	99.90	20.542
6—12 个月	15	77.0	142.0	98.87	15.964
1—2 年	17	55.0	139.0	97.76	20.927
2 年以上	43	49.0	142.0	94.95	21.630

3.5　汉硕留学生学习焦虑的总体状况分析

上文提到，本研究将被调查者分为高、中、低三个焦虑组。高焦虑组学生共计 27 人，最低得分为 107 分，其每题平均分为 3.2424（共计 33 题），如果均值在 3.2424 以上，则属于高焦虑范围。同理，低焦虑组学生共 27 人，最高得分为 85 分，其每题平均分为 2.5758，如果均值在 2.5758 以下，则属于低焦虑范围。如果均值介于 2.5758 至 3.2424 之间，则属于中等焦虑范围。

本调查将焦虑量表中的 33 个题目分为“课堂”与“课程”两大类，表 6 是汉硕留学生在这两大类别中整体焦虑情况的描述性统计结果。

表 6　汉硕留学生课堂与课程学习焦虑的描述性统计

题目分类	个案数	最小值	最大值	平均值	标准差
课堂焦虑	20	2.21	3.71	3.08	0.40
课程焦虑	13	2.49	3.93	3.19	0.48

对汉硕留学生学习焦虑均值进行计算，结果显示，来自课堂的学习焦虑最小值为 2.21，最大值为 3.71，均值为 3.08，标准差 0.40；来自课程的学习焦虑最小值为 2.49，最大值为 3.93，均值为 3.19，标准差 0.48。表 6 说明，留学生在课堂与课程方面的整体焦虑水平既不是太高，也不是太低，属于中等水平，课程方面的整体焦虑状况略高于平均焦虑水平。

由表 7 可以看出，汉硕留学生学习焦虑各个维度中的平均焦虑值处于 2.6719 到 3.3464 之间，显示学习焦虑普遍处于中间水平或较中间水平稍高的状态。其中 C（考试焦虑）、a（课堂口头表达焦虑）、D（专业学习焦虑）和 b（师生互动焦虑）等方面焦虑均值相对较高，c（与汉语母语者交谈舒适度）、B（负评价焦虑）和 E（对课程的消极态度）等方面焦虑均值相对较低，显示汉硕留学生因课程考试和专业学习而更容易产生焦虑感和紧张感，在师生互动交流、与汉语母语者交谈舒适度、负评价以及对课程消极态度等方面的焦虑感相对较低。

表 7　汉硕留学生课堂与课程学习焦虑的描述性统计

分类	个案数	最小值	最大值	平均值	标准差	子维度	个案数	最小值	最大值	平均值	标准差
A. 交际畏惧	12	2.19	3.67	3.0981	0.44560	a. 课堂口头表达焦虑	4	2.94	3.65	3.2578	0.35857
						b. 师生互动焦虑	6	2.39	3.67	3.1337	0.41381
						c. 与汉语母语者交谈舒适度	2	2.19	3.16	2.6719	0.68501
B. 负评价焦虑	8	2.47	3.31	2.9739	0.30558						
C. 考试焦虑	4	2.47	3.89	3.3464	0.61967						
D. 专业学习焦虑	5	2.66	3.70	3.2208	0.44000						
E. 对课程的消极态度	4	2.47	3.14	2.8724	0.30039						

根据上述各类学习焦虑的分布情况，汉硕留学生的焦虑感有以下三点值得注意：

第一，焦虑值高的题目分布在三个方面：考试焦虑、交际畏惧（课堂口头表达焦虑）和专业学习焦虑。被调查者的考试焦虑平均值达到 3.3464，说明多数被调查者这方面的焦虑感较高。在交际畏惧（课堂口头表达焦虑）方面，被调查者的焦虑平均值为 3.2578，说明在课堂中进行口头表达容易让被调查者感到焦虑，主要包括没有准备好就要回答、表达时的紧张程度以及口头报告等因素的影响。在专业学习方面，被调查者的焦虑平均值为3.2208，说明焦虑的来源还有课程知识的学习，包括对老师所讲内容的理解、课程本身的难度等因素的影响。

第二，焦虑值低的题目集中在以下几个方面：交际畏惧（包括师生互动焦虑以及与汉语母语者交谈舒适度）、负评价焦虑、对课程的消极态度。与汉语母语者交谈舒适度方面的焦虑值最低，为2.6719。汉硕留学生在与中国人交流时产生的焦虑感较低，这与学习汉语的时间较长及与中国学生一起上课有很大的关系。对课程消极态度的焦虑均值为2.8724，包括对汉硕专业课程的积极程度、课前准备等因素的影响。对自身的负评价方面，焦虑均值为2.9739，负评价焦虑主要是受到担心自己语言表达犯错误、导致他人对自身产生负评价、对自身不自信、认为别人的汉语学习能力比自己强等因素影响。

第三，汉硕留学生的学习焦虑与其他学习汉语的留学生存在明显差异。钱旭菁（1999）的调查研究显示，来华留学生学习汉语时的焦虑主要与国别和自我评价有关，学习时间和汉语水平等因素与焦虑没有明显的关系。本调查发现，对汉硕留学生来说，由于汉语水平直接影响到对以汉语为媒介语的专业课程的学习，因此汉语水平是影响焦虑的一大因素。施仁娟（2005）的研究显示，对于以学习汉语为目的的留学生，因汉语本身的特点而产生的学习困难是最容易让他们感到焦虑的原因，但汉硕留学生由于其自身较高的语言水平，以及汉硕特定的课程设置，使得他们在使用汉语进行一般性交际方面焦虑值较低，而专业知识的难度则是造成其焦虑的重要因素。

3.6 对焦虑均值最高和最低题目的分析

统计数据显示，焦虑均值最高，即汉硕留学生最易感到焦虑的前五道题分别是Q26、Q8、Q9、Q30和Q25，具体情况见表8。

表8 焦虑均值最高的五道题

题目	类别	焦虑均值	排名
26. 当老师提到期末考试和毕业论文时，我会紧张。	（课程）考试焦虑	3.65	1

续表

题目	类别	焦虑均值	排名
8. 在面对考试时，我不紧张，很放松。（反向题）	（课程）考试焦虑	3.60	2
9. 在课堂上，当我没有准备好就要回答问题时，我就发慌紧张。	（课堂）课堂口头表达焦虑	3.42	3
30. 汉硕课程的理论知识太多，我感到很难。	（课程）专业学习焦虑	3.42	3
25. 课程进度太快，专业课学习的内容太多，我怕跟不上。	（课程）专业学习焦虑	3.41	5

从均值最高的五道题中可以发现，导致汉硕留学生焦虑感最高的因素主要来自课程方面。例如，Q26 是汉硕留学生感到最焦虑的一题，分值高达 3.65。由此可见，担心课程的考核以及毕业论文是导致汉硕留学生学习焦虑的主要因素。更重要的是，很多汉硕留学生是奖学金公费生，对他们而言，学习成绩的好坏直接关系到能否继续享受奖学金或生活补助等待遇。作为反向题的 Q8 正好与 Q26 相互印证，这一题转换后的对应焦虑均值达到 3.60，表明对于课程的考核，汉硕留学生普遍感到紧张，一想到课程分数带来的影响就更加重了他们的焦虑情绪。

与此同时，Q9 和 Q30 的焦虑均值同为 3.42，Q25 的焦虑均值为 3.41，这些都说明汉硕留学生在课程难度和自身能力方面的焦虑较为显著。结合调查问卷和访谈内容发现，大部分学生认为硕士课程的内容相比于以前所学的汉语课程，在难度上有了很大的提高。而且，有很多课是与中国学生一起上的，在这些课上，教师并不专门迁就留学生，再加上要临时回答问题，难免会出现较高的焦虑反应。

统计数据显示，汉硕留学生焦虑均值最低的五道题分别是 Q14、Q31、Q19、Q21 和 Q17，具体情况见表 9。

表 9 焦虑均值最低的五道题

题目	类别	焦虑均值	排名
14. 与中国人说汉语的时候我不感到紧张。	课堂（与汉语母语者交谈舒适度）	2.06	1
31. 当我说汉语时，我担心同学们会笑话我。	负评价焦虑	2.17	2
19. 我害怕老师会纠正我的每一个错误。	课堂（师生互动焦虑）	2.21	3
21. 对于课程考试，我准备得越多，就越感到不明白、糊涂。	课程（考试焦虑）	2.27	4
17. 我常常不想去上汉硕的专业课程。	课程（对课程的消极态度）	2.32	5

Q14 是汉硕留学生焦虑感最低的一题，均值为 2.06。由于大部分留学生在读硕士之前都在中国学习过较长时间，结合后面的访谈可知，汉硕留学生已经习惯了用汉语与中国人进行交谈。同样，Q31 转换后的对应焦虑均值为 2.17，也比较低，这印证了 Q14 的结果。Q19 的均值也只有 2.21，说明汉硕留学生对在课堂中被纠正错误持正面态度。此外，Q17 的均值为 2.32，此题考察被调查者对上汉硕课程的态度。此题较低的焦虑均值说明学习者普遍不排斥上汉硕课程，对于课程的态度是积极的，有较强的学习欲望。

四　访谈结果分析与讨论

如前所述，访谈问题建立在问卷调查的基础上。我们对访谈录音进行了文本转写，在分析访谈内容时，首先要反复阅读转写文本，并对照录音深入理解访谈信息，逐渐发现关于某个问题的多次重复出现的信息点。在这一过程中，笔者发现学习者自身语言水平和学习经历、课程内容难度、教师用语、课堂类型、教学组织形式、课程考核方式和跨文化交际能力等均对汉硕留学生的焦虑造成了不同程度的影响。下面依据汉硕留学生学习焦虑的各个维度进行具体讨论。

4.1 交际畏惧

交际畏惧方面的焦虑集中在课堂领域，主要分为课堂口头表达焦虑、师生互动焦虑以及与汉语母语者交谈舒适度三个方面。课堂口头表达焦虑体现在Q9、Q12、Q27和Q28，师生互动焦虑体现在Q3、Q13、Q15、Q19、Q20和Q33，与汉语母语者交谈舒适度体现在Q14和Q32。在这些题目中，Q9、Q28、Q33均值位于高焦虑范围，Q3、Q12、Q13、Q15、Q20、Q27和Q32均值属于中等焦虑程度，Q14、Q19均值处于低焦虑范围。这样的分值分布说明了学习者的交际畏惧焦虑体现在不同方面。

交际畏惧表现的第一个方面是在没有准备的情况下回答问题，在课堂中尤其突出。课堂焦虑方面，均值最高的为Q9“在课堂上，当我没有准备好就要回答问题时，我就发慌紧张”，均值达到3.42。与之类似的Q33，有49%的学生同意或非常同意“当老师提出的问题我事先没有准备好时，我会感到很紧张”，此题均值为3.36。这说明当学习者认为还未准备好便要表达时，内心会很焦虑。同时我们发现，在回答问题之前，学习者亦会产生紧张感，比如Q3，46%的学习者同意或非常同意“在课堂上，当老师要我回答问题的时候，我心里就紧张、发抖”，均值达到了3.18。Q20“在课堂上，当我觉得老师要提问我时，我能感觉到我的心跳”的均值为3.01。这些题目均表明学习者无论是在发言之前还是在回答问题时，都会产生一定的焦虑感。谈到课堂发言问题的时候，H16觉得：

> 我很喜欢说中文，但是上课说中文让我非常紧张。如果老师提问让我回答，我特别不喜欢。演讲虽然也很紧张，但是我很喜欢，因为有时间可以准备。但是不喜欢被提问，如果老师突然提问，我脑子会一片空白，好像什么都不会。

上台演讲是汉硕课堂的常见方式。关于这种课堂活动形式，不同的课程类型和自身的心理素质是影响焦虑的关键因素。我们发现，48%的学习者不同意或非常不同意问卷Q28“在上台做演讲介绍的时候，我感到自信、轻松”

的说法，此题转换后的对应焦虑均值达到了 3.39。受访者都表示，对于很感兴趣的内容，他们十分乐意提前准备，并且会觉得有内容可以说；但是如果课程内容对自己来说比较难，那么上台演讲是一种很大的压力，会产生很大的焦虑。H3 表示：

上台讲 PPT 让我觉得特别紧张，虽然准备好了，但是要站在前面对所有人讲，我会害怕我说错，担心别人觉得我的中文很差，或者我会忘记我想要讲的内容。

交际畏惧的另一个方面是如何对待纠错的态度，Q19“我害怕老师会纠正我的每一个错误”均值仅为 2.21，处于低焦虑感层级，说明汉硕留学生能正确对待老师的语言纠错行为。不过同时我们也发现，Q15“当我不明白老师正在纠正的错误是什么时，我感到不安”的均值达到 3.05，处于较高焦虑水平。究其原因，说明教师课堂用语的难度以及学习者自身的语言水平对此有一定影响，如果教师用词复杂难懂，或超出了学生的语言水平，让学生不知所云，就会给学生一定的压力。

在与汉语母语者交谈的舒适度方面，77% 的受调查者同意或非常同意问卷 Q14“与中国人说汉语的时候我不感到紧张”，转换后的焦虑均值仅为 2.06。这表示学习者在与中国人交流时不存在或仅存在很少的焦虑感。但是值得注意的是，有 40% 的受调查者在 Q32“和中国人在一起上课的时候，我觉得很舒服、很自在”中选择了“不同意也不反对”。通过访谈我们得知，所有的受访者均表示与中国学生一起上课会感到很吃力，或是在课堂中发言或报告的机会不如中国学生多，总体来看，这是由语言水平所造成的。L22 表示：

跟留学生上课的时候不太紧张，但是跟中国学生一起上课的时候有点儿紧张。跟中国学生一起上课的时候，除了学的课程比较难以外，老师讲得也比较快。

与中国学生一起上课，会给留学生带来一定的压力。L14 提到，如果上课的时候对老师和中国同学讨论的问题没有听懂的话会感到焦虑，尤其是重要的内容。由于中国文化本身的特殊性，研究生阶段老师讲授的文化课程也会更有深度。但是留学生们同时也表示，与中国学生一起上课进步更快，认为和中国学生一起上课是更好的学习方式。所以一方面留学生需要加强自身的专业能力，另一方面学校在设置课程的时候，也要考虑到学生的具体水平。

4.2 负评价焦虑

Littlewood（1984）指出，应该从两个方面找出学习者产生焦虑的原因：一是外部环境，二是学习者自身的因素。负评价焦虑产生的原因来自对他人评价和想法的过度注意，主要是学习者自身因素。这方面的焦虑体现在Q1、Q2、Q7、Q16、Q18、Q23、Q24和Q31。其中Q1、Q2、Q7、Q18、Q23和Q31的均值处于中等焦虑范围，而Q16和Q24处于低焦虑范围。Horwitz（2010）指出，过度担心犯错和他人反馈是外语学习焦虑最大的表现。当学习者对自我水平不自信而产生焦虑时，他们会后悔自己所犯的错误，担心他人不理解自己的话语，而不敢冒险说目的语。调查结果发现，只有33%的学习者同意或者非常同意Q2“在课堂上发言的时候，我不担心犯错误”，此题转换后的焦虑均值达到3.19。当学习者在上课临时被提问发言的时候，他们会害怕犯错。H6说：

> 我当然喜欢说中文，但是我会担心我会说错。因为我觉得除了我以外，其他留学生的汉语水平都很高。我担心我说错了，别人会嘲笑我。

过分注意和担心在课堂上犯错是留学生普遍存在的焦虑问题，而且不管学习者觉得自己的汉语水平高低与否，都会在一定程度上注意自己有没有说错，产生交际和表达上的焦虑。与其他同学语言水平进行对比是造成高焦虑学习者内心紧张的重要因素，例如，Q23“我总是觉得其他同学的汉语说得比我好”的均值达到了3.11，属于中等程度焦虑。类似的题目有Q7“我总是这样想：别的留学生同学汉语能力水平比我强”，此题的焦虑均值达到了3.20。但与此同时，我们也发现Q31“当我说汉语时，我担心同学们会笑话我”均值仅 2.17，这说明大多数受调查学习者并不担心同学笑话，而是较多表现为对自己汉语水平的不自信。比如 Q1“在课堂上说汉语的时候，我总是对自己很不自信”均值为 2.98，与之平行的 Q18“在课堂上说汉语的时候，我感到很自信”，转换后的焦虑均值为 3.02，都处于中间水平。究其原因，由于对自己汉语水平的不自信或者某种情境下的表达困难，会导致汉硕留学生过度担心别人的评价。如 H14 表示，尤其在中国人面前表达的时候，会担心自己的发音是否标准，用词是否得当；L20 虽然觉得说中文很自信，但也表达了类似的焦虑，并且解释了为什么会紧张：

> 上课的时候喜欢说中文，而且比较自信。这不是说我一点儿都没有紧张的地方。有时候我感觉我用的一些词用得不对，如果用的词别人不太听得懂的时候，那种情况下容易紧张。

通过访谈发现，对语言表达的畏惧以及负评价焦虑主要来自自身语言水平的限制。当被问及汉语水平的熟练程度时，高焦虑留学生（H3、H6、H16）认为课堂焦虑的最大原因是自己的汉语水平没有达到一定的程度，所以听课的时候会显得吃力。H6 说：

> 上课的时候我很想表达我的意思，但是我的汉语水平不能让我表达得很好。如果内容比较熟悉和了解的话，我不会太紧张，但是不太懂的方面会很紧张。比如在跨文化的课上，当要谈自己国家的一些文化的时候我会有话说，不太紧张。但是关于理论性比较强的课，我对这方面的内容不熟悉，所以很紧张。

此外，留学生的学习背景和本科专业也是影响硕士课程学习阶段焦虑值高低的一大因素。很多在读硕士之前没有接触过相关专业内容的学生反映，硕士课程的理论性和专业性内容会让他们学起来更加吃力，因而上课会更紧张。而有国际汉语教学理论基础的留学生则表示，很多概念在本科阶段已经有所接触，故在硕士课程的学习过程中不会有陌生的感觉。

在负评价焦虑的问卷题目里，有两道题焦虑值偏低，分别是 Q16“即使我已经对要上的课做好了准备，我也感到担心”和 Q24“在同学面前说汉语我感到很不自然”，均值分别为 2.52 和 2.58。由此可以判断，学习者担心的问题不是在同学面前说汉语，而是在无准备且语言受限的情况下进行表达。

4.3 课程考试焦虑

问卷中关于课程考试焦虑的描述集中在 Q8、Q10、Q21 和 Q26。其中 Q8“在面对考试时，我不紧张，很放松”（反向题），Q10“我总担心课程考试通过不了”，Q26“当老师提到期末考试和毕业论文时，我会紧张”的焦虑均值都高于临界值 3.2424，说明在这些领域学习者更容易感到焦虑。Q21“对于课程考试，我准备得越多，就越感到不明白、糊涂”则低于临界值 2.5758，说明此题所描述的焦虑现象处于低焦虑范围。

在汉语国际教育硕士课程里，多数课程采取课程论文考查方式，少数采用或增加考试这一环节。所有受访者都表示，如果这门课最终需要闭卷考试，上课的时候会显得特别焦虑，希望能够理解课上老师所讲的一切内容，如果有不懂的地方就会很担心。H14 说：

> 老师第一节课就说了需要考试，所以上课的时候想要认真听，但是理论性太强，而且 PPT 是英文，所以每次上那门课的时候会紧张。

L22 也坦言，担心考试分数不够高，会影响奖学金的发放，所以对于考试的科目感到特别紧张。在问卷中，59% 的学习者不同意或非常不同意 Q8 的表述，该题转换后的焦虑均值达到 3.60。与此同时，46% 的学习者同意或非常同意 Q10 的说法，该题焦虑均值达到 3.32。而关于论文的撰写，毕业论文是汉硕留学生普遍感到紧张的因素。L20 说：

> 关于毕业论文设计的课，老师讲了很多 SPSS 的内容，我不怎么会。他给我们看的东西感觉很复杂，关于数学、统计方面，还有其他理论性的内容，有些概念难以掌握。这让我感到有些紧张。而且现在就应该考虑以后写什么，如果老师一直提到这方面，会让我感到紧张。

L20 的话代表了多数汉硕一年级留学生的看法，这也可以说明为什么 Q26 的均值达到了 3.65。因为对于汉硕留学生来说，毕业论文与能否顺利毕业息息相关，也影响到学习者未来的学术研究与就业发展，所以留学生对此十分重视，也更容易产生焦虑。

4.4 专业学习焦虑

Oxford（1999）发现，产生外语学习焦虑的因素既可能是学习者个人因素，也可能是学习方法和教学方式，比如自尊心、模糊容忍度、冒险精神、课堂活动、教学方法及师生互动方式等。教师说话的深度、与其他同学互动或回答问题时的词汇难度和语速、身边中国学生的水平等都会对留学生的焦虑产生影响。关于专业知识学习的焦虑体现在 Q4、Q11、Q25、Q29 和 Q30。所有题目均处于中、高等焦虑范围，其中 Q25 和 Q30 处于高焦虑范围。

关于老师上课的语言难度，H3、H6、H14、H20、M9、L10、L20、L22 都表示，如果涉及古代汉语和文学方面的内容，一方面古汉语词很难理解，另一方面老师上课讲的内容很深，所以要体会老师所说的内容很难。H3、L10、L22 说到文学课程的时候，觉得老师提到的文学境界太高，基本不能理解，所以会紧张。这也可以解释有 50% 的学习者同意或者非常同意 Q30“汉硕课程的理论知识太多，我感到很难”，说明课程难度是学生专业知识学习方面产生焦虑的来源。L22 具体分析了产生焦虑的原因：

> 关于中国古代文化的课程，以前上过的课没有那么难，这学期基本上听不懂。有些部分听得懂，但是有很多古文字，特别是历史。我觉得中国学生应该都很了解，我们没有像他们那样了解。而且我不了解的内容不敢问老师，因为有的内容可能中国学生小学就知道，但是我们只了解比较大的历史事件而已。

从 Q11“当我不明白别的同学和老师之间的交流时，我会感到非常焦虑，没有信心”的回答中也可以看出，有部分学习者在听不懂的情况下，容易感到焦虑。值得注意的是，不同的学习者对于相同的课程表现出的焦虑感有差异，这与他们本科的专业有密切联系。例如，关于中国文化的内容，L14 认为难度还可以，因为在本科阶段都已经学过，而 H20 和 H23 则表示：

别的同学本科就是汉语言专业，会相对轻松一点儿。自己本科不是，所以看专业理论方面还有历史文化方面的内容会比较吃力。

有一部分受访者在中国学习过本科课程，不太担心听不懂文化内容或历史内容。通过访谈我们发现，当学习者遇到这样的困难时，主要是通过与老师沟通和询问中国学生的方式解决。学习者一开始会努力去听老师讲的内容，当他们实在没有办法听明白的时候，部分学生也会和老师进行沟通，提前索要老师上课所用的 PPT，并对课堂教学进行录音。这在一定程度上缓解了他们的焦虑。但是也有学生提出，如果要查的内容太多，不可能每一个不熟悉的内容都去查找或都去问中国同学，所以只能稍微改善上课时的焦虑。也有一部分学生对此没有采取任何措施。

在被问及与老师沟通这方面的问题时，L20、M23、H23 表示，如果老师态度很好，不是很严肃的话，会很乐意和老师沟通。但是如果老师看上去比较严肃，可能不会去问。所以，除了教师语言以外，教师的授课风格和个性都会影响到学生的学习焦虑。

除了课程难度和教师用语以外，课程类型和课堂组织形式与活动也是影响留学生焦虑的重要因素。在课程类型方面，本文主要探讨第二语言教学理论、中国古代文化和跨文化交际这三类课程。问卷和访谈结果均显示，汉硕留学生在第二语言教学理论方面的课程焦虑程度最高，包括汉语作为第二语言教学理论和二语习得等课程。有 49% 的学生同意或非常同意 Q25 “课程进度太快，专业课学习的内容太多，我怕跟不上”，该题焦虑平均值是专业知识学习焦虑中最高的一项，达到了 3.41。L11 表示：

最让我感到焦虑的课程是第二语言习得，因为老师上课的时候使用的是英文的材料，我看不太懂英文，而且上课的内容很难，又要考试。她说的专业术语有很多我没有听过，比较难。

有半数（H3、H10、H13、H16、H20、M5、M23、M29、L3、L8）受访者表示，感到焦虑最大的课程是汉语作为第二语言教学理论。H13说：

> 因为那节课老师让大家分小组上台讲。我们小组是第一个，所以没有别的组可以参考。而且当时我的组员都不在，所以我一个人上去讲了所有的内容，因为要讲的内容来自一本英文书，我不是特别熟悉，所以只是看着PPT念。

由于留学生来自不同的国家，若教师的课程内容涉及英语的运用与理解，不同国家的学习者也会持有不同的态度。有6位受访者（H6、H16、H20、M23、L10、L11）表示，对于自己感兴趣而且听得懂的内容会很愿意去听，但是对于较难理解的知识，如果努力听也没有听懂的话则会放弃。H20说：

> 我觉得有的课我特别喜欢，比如汉语语言学，是专门为留学生开的，这个课我很喜欢，因为我什么都可以听懂，可以和老师交流，所以不会紧张。但是对于有古文的内容，我完全听不懂，而且我觉得很难去理解，所以上过几次课后就不想听了。

当汉硕留学生出现焦虑时，起初学生会努力去理解，但是如果长时间都是这样的焦虑情况而且解决不了的话，学习者会出现比较无奈的想法，去上这样的课也成了一种压力。而关于跨文化交际课程，多数受访学生都表示感觉比较轻松有趣，这不仅是因为上课的内容关乎各国文化，而且老师的上课风格也风趣多样。M36这样说：

> 跨文化的课老师让我们介绍我们国家的文化，因为我们对自己国家的文化比较熟悉，所以很自由地给别的同学介绍，所以那个时候我不太紧张。而且我上课的时候还可以听到别的国家的文化，老师也比较有趣，不那么无聊。

4.5 对课程的消极态度

问卷中关于对课程的消极态度的调查集中在 Q5、Q6、Q17 和 Q22。其中 Q17“我常常不想去上汉硕的专业课程”焦虑值为 2.32，处于低焦虑层面，说明学习者没有或很少出现对该课程的排斥现象。从采访内容可知，留学生选择本专业的出发点多与自己的兴趣有关，他们愿意努力去掌握课程内容。比如 M23 说：

> 因为我很喜欢中文，而且很想回国以后在我的国家教中文，所以我选择了这个专业。但是硕士课程和本科真的很不一样，有的课程难度对我来说有点儿大，我觉得我需要更多的努力。

但与此同时，我们也发现只有 31% 的学习者同意或非常同意 Q5“多上一些汉硕专业课程对我来说不觉得烦”，此题的转换对应焦虑均值达到了 3.04。同时，有 40% 的学习者不同意也不反对 Q6“在上专业课程的时候，我常常想一些与该课程无关的事情”。这与上文所分析的学习者自身因素以及课程设置有很大的关系，此处不赘。另外，结合 50% 的学习者同意或非常同意 Q22“上课前做好准备，对我来说不是一种压力，可以做到”这个数据来看，说明课前预习对于汉硕留学生可以做到，并且对减轻焦虑有积极作用。

五 结 语

本文采用量化和质化分析相结合的方法，对汉语国际教育硕士留学生的课堂学习焦虑进行了调查。首先通过问卷调查了汉硕留学生的学习焦虑状况，统计结果显示，汉硕留学生在硕士课程学习期间存在一定的焦虑，学生的 HSK 水平是影响焦虑的显著因素，而性别和之前在中国学习汉语的时长差异对焦虑的影响不显著。学生在课堂口头表达和课程考试方面存在较高的焦虑，而在师生互动交流、与汉语母语者交谈舒适度、负评价、专业知识学习和课程学习态度上会产生中等程度的焦虑。然后通过访谈进一步查找汉硕留学生的焦虑原因，发现自身的汉语水平限制、课程难度、教师语言、课堂活动、考试等因素与汉硕留学生的学习焦虑具有较密切的关系。

上述研究发现对于我们进一步改革汉语国际教育硕士培养模式、优化培养方案、加强课程建设、提高教育教学质量等具有一定的启发意义。例如，本研究发现，汉硕留学生的汉语水平是影响焦虑的显著因素。汉语国际教育硕士有相应的汉语水平入学标准，一般学校定在 HSK 五级（总分不低于 180 分），但这样的汉语水平难以适应以汉语为教学媒介的专业学习。在专业学习过程中，大部分留学生仍面临汉语使用和交流障碍的巨大压力。特别是与中国学生同班上课时，教师往往无法迁就留学生的学习进度，如果汉硕留学生的语言能力没有达到相当水平，肯定会影响其学习效果，甚至动摇和挫伤部分人继续学习的信心。因此，在汉硕留学生进入专业后，应大力加强汉语能力的培养，继续为他们开设高级汉语、学术汉语或专业汉语课程，帮助他们进一步提高汉语能力，从而降低学习焦虑，改善学习效果，提高培养质量。

汉硕留学生产生焦虑的另一个重要原因是他们对课程学习的适应性问题。我国高校的专业设置、课程体系和教学方式与其他国家存在较大差别，汉硕留学生如果以前没有在中国进行过本科专业学习，进入硕士专业学习后，通常会感到不太适应。本研究结果显示，越是汉硕留学生紧张焦虑之处，也越是其最没有把握或最不适应、最需要提升之处。因此，需要有针对性地解决汉硕留学生课程学习的适应性问题，在专业导学、课程导引、教学教育方式等方面加强针对汉硕留学生的教学设计和训练。

最后，本文也存在一些局限，例如，此次调查和采访的对象没有覆盖到教师，关于教师对汉硕留学生学习情况的看法，及其对汉硕留学生学习焦虑状况的了解等尚不得而知。此外，本研究侧重于考察汉硕留学生的焦虑状况及其原因，没有跟踪调查不同学习阶段焦虑值的变化，无法确认汉硕留学生的焦虑情况是否在硕士学习期间发生较大的变化以及如何变化。这些问题还有待今后进一步探索。

:: 附录1：汉硕留学生学习焦虑量表 ::

1=非常不同意；2=不同意；3=不同意也不反对；4=同意；5=非常同意

题　目	1	2	3	4	5
1. 在课堂上说汉语的时候，我总是对自己很不自信。					
2. 在课堂上发言的时候，我不担心犯错误。					
3. 在课堂上，当老师要叫我回答问题的时候，我心里就紧张、发抖。					
4. 在课堂上，当我听不懂老师讲的内容时，我就感到担心。					
5. 多上一些汉硕专业课程对我来说不觉得烦。					
6. 在上专业课程的时候，我常常想一些与该课程无关的事情。					
7. 我总是这样想：别的留学生同学汉语能力水平比我强。					
8. 在面对考试时，我不紧张，很放松。					
9. 在课堂上，当我没有准备好就要回答问题时，我就发慌紧张。					
10. 我总担心课程考试通过不了。					
11. 当我不明白别的同学与老师之间的交流时，我会感到非常焦虑，没有信心。					
12. 在课堂上，我会紧张得忘掉我知道的东西。					
13. 在课堂上，我不想主动回答老师的问题。					
14. 与中国人说汉语的时候我不感到紧张。					
15. 当我不明白老师正在纠正的错误是什么时，我感到不安。					
16. 即使我已经对要上的课做好了准备，我也感到担心。					
17. 我常常不想去上汉硕的专业课程。					
18. 在课堂上说汉语的时候，我感到很自信。					
19. 我害怕老师会纠正我的每一个错误。					
20. 在课堂上，当我觉得老师要提问我时，我能感觉到我的心跳。					
21. 对于课程考试，我准备得越多，就越感到不明白、糊涂。					
22. 上课前做好准备，对我来说不是一种压力，可以做到。					
23. 我总是觉得其他同学的汉语说得比我好。					

续表

题　目	1	2	3	4	5
24. 在同学面前说汉语我感到很不自然。					
25. 课程进度太快，专业课学习的内容太多，我怕跟不上。					
26. 当老师提到期末考试和毕业论文时，我会紧张。					
27. 我在课堂上说汉语的时候，感到紧张，不明白我要说什么。					
28. 在上台做演讲介绍的时候，我感到自信、轻松。					
29. 当我不能听懂老师说的每一个词的时候，我感到紧张。					
30. 汉硕课程的理论知识太多，我感到很难。					
31. 当我说汉语时，我担心同学们会笑话我。					
32. 和中国人在一起上课的时候，我觉得很舒服、很自在。					
33. 当老师提出的问题我事先没有准备好时，我会感到很紧张。					

附录 2：采访问题

课程方面：

1. 为什么会选择汉硕这个专业？在所有的课程中，你有没有最喜欢 / 最不喜欢的课？为什么？
2. 来中国之前上过多久的汉语课？对比以前的汉语课，你觉得汉硕课程有什么不同？
3. 你觉得汉硕课程应该和中国学生一起上吗？和中国学生一起上课是什么感觉？
4. 上课的时候会不会跟不上老师所讲的内容？哪些课会这样？当你遇到这样的情况时会怎么办？
5. 各门课程考核的方式有哪些？哪一个最让你感到紧张？为什么？

课堂方面：

1. 上课的时候，你喜欢发言吗？上课时说汉语是否感觉紧张？会担心其他人听不懂吗？

2. 你喜欢什么样的课堂活动？哪些课堂活动或任务会让你觉得紧张？
3. 你喜欢口头报告任务吗？为什么？
4. 如果老师临时提问，你会想要主动发言吗？为什么？被老师点名回答的时候是什么感觉？

∷ 参考文献 ∷

钱旭菁（1999）外国学生学习汉语时的焦虑，《语言教学与研究》第2期。

施仁娟（2005）留学生汉语学习焦虑的状况、成因和应付方式研究，华东师范大学硕士学位论文。

王银泉、万玉书（2001）外语学习焦虑及其对外语学习的影响——国外相关研究概述，《外语教学与研究》第2期。

袁　礼（2015）国际汉语教育预备师资汉语水平考查述评——以孔子学院奖学金2011级汉语国际教育硕士留学生为例，《河北师范大学学报（教育科学版）》第2期。

Horwitz, E. K. (2010) Foreign and second language anxiety. *Language Teaching*, 43(2): 154-167.

Horwitz, E. K., M. B. Horwitz & J. Cope (1986) Foreign language classroom anxiety. *The Modern Language Journal*, 70(2): 125-132.

Littlewood, W. (1984) *Foreign and Second Language Learning: Language Acquisition Research and Its Implications for the Classroom*. Cambridge: Cambridge University Press.

Oxford, R. (1999) Anxiety and the language learner: New insights. In J. Arnold (ed.), *Affect in Language Learning*. Cambridge: Cambridge University Press.

（本文原载于《华文教学与研究》2017年第4期，作者曹贤文、田鑫）

国际中文教育质量标准和质量保障建设

摘　要　本文首先从国际中文教育事业规模迅速扩大使质量问题凸显，加强质量建设成为从规模发展转向内涵建设的现实需要，以及质量标准和质量保障建设的重要作用等方面分析了推进国际中文教育质量建设的背景；然后从上世纪对外汉语教学质量建设与新时期国际中文教育质量建设这两个阶段，回顾了国际中文教育质量标准和质量保障建设的历史；最后通过对国际中文教育质量建设的成绩与不足的讨论，从强化质量意识，加强质量建设顶层设计，进一步完善国际中文教育质量标准体系，大力构建国际中文教育质量保障体系等方面分析了国际中文教育质量建设的措施与未来发展趋势。

关键词　国际中文教育；质量建设；质量标准；质量保障

近年来，随着中国国际影响力的不断提升，以及国家对汉语国际推广工作的大力支持，孔子学院和国际中文教育事业实现了跨越式发展。为了落实中央全面深化改革领导小组《关于推进孔子学院改革发展的指导意见》，适应新时代国际中文教育事业提质增效、再上新台阶的发展需要，当前亟须加强国际中文教育质量标准和评估标准的研究，进一步完善国际中文教育质量标准，建设科学高效的质量保障体系。

一 新时代国际中文教育质量标准和质量保障建设的背景

1.1 国际中文教育事业规模迅速扩大使质量问题凸显

新时代国际中文教育事业发展迅速，首先体现为海外汉语学习人数的快速增长，国际汉语教学规模迅速扩大。据统计，截至2017年底，已有67个国家和地区将汉语教学纳入国民基础教育体系，170多个国家开设了汉语课程或中文专业,全球汉语学习人数达到1亿人[①]。孔子学院已在全球146个国家和地区设立525所孔子学院和1113个孔子课堂，中外专兼职教师4.6万人,累计各类学员900多万人[②]。孔子学院和国际中文教育事业取得的成绩令人瞩目，不过迅速扩大的规模和迅速增长的数量也引起了人们对教学质量的担心。崔希亮（2018）指出:“孔子学院和孔子课堂数量增长过快，导致办学质量和管理体系问题多多。”同时，虽然汉语教学在一些国家已进入国民教育体系，但却面临着教学水平参差不齐，正规化、标准化、专业化程度有待加强等诸多问题的制约。

从国内情况来看，来华留学生的数量近年呈现井喷趋势。由于国家放开了招生权的限制，教育部统计数据显示，仅2017年全国就有935所高等学校及科研院所接收了来自204个国家和地区的48.9万留学生，另有十几万名国际学生在我国学前教育机构和中小学就读，各级各类国际学生总数已达60多万人。[③]来华留学生规模迅速扩大，显著推进了中国教育的国际化进程，不过由于一些学校入学标准不严，加上缺乏专业师资和教学管理经验，导致在留学生招生、培养和毕业标准等方面规范性较低，使得来华留学生教育质量问题日益凸显，引起了公众的普遍关注。

与此同时，为了适应快速发展的国际中文教育事业的需要，培养从事

① 人民网：http://edu.people.com.cn/n1/2017/1018/c1053-29594079.html。

② 国家汉办：http://conference.hanban.org/news/detail8.html。

③ 教育部国际合作与交流司《来华留学生简明统计2017》。

国际汉语教学和汉语国际推广工作的专门人才，近年来开设汉语国际教育本科和硕士专业的学校迅速增加。据统计，全国培养汉语国际教育硕士的学校已达到107所[①]，开设汉语国际教育本科专业的高校数量已达403所[②]。由于一些开设汉语国际教育本科和硕士专业的学校并不具备相关条件，因此培养质量得不到保障，专业声誉亦严重受损。施家炜（2016）调查发现，汉语国际教育本科专业人才培养在师资队伍、专业定位与培养模式、课程体系、教学实践、教学管理、就业“出口”等方面存在一系列问题，使得“人才培养增量而未能质优”。针对汉语国际教育硕士专业培养情况，吴应辉（2014）指出：“目前存在数量扩张太快、质量参差不齐的问题……盲目扩张将导致‘汉语国际教育硕士’专业学位研究生培养质量降低，就业形势恶化，最终将造成该专业学位社会声誉严重受损的恶果。”

上述发展形势显示，无论是国外还是国内的汉语教学，抑或是汉语国际教育本科和硕士专业人才培养，在经历数量和规模上的快速发展后，都面临着强化质量标准、提高教学质量、保障教学效果的现实必要性和紧迫性。

1.2 加强质量建设成为从规模发展转向内涵建设的现实需求

随着中国发展进入新时代，我国经济由高速增长阶段转向高质量发展阶段，我国高等教育也处于从规模扩张的外延式发展转向以质量提升为核心的内涵式发展的关键时期。在以高质量发展为显著特征的新时代，如何促进国际中文教育事业深化改革和内涵式发展已成为新时代的重要课题。2018年初，中央全面深化改革领导小组第二次会议审议通过了《关于推进孔子学院改革发展的指导意见》。中央要求孔子学院“深化改革创新，完善体制机制，优化分布结构，加强力量建设，提高办学质量”。中央的指导意见体现了孔子学院和国际中文教育事业从关注规模扩张转向以质量提升为核心，由高速增长转向高质量内涵式发展的现实需求。

规模增长与教育质量之间存在着密切的关系，没有一定的规模，很难谈到高质量的国际中文教育事业；然而，如果片面追求数量和规模，忽视

---

① 中国学位与研究生教育信息网：http://www.cdgdc.edu.cn/xwyyjsjyxx/gjjl/szfa/hygjjyss/。

② 教育部高等教育司“本科专业”：http://www.moe.gov.cn/s78/A08/gjs_left/moe_1034/s4930/。

教学条件和教学水平的提升，必然无法保证办学质量和效益。没有质量支撑的数量扩张，会造成教育资源的浪费，也难以取得良好的社会效益。国际中文教育事业在经历多年规模扩张的绩效增长之后，正面临着公众质疑和提质增效的压力，质量问责和质量保障随之将成为新时代的主题，并作为解决矛盾、加强内涵建设、提高办学质量的重要手段。

质量问题是伴随着教育的产生而产生的，不过在高等教育漫长的发展历史中，质量保障并不是一个引人关注的问题，只是从上世纪 80 年代开始，随着发达国家高等教育从精英阶段进入大众化阶段，高等教育质量才成为世界高等教育改革中的焦点问题。质量保障，也叫质量保证，原本是工业领域的一种质量管理思想，即"使产品质量在程序上获得严格的保证，由此来保证产品的最终质量符合顾客需要"（史秋衡、罗丹，2007）。上世纪 60 年代，工业领域进入全面质量管理阶段，随后发展出一系列国际标准，开启了质量管理的标准化时代，由此掀起了一股全球质量保证热潮。在这一潮流的影响下，加上高等教育大众化引起的质量问题升温，质量保证被移植到高等教育领域，从而兴起了世界范围的高等教育质量保障运动。

目前教育质量保障研究主要集中在高等教育领域。关于教育质量保障概念，陈玉琨（2004）的定义比较经典："高等教育质量保障是根据预先制定的一系列质量标准与工作流程，要求高校全体员工发挥每个人的最大潜力与自觉性，认真地实施并不断改进教育教学计划，从而达到或超过预定的教育质量目标，一步步地达到学校总体目标的过程。"保证教育质量，最重要的是建设一套科学的质量标准和质量保障体系，从而发挥质量改进和教育问责等功能。教育质量标准是指教育教学各环节应该达到的规范水平，教育质量保障体系是对质量全过程、全要素、全环节的组织、管理和控制，包括教育质量保证机构和由它制定的各种评估模式、一系列的评估指标体系及所开展的质量保证活动。

吕必松（1987）曾指出："教学质量的高低，不但关系到能不能培养出合格的人材，而且关系到我国对外汉语教学的声誉。"重视质量和声誉、加强规范和管理是保持国际中文教育生命力的根本。经过多年快速发展，目前国际中文教育事业到了提质增效、强化内涵建设的关键时期。完善质量标准，强化质量保障措施，加强质量建设是当前国际中文教育事业的重心由规模发展转向内涵建设的现实需求，将有利于推动国际中文教育事业向高质量、规范化、精细化纵深发展。

二 国际中文教育质量标准和质量保障建设的历史回顾

2.1 上世纪对外汉语教学质量标准建设

上世纪 80 年代，随着国家的改革开放，来华留学生开始迅速增长，出现了第一波“汉语热”。由于当时允许招收和培养留学生的院校快速增多，引起了人们对教学质量的担心。针对这一情况，吕必松（1987）指出:“我听到不少外国朋友向我表示担心，说是中国的对外汉语教学发展这么快，一下子有几十所院校办起了汉语短训班，有些老师根本不知道应当怎样对外国人进行汉语教学，连看都没看过，就来上课了，这样会影响中国对外汉语教学的声誉。”为了解决存在的教育质量问题，满足当时面临的新要求，使对外汉语教学逐步走向科学化、规范化和标准化，在对外汉语教学研究会的领导下，启动了以对外汉语教学标准和规范为中心的质量建设和管理工作。

工作的重心首先集中在制定一个可供大家共同遵照执行的汉语水平等级标准方面。1987 年，对外汉语教学研究会委托李景蕙等专家成立课题组，开始研制《汉语水平等级标准和等级大纲》。1988 年，《汉语水平等级标准和等级大纲（试行）》研制成功并正式出版，从而使对外汉语教学的总体设计、大纲制定、教材编写、课堂教学及汉语水平考试等有了规范的基本依据。“尽管还相当粗糙，但其面世却表明对外汉语教学在向科学化、规范化的道路上前进了一大步，是从‘大纲意识’到大纲行动的第一步，具有里程碑意义。”（李杨，2006）《汉语水平等级标准和等级大纲（试行）》经过试行，后来又陆续修订和完善。它的出版、修订和完善标志着我国对外汉语教学开始沿着科学化、规范化和标准化的道路稳步前进。

此后，在国家汉办的指导下，又陆续开展了一系列教学标准和大纲的研制工作，先后制定出版的汉语水平等级标准有：《汉语水平词汇与汉字等级大纲》（1992）、《中高级对外汉语教学等级大纲（词汇·语法）》（1995）、《汉语水平等级标准与语法等级大纲》（1996）。根据汉语水平等级大纲，进一步编制了测定留学生汉语水平的考试大纲，如《中国汉语水平考试大纲（初、中等）》（1989）、《中国汉语水平考试大纲（高等）》（1995）等。在汉语水平等级大纲的基础上，又制定了指导汉语长短期教学和汉语言本科专业教学的大纲，如《对外汉语教学语法大纲》（1995）、《高等学校外国留学生汉语教学大纲（长期进修）》（2002）、《高等学校外国留学生汉语教学大纲（短期强化）》（2002）、《高等学校外国留学生汉语言专业教学大纲》（2002）等。为了测定对外汉语教师能力，还制定了《国家对外汉语教师资格考试大纲》（1998）。此外，北京语言大学等院校也制定和出版了一批教学大纲，如杨寄洲主编的《对外汉语教学初级阶段教学大纲》（1999）、王钟华主编的《对外汉语教学初级阶段课程规范》（1999）、赵建华主编的《对外汉语教学中高级阶段功能大纲》（1999）、陈田顺主编的《对外汉语教学中高级阶段课程规范》（1999）等。

“作为完善教学体制，提高教学质量的一个重要突破口”（李杨，2006），这些标准和大纲的制定是对外汉语教学实现从“标准意识”到“标准行动”的重要标志性成果，为对外汉语教学质量标准和质量保障建设奠定了重要基础。

2.2 新时期国际中文教育质量标准建设

上述教学标准和大纲，是根据当时对外汉语教学发展的需要，主要是针对来华留学生的汉语教学情况制定的。进入新世纪后，随着汉语国际推广工作重心从“请进来”向“走出去”转变，研究视角和关注焦点也开始从国内对外汉语教学转向世界范围的国际汉语教学。

面对新形势、新任务和新需求，在国家汉办/孔子学院总部的领导下，一系列国际汉语教学标准的研制工作开始启动，先后完成并发布了《国际汉语能力标准》（2007）、《国际汉语教学通用课程大纲》（2008/2014）、《汉语国际教育用音节汉字词汇等级划分》(2010),以及用于学习者汉语水平测试的《商务汉语考试大纲》(2006)、《新汉语水平考试大纲》(2009)、《新中小学生汉语考试大纲》(2009)等。

与此同时,为了加强适应海外汉语教学需要的师资队伍建设,在国家汉办推动下,国务院学位委员会于2007年设立了汉语国际教育硕士专业学位。为保证汉语国际教育硕士专业学位研究生的培养质量,受国务院学位委员会办公室、教育部学位管理与研究生教育司的委托,全国汉语国际教育硕士专业学位教育指导委员会秘书处组织专家制定了《汉语国际教育硕士专业学位研究生指导性培养方案》。此外,为了对国际汉语教师所应具备的知识、能力和素质进行全面描述,为国际汉语教师的培养、培训、能力评价和资格认证提供依据,国家汉办组织专家制定了《国际汉语教师标准》(2007/2012)①,并制定了用于国际汉语教师考试的《〈国际汉语教师证书〉考试大纲》(2015/2017)。

2.3 国际中文教育质量保障建设

在国际中文教育领域,质量保障是一个比较新的术语。迄今为止,我们还没有看到关于国际中文教育质量保障的专门讨论或研究成果,不过大家对作为质量保障措施的国际中文教育评审和评估并不陌生。早在2001年,根据对外汉语教学事业发展的需要,教育部出台了建设国家对外汉语教学基地的方案。2002—2003年,由国家汉办负责,组织实施了国家对外汉语教学基地的评审工作。自2006年以来,国家汉办又启动了汉语国际推广基地建设。另外,孔子学院总部每年都开展先进孔子学院和先进孔子课堂的评选活动。这些评审和评选工作推动了有关学校和机构对国际中文教育事业的重视,促进了国际汉语教学能力建设和质量建设,可以视为国际中文教育质量保障的初级形式。

为了检查汉语国际教育专业硕士学位点研究生培养体系的完备性和

① 教育部2004年颁布了《汉语作为外语教学能力认定办法》,国家汉办2005年发布了《汉语作为外语教学能力等级标准及考试大纲》,不过很快被新的《国际汉语教师标准》取代,未能广泛实施,本文不讨论。

人才培养质量，全国汉语国际教育专业学位研究生教育指导委员会分别于2014年和2018年开展了汉语国际教育专业学位授权点专项评估工作。其评估方案根据师资队伍、人才培养和质量保证等方面的评估内容，设计了详细的一、二、三级评估指标，确定了组织实施机构，规定了具体的评估程序与方式，是真正意义上的国际中文教育质量保障措施。

在国际中文教育评估研究方面，已经有一些学者开始关注这个问题。张宝玲（2003），刘德联、李海燕（2004），邵菁、张忻、李黔萍（2007），宛新政（2011），袁礼（2011），吴应辉（2011），樊钉（2012），詹春燕、李曼娜（2014）等对国际中文教育评估，尤其是孔子学院评估的标准和指标体系发表了相关内容的论文，这些论文对于研究孔子学院和国际汉语教学评估体系具有重要参考价值，不过近几年没有见到进一步的研究和具体评估成果。

近年来，国家汉办领导下的一些项目也开始关注质量保障问题。例如，出国汉语教师和志愿者培训项目、国际汉语教师证书考官培训项目、孔子学院奖学金项目等开始关注学员的培训和培养质量，并正探索制定质量标准，采取质量保障措施，开展质量评估，提升培养质量。不过总体上说，相关研究仍处于起步阶段，还没有形成浓厚的质量保障文化，缺乏系统的质量保障标准和措施，尚未形成定期评估、持续改进的完善机制。

2.4 对国际中文教育质量建设成绩的评价

通过几十年的建设，我们已在汉语教学、汉语测试、师资培养等方面制定了一系列的标准和大纲，为国际汉语教学的质量标准和质量保障建设积累了丰富经验，为建立科学化、规范化和标准化的国际中文教育质量体系奠定了重要基础。然而，随着国际中文教育事业的快速发展，特别是进入以高质量发展为特征的新时代，面对新的形势，已有的国际中文教育质量建设标准和质量保障措施已远远不能满足孔子学院和国际中文教育“深化改革创新，完善体制机制，优化分布结构，加强力量建设，提高办学质量”的要求。

总体上看，目前国际中文教育质量标准和质量保障体系建设仍比较滞后。尽管我们具备了一定的质量意识，制定了一些质量标准，采取了一些质量保障措施，但仍缺乏顶层设计和全球视角。一方面，各个标准之间缺少内在联系与呼应，一些标准的质量和精细程度仍有待完善，已有标准在教学实践过程中所起的作用也有待评价和总结；另一方面，一些标准与国外开展汉语教学实践的需要还有不少距离，缺乏与国际上，尤其是美国和欧洲地区外语教育质量标准的有效对接，在国际上学术权威性不够，国际认同度较低。“汉语要走向世界，必须要有世界汉语教学公认的标准。”（王建勤，2008）这就要求国际汉语教学标准建设要面向世界各国的汉语教学，为世界汉语教学提供一套具有先进理念的、科学的质量标准体系。与此同时，还需借鉴国内外先进经验，强化质量保障观念和文化，制定权威的质量保障标准和措施，加强国际中文教育质量保障体系建设。

近年来，国家汉办/孔子学院总部日益重视国际中文教育质量建设。例如，2018年国家汉办发布的《孔子学院建设和汉语国际教育2018年课题指南》中，明确列举了“孔子学院汉语教学课程大纲研究”“孔子学院文化教学课程大纲研究”“孔子学院评价指标体系研究和设计”“孔子学院经费管理和绩效评估研究”“国际汉语教师能力建设和标准研究”“国际汉语教学资源体系建设和标准研究”等系列重点研究课题。我们需要以此为契机，强化质量意识，联合海内外学术力量，采取有效措施，加速国际中文教育质量标准与质量保障体系建设。

三 国际中文教育质量标准和质量保障建设展望

展望未来的国际中文教育质量标准和质量保障建设，笔者认为，最重要的是要强化质量意识，加强质量建设顶层设计，完善国际中文教育质量标准体系，构建国际中文教育质量保障机制。

3.1 加强国际中文教育质量建设顶层设计

要强化质量意识，根据国际中文教育事业的发展需要，加强顶层设计，加强质量标准和质量保障研究，统一谋划国际中文教育质量标准体系和质量保障体系建设，发挥国际中文教育各个主体的质量建设作用。国际中文教育质量建设是一个复杂的系统工程，既涉及政策规划、学术研究、标准制定、组织实施、质量保障等不同内容，也涉及政府管理部门、学术组织、学校、教师、学生等各个主体。首先应充分发挥国家汉办的宏观规划和政策导向功能，做好国际中文教育质量建设的顶层设计和规划工作。国家汉办/孔子学院总部可设立专门的质量管理部门，针对新时代国际中文教育面临的质量问题，负责统筹规划，推动理论、方法、标准和保障等方面的创新，为各地汉语教学和孔子学院的质量建设提供综合指导服务。

其次，要充分发挥世界汉语教学学会和各国、各地区中文教师学会等学术团体，以及全国国际中文教育专业学位研究生教育指导委员会等质量保障机构的组织作用，构建国际中文教育质量建设学术共同体，委托学术团体制定质量标准并进行质量评估监督。例如，可在世界汉语教学学会下面设立国际汉语教学质量保障与质量认证委员会，专门组织质量标准和质量保障建设研究，开展质量评估和认证等质量保障活动。同时，要发挥各教学单位作为教学质量保障建设的主体作用，采取切实措施执行质量标准，强化质量管理，保障教学质量；并鼓励教师和学生加强质量意识，关注教学质量，主动参与到质量建设中来。

3.2 进一步完善国际中文教育质量标准体系

3.2.1 国际汉语能力标准

《汉语水平等级标准和等级大纲》《汉语国际教育用音节汉字词汇等级划分》《国际汉语能力标准》等在国际汉语教学中发挥了汉语能力等级量表的重要作用，今后应注意从内容标准、能力标准、水平标准等不同层面对国际中文教育的语言标准进行科学区分、合理设计（王建勤，2010）。作为推向国际的标准，应继续做好与国际上已有的成熟的外语学习标准的比较研究，特别是做好《国际汉语能力标准》与《欧洲语言共同参考框架》《美国外语教学委员会语言能力标准》等国外外语能力标准的对接和兼容研究，重新修订和完善《国际汉语能力标准》或《国际汉语水平等级标准》，进一步增强标准的科学性、实用性、可操作性和国际通用性，夯实新时代国际汉语能力标准体系。

3.2.2 汉语水平考试质量标准

在已有《新汉语水平考试大纲》和《汉语考试管理手册》的基础上，制定更加全面的《汉语水平考试质量标准》。“外语考试质量标准包含两方面主要内容：外语考试自身的质量标准和外语考试管理与服务的标准。”（刘建达，2015）从上世纪80年代起，我们就开始了汉语水平考试的研制和研究，这些工作对于保证考试的质量起到了重要的作用。就HSK考试来说，目前已制定的《新汉语水平考试大纲》《汉语考试管理手册》对考试的基本内容、考试实施阶段各环节的管理及考生服务等方面进行了具体规定，不过尚缺乏关于考试自身质量等方面的规范。例如，考试设计的质量标准、考试大纲的科学性论述、命题阶段应遵循的准则、质量控制的信效度检验等仍有待进一步廓清。今后可借鉴国际上具有影响力的考试质量标准的做法，如美国教育考试服务中心（ETS）制定的《ETS质量与公平标准》、欧洲语言测试者协会（ALTE）制定的《实践准则》《ALTE考试良好实践准则》等，制定《汉语水平考试质量标准》，为汉语水平考试提供考试质量和管理服务规范，以提高考试的科学性，规范考试行为，保障考试的公信力。

3.2.3 国际汉语教师标准

为了满足国际汉语教师终身发展的需求，满足职前培养、入职培训和在职进修的联动教育在质量一体化方面的要求，可以考虑建立职前、入职和在职的一体化分层国际汉语教师质量标准体系，以适应不同阶段的质量要求。一体化的质量标准体系可以入职标准为基准，分别向两头延伸。入职标准与现有《〈国际汉语教师证书〉考试大纲》的程度相当，可作为国际汉语教师外派上岗要求；职前标准作为国际汉语教师培养的基本要求，相当于汉语国际教育硕士专业培养方案所定水平；在职标准为优秀国际汉语教师标准，可以借鉴美国NBPTS制定的《优秀外语教师标准》的相关规定。通过建立职前、入职和在职一体化的国际汉语教师质量标准体系，为国际汉语教师的学习和终身职业发展提供有力的保证。

3.2.4 其他质量标准

国际中文教育质量标准体系建设工作包括两个方面：一是完善，一是补白。除了对已有标准的修订完善以外，还要针对目前的空白领域做好补白工作。与孔子学院的快速发展相比，孔子学院教学质量标准的研究和研制工作严重滞后。应针对孔子学院教学质量建设的需要，尽快开展补白工作，加快对孔子学院教学质量标准、孔子学院汉语教学课程大纲、孔子学院文化教学课程大纲等标准的研制工作。比如目前国际汉语课堂教学缺乏规范，随意性大，直接影响到课堂教学的质量，今后需开展国际汉语课堂教学规范的研制工作，以规范课堂教学过程和行为，保证教学质量。

总之，国际中文教育质量标准体系建设需要解决现实关切，根据国际汉语教学的实际需要做好全盘规划，以科学严谨的学术态度，努力服务教学、服务社会。同时，要充分借鉴国际上的成功经验，研制起点要高，标准制定以后应争取纳入国家标准，并逐步推向世界。

3.3 大力构建国际中文教育质量保障体系

目前国际中文教育事业在质量保障的理论研究和实践探索方面严重滞后，既缺少相关理论的指导，也缺乏质量保障方面的系统架构，缺乏清晰的外部评估与内部评估措施，没有从评估、审核、认证等方面形成自己的质量保障模式。当前亟须借鉴国内外教育质量保障的通行做法，重点做好质量保障制度建设，开展相关质量评估和质量保障活动。

3.3.1 国际汉语教学机构的质量评估和质量认证

目前对于国际汉语教学机构的教学质量保障和认证的研究极少。关于外语教学机构的质量评估和认证，国外同类语言文化教学组织的一些做法值得借鉴。例如，欧洲“语言服务质量评估与认证组织”（EAQUALS）制定了一套语言教学机构（或项目）的评估和认证标准，并在世界上 30 多个国家教授 25 种语言的众多教学机构进行了评估认证实践[①]。英国文化协会、法国外语教学学会也都分别针对英语和法语教学开展了评估和认证服务工

① 参见 https://www.eaquals.org/。

作。我们可以参考国际上比较成熟的关于外语教学机构评估和认证的做法，制定国际汉语教学机构质量评估和质量认证方案，并采用第三方评估认证的方式，推动国际汉语教学机构的质量评估和质量认证，增强国际汉语教学机构的能力建设，保障国际汉语教学质量。

3.3.2 国际汉语课堂教学评估

课堂教学是国际汉语教学的主要形式，课堂教学是否规范、科学、有效，需要有一套客观可行的评估标准。这方面我们做过一些探讨，积累了一些实践经验，不过比较零散。为了全面衡量国际汉语课堂教学的规范化、科学化和有效性程度，需要研制一套权威的国际汉语课堂教学评估标准。国际汉语课堂教学评估标准应当以课堂活动的有效性评价为中心，可以考虑从课堂教学目标的设定、教学内容符合学生需求的程度、知识讲解与操练运用的比例、互动教学行为和策略、教学步骤和课堂管理、教师的课堂角色与课堂气氛、教师的语言运用和一般素质、对学生多元差异的敏感性、教室环境和教具使用、测试与评估、课堂教学与课外学习的衔接等方面提出有效可行的国际汉语课堂教学质量评价规范。

3.3.3 孔子学院教学质量评估

孔子学院的质量评估可分为两个部分：孔子学院教学质量评估和孔子学院整体办学质量评估。开展教学质量评估是保障孔子学院教学质量的重要方式。首先需要制定一套有效的孔子学院教学质量评估方案，确定评估的原则，选择评估的方法，设计评估指标和实施方案。例如，就孔子学院的教学质量评估指标设计来说，可以从项目定位、教学过程、项目管理、项目保障、项目环境、教育效果等方面建构基本框架，把这些大的方面确定为一级指标，然后逐级展开，下设二级指标，再设三级指标作为主要观测点，同时每项三级指标采用五级量分制，采用权重赋值的方法，以利于量化统计和比较。并按照“管办评分离”的要求，坚持多元主体原则，以院校项目自我评估为基础，结合审核评估、合格评估、优秀评估等评估类型，通过理论建模、参数赋值、试点评估、模型修正、参数调整等方式构建起一套“孔子学院教学质量评估系统”，充分利用现代信息技术，科学、高效地开展孔子学院教学质量评估工作。

3.3.4 孔子学院整体办学质量和绩效评估

孔子学院整体办学质量评估是指对包括教学质量在内的综合质量进行评估，包括办学指导思想、办学条件、组织管理、师资队伍、教学建设、教学效果、社会影响、办学特色、办学效益等方面的质量和质量保障要求。孔子学院质量评价包括两个层面：对各地孔子学院的质量进行评价及对全球孔子学院整体运行状况进行评价。对各地孔子学院的质量进行评价，即通过对各孔子学院的教学质量和办学状况进行监测和评估，为各孔子学院的质量改善提供咨询建议，也可以为评选示范孔子学院、健全中外合作机制、审批各孔子学院的年度项目实施方案和预决算等提供基本数据，从而加强对各地孔子学院的“问责”指导和质量管理。对全球孔子学院整体运行状况进行质量评价，主要是评估整个孔子学院系统，包括总部基金会赞助实施的各专门项目的执行情况与绩效，并以此作为推进孔子学院改革发展，以及国际中文教育基金会和相关单位审议孔子学院发展规划和工作计划的依据。

此外，国家汉办 / 孔子学院总部和中国国际中文教育基金会实施了许多专门的项目，其中与师资有关的项目有：公派汉语教师项目、汉语教师志愿者项目、本土汉语教师培训项目、国际中文教育硕士和博士项目、国际汉语教师证书考试项目等；教学资源建设项目有：汉语和中国文化教材、孔子学院数字图书馆、国际汉语教材编写指南平台、国际汉语教学案例库、中外文化差异案例库、中文联盟等；其他项目有：孔子学院奖学金、孔子新汉学计划、汉语水平考试、“汉语桥”系列比赛、“汉语桥”访华团、“汉语桥”基金、精品学术项目、精品文化项目等。这些专门项目的实施情况如何？怎样进一步提升其质量和效益？所有的项目都要建立规范的管理程序，加强定期评估，以推动提质增效和改革发展。

总之，评估的目的是为了改进，为了维护和提升教育的质量与效益，为了促进国际中文教育事业的可持续发展。通过研制评估标准，建立自我质量保障机制，并适时开展评估，将可以发现存在的问题，规范教学管理，促进资源的科学整合，引导国际中文教育事业健康发展。

改革开放 40 多年来，国际中文教育事业取得了巨大成就，不过离理想的状态还相距甚远。总体来说，我国国际中文教育质量标准体系还不健全，质量保障体系构建还处于起步阶段，发挥的作用也较有限。由于未能形成权威完善的国际中文教育质量标准体系，缺乏系统规范的国际中文教育质量保障机制，国际中文教育事业的高质量发展受到了制约。“汉语教学与评估标准体系的研究和建设严重滞后，使汉语国际推广处于非常被动的局面。”（王建勤，2008）我国正处于从世界高等教育大国迈向高等教育强国的历史进程中，质量问题是当前我国高等教育内涵式发展的重中之重。我们应该主动适应新时代事业发展的要求，做好前瞻规划，建设一套完备权威的国际中文教育质量标准体系，构建由相关职能部门引领规约、第三方机构评估认证、院校项目自我监控、社会组织广泛参与的国际中文教育质量保障体系，推动和支撑新时代的国际中文教育事业向更高质量、更加规范、更可持续的方向发展。

∷ 参考文献 ∷

陈田顺主编（1999）《对外汉语教学中高级阶段课程规范》，北京：北京语言文化大学出版社。

陈玉琨（2004）《高等教育质量保障体系概论》，北京：北京师范大学出版社。

崔希亮（2018）汉语国际教育的若干问题，《语言教学与研究》第 1 期。

樊　钉（2012）孔子学院质量评估体系研究，《云南师范大学学报（对外汉语教学与研究版）》第 5 期。

国家汉办（2002a）高等学校外国留学生汉语言专业教学大纲，北京：北京语言文化大学出版社。

国家汉办（2002b）高等学校外国留学生汉语教学大纲（长期进修），北京：北京语言文化大学出版社。

国家汉办（2002c）高等学校外国留学生汉语教学大纲（短期强化），北京：北京语言文化大学出版社。

国家汉办（2006）《商务汉语考试大纲》，北京：北京大学出版社。

国家汉办（2007）《国际汉语能力标准》，北京：外语教学与研究出版社。
国家汉办（2007/2012）《国际汉语教师标准》，北京：外语教学与研究出版社。
国家汉办/孔子学院总部（2008）《国际汉语教学通用课程大纲》，北京：外语教学与研究出版社。
国家汉办/孔子学院总部（2009a）《新汉语水平考试大纲》，北京：商务印书馆。
国家汉办/孔子学院总部（2009b）《新中小学生汉语考试大纲》，北京：商务印书馆。
国家汉办、教育部社科司（2010）《汉语国际教育用音节汉字词汇等级划分（国家标准·应用解读本）》，北京：北京语言大学出版社。
国家汉办汉语水平考试部（1992）《汉语水平词汇与汉字等级大纲》，北京：北京语言学院出版社。
国家汉办汉语水平考试部（1996）《汉语水平等级标准与语法等级大纲》，北京：高等教育出版社。
国家汉语水平考试委员会办公室（1989）《中国汉语水平考试大纲（初、中等）》，北京：现代出版社。
国家汉语水平考试委员会办公室（1995）《中国汉语水平考试大纲（高等）》，北京：北京语言学院出版社。
国家汉语水平考试委员会办公室考试中心（2001）《汉语水平词汇与汉字等级大纲》（修订本），北京：经济科学出版社。
国家教委对外汉语教师资格审查委员会（1998）《国家对外汉语教师资格考试大纲》，北京：外语教学与研究出版社。
孔子学院总部/国家汉办（2014）《国际汉语教学通用课程大纲》（修订版），北京：北京语言大学出版社。
孔子学院总部/国家汉办（2015/2017）《〈国际汉语教师证书〉考试大纲》，北京：人民教育出版社。
李　杨（2006）对外汉语教学大纲概说，载李泉主编《对外汉语课程、大纲与教学模式研究》，北京：商务印书馆。
刘德联、李海燕（2004）对外汉语教学评估偏差分析及纠偏对策，《语言教学与研究》第 5 期。
刘建达（2015）基于标准的外语评价探索，《外语教学与研究》第 3 期。
吕必松（1987）对外汉语教学的紧迫任务，《世界汉语教学》第 1 期。
邵　菁、张　忻、李黔萍（2007）如何提高对外汉语教学评估的有效性，《中国大学教学》第 11 期。
施家炜（2016）汉语国际教育专业人才培养的现状、问题和发展方向，《国际汉语教育》第 1 期。
史秋衡、罗　丹（2007）从市场介入的视角辨析高等教育质量保障概念，《大学·研究与评价》第 9 期。
孙瑞珍主编（1995）《中高级对外汉语教学等级大纲（词汇·语法）》，北京：北京大学出版社。
宛新政（2011）海外孔子学院评估的实践与思考，《国际汉语教育》第 2 期。
王　还主编（1995）《对外汉语教学语法大纲》，北京：北京语言学院出版社。
王建勤（2008）汉语国际推广的语言标准建设与竞争策略，《语言教学与研究》第 1 期。
王建勤（2010）汉语国际传播标准的学术竞争力与战略规划，《云南师范大学学报（对外汉语教学与研究版）》第 1 期。
王钟华主编（1999）《对外汉语教学初级阶段课程规范》，北京：北京语言文化大学出版社。
吴应辉（2011）孔子学院评估指标体系研究，《教育研究》第 8 期。
吴应辉（2014）汉语国际教育学科建设亟待解决的主要问题，《国际汉语教学研究》第 1 期。
杨寄洲主编（1999）《对外汉语教学初级阶段教学大纲》（1、2），北京：北京语言文化大学出版社。
袁　礼（2011）试论孔子学院和国际汉语教育的制度化建构，《华侨大学学报（哲学社会科学版）》第 1 期。
詹春燕、李曼娜（2014）孔子学院的可持续性发展：指标、模式与展望，《华南师范大学学报（社会科学版）》第 5 期。
张宝玲（2003）谈对外汉语教学质量的多元评估模式，《首都经济贸易大学学报》第3期。
赵建华主编（1999）《对外汉语教学中高级阶段功能大纲》，北京：北京语言文化大学出版社。
中国对外汉语教学学会汉语水平等级标准研究小组（1988）《汉语水平等级标准和等级大纲（试行）》，北京：北京语言学院出版社。

（本文原题为《国际中文教育质量标准和质量保障建设：回顾与前瞻》，
原载于《第十三届国际汉语教学研讨会论文选》，
世界汉语教学学会秘书处编，商务印书馆，2019年）

后 记

光阴荏苒，从1995年在南京大学攻读对外汉语教学方向的研究生算起，转眼间我投身国际中文教育事业已26年。期间经历了学科范式从对外汉语教学到汉语国际教育再到国际中文教育的转换，这些核心概念的更迭既显现了事业的发展和视角的拓宽，也展示了学科内涵和研究领域的深入延展。倍感幸运的是，我个人的进步正好耦合了国家经济腾飞和国际中文教育事业快速发展的历史进程。

作为一名应用语言学学人，20多年来我所涉足的学术领域较为广泛。此次选编这本文集，主要选取了跟国际中文教育研究相关的20篇论文，分为汉语作为第二语言学习、汉语作为外语教学、汉语作为传承语教学、专业建设与人才培养四个部分。这20篇论文基本都在杂志或书刊中正式发表过，为保持论文原貌，此次选编只对明显的文字差错进行订正，不做内容上的改动。

20多年来，我一直在国内外从事一线教学工作。我深信国际中文教育一线教学实践中发现的问题和积累的经验，是国际中文教育研究取之不尽用之不竭的源泉。记得读研究生时，卞觉非先生上课教导我们21世纪对外汉语教师应具备六方面的素质：良好的师德、扎实的基础和广博的相关知识、较高的教学艺术、较高的外语水平、较高使用电脑的能力、驾驶汽车的技能。20多年过去了，这六方面的素质仍是国际中文教师应具备的。不过，如今国内高校国际中文教师的工作生态发生了巨大变化，博士学位和科研成果已成为青年教师生存发展的必要条件。本书中有的论文是我“青椒”时写作的，我深深记得那个阶段研究的艰辛和成果发表时的喜悦。感谢母校和时代的宽容，让我能够扎根一线教学又能平顺度过人生的青葱学术岁月，基本上能够按照自己的兴趣和节奏，从容地进行学术探索。

本书承蒙业师郭熙先生百忙中拨冗作序，同门周鹂女士担任责任编辑，国际中文教育事业的召唤和师友亲人们的支持鼓励，是我努力前行的强大后援和动力。

本书还得到了教育部语合中心“国际中文教育质量评价和机构评价研究及学术平台建设”重点项目的资助，谨致谢忱！

曹贤文

2021 年 6 月 22 日